D1732065

Korger Schrift und Schreiben

Hildegard Korger

Schrift und Schreiben

Ein Fachbuch für alle, die mit dem Schreiben
und Zeichnen von Schriften und ihrer Anwendung
zu tun haben. Siebente Auflage mit 564 Bildern

Fachbuchverlag Leipzig

Meinem Lehrer, Herrn Professor Dr. Albert Kapr, gewidmet

Inhalt

Vorwort

Lehr- und Fachbücher wenden sich in der Regel an die Angehörigen eines bestimmten Berufes oder einer Berufsgruppe. Bei „Schrift und Schreiben" liegen die Dinge anders. Hier wird ein Gebiet behandelt, das alle Berufe angeht, die sich mit der Gestaltung, Anwendung und Beurteilung von Schriften beschäftigen: Gebrauchsgraphiker, Werbefachleute, Schriftenmaler, Dekorateure, Steinmetzen, Bildhauer, Architekten, Setzer, Retuscheure, Buchbinder, Graveure, Kunsterzieher, Lehrkräfte und Studierende an einschlägigen Fach- und Hochschulen sowie interessierte Laien. Das Buch soll keine theoretische Abhandlung über Schrift darstellen, es repräsentiert weder die Schriftkunst einzelner Länder noch die Leistungen von Schriftkünstlern. Es möchte vielmehr zur praktischen Beschäftigung mit der Schrift anleiten und das Gefühl für schöne, passende Schrift wecken und entwickeln helfen.

Die mit Schrift arbeitenden Fachleute beschränken sich heute überwiegend auf die Anwendung vorhandener oder vorgefertigter Materialien, und zwar die zeichnerische oder fotographische Reproduktion von Schriftvorlagen, den Einsatz von Stanz- und Abreibebuchstaben, Stempeln sowie Fotosatzkopien. Die gestalterische Arbeit erstreckt sich dabei auf die Auswahl und das Mischen geeigneter Schriften sowie die Komposition. Wir halten diese Tendenz für richtig. Es ist besser, wenn der auf dem Gebiet der Schrift unzureichend Ausgebildete in der Praxis gute Vorlagen verwendet, anstatt dilettantische Produktionen um weitere zu vermehren. Der Einsatz original gezeichneter oder geschriebener Schrift sollte dem Könner vorbehalten bleiben. Obwohl also der Schriftentwurf und die Kalligraphie heute infolge der Technisierung der Verfahren in der Praxis eine geringere Rolle spielen als vor einigen Jahren und selbst von den wenigen spezialisierten Schriftkünstlern nur einigen die Möglichkeit gegeben ist, als Entwerfer von Satzschriften das Schriftschaffen unmittelbar zu beeinflussen, so bleibt doch für alle, die sich mit den Problemen der Schriftgestaltung und Schriftanwendung vertraut machen wollen, das konventionelle Studium, das Schreiben und Zeichnen formaler Schriften, als Formschulung unerläßlich. Ganz gleich, ob es sich um ein einfaches Schild, ein Buchstaben-

signet oder ein Plakat handelt, ob die Schrift alleiniger Träger der Aussage oder Bestandteil der Gestaltung ist, ob es sich um ein einfaches Lesbarmachen eines Textes oder zusätzlich um die Vermittlung emotioneller Wirkungen handelt, eine gültige Darstellungsweise läßt sich in keinem Falle nur durch willkürliches Aneinanderreihen von Buchstaben, die einer Satzschrift oder Vorlage entnommen sind, erzielen. Immer bedarf es der bewußt gestalteten Beziehung und Konfrontation der Elemente. Auch die Arbeit mit vorhandenem Schriftmaterial erfordert es, Formelemente zu kombinieren und die vielfältigen Beziehungen zwischen den Gestaltungskomponenten auf der Fläche zu berücksichtigen. Der Gestalter muß in der Lage sein, vorhandene Formen entsprechend den Erfordernissen abzuwandeln, schöpferisch mit ihnen umzugehen. Ohne Wissen und Verständnis für die Anatomie der Letter, ohne geschultes Gefühl für Differenzierungen, wird ihm das schwer gelingen. Dies jedoch ist nicht anders als durch ausreichende Schreibübung und gründliches Studium der Buchstabenformen zu erwerben.

„Schrift und Schreiben" ist ein Arbeitsbuch, das auch für den praktischen Selbstunterricht geeignet ist. Es setzt die bereitwillige Mitarbeit des Lesers voraus. Die knappe Form des Textes erfordert das Lesen eines jeden Satzes. Besondere Aufmerksamkeit ist den Vorbemerkungen zu den einzelnen Abschnitten zu widmen, da sie für das Verständnis des folgenden Stoffes sehr wichtig sind. Die Lehrabschnitte des Buches können sicherlich einen guten Direktunterricht nicht ersetzen. Bei systematischem Studium vermitteln sie jedoch gediegene Grundlagen für das Schreiben und Zeichnen von Schriften.

Das Lehrbuch enthält Übungsanleitungen für Anfänger (Teil 1 und 2) und für Fortgeschrittene (Teil 3). Im Teil 1 sollen die Hinweise zur Gestaltung Aufschluß über allgemeingültige Formfragen geben. Der Teil 2 vermittelt Grundkenntnisse sowie schreibtechnische und zeichnerische Fertigkeiten, ohne die ein ernsthaftes Studium der Schrift nicht denkbar ist. Wir haben versucht, die dem Selbstunterricht fehlende persönliche Anleitung durch den Lehrer durch Schritt für Schritt vorgehende Themenstellung zu ersetzen. Trotzdem verlangt das autodidaktische Lernen viel Disziplin. Der Autodidakt steht vor der komplizierten Aufgabe, die kritischen Momente des Lernprozesses selbst erfassen und steuern zu müssen. Er muß sich, wie Gollwitzer diesen Vorgang charakterisiert, selbst über den Rücken schauen. Änderungen des Formats, des Schriftspiegels, Verwendung einer breiteren oder schmaleren Feder, Wahl einer anderen Schriftgröße, einer anderen Technik (z. B. Schneiden statt Schreiben), der Wechsel von strenger Übung der Einzelform mit der Feder zum Spiel mit dem Pinsel auf der Fläche, das alles sind Entscheidungen, die in einem Buch nicht programmiert werden können. Sie ergeben sich innerhalb des Lernprozesses und sind von Begabung, Geschicklichkeit, Fleiß, Temperament und persönlicher Gestaltungskraft des Lernenden abhängig.

Wichtig ist auch, daß der Lernende das Maß dafür findet, was er wirklich zu leisten vermag. Es kommt nicht darauf an, sich aus falschem Ehrgeiz an besonders schwierige, „große" Aufgaben zu wagen, sondern auf der jeweiligen Stufe des Erreichbaren sein Bestes zu tun.

Die Bildbeispiele zum Lehrgang für Anfänger sollen — soweit das möglich ist — allgemeingültige Formen vermitteln. Die Autorin hat hier bewußt darauf verzichtet, persönliche Auffassungen zu demonstrieren. Der Lernende sei nachdrücklich davor gewarnt, sich um den Ausdruck seiner Persönlichkeit in der Schrift besonders zu bemühen. „Das Lernen des Erlernbaren ist nicht Hindernis, sondern Forderung und Bereicherung in der Entwicklung der Individualität" (Hesse). Gerade weil die Schrift eines der wichtigsten Ausdrucksmittel der Menschen ist und sie mehr vermag, als nur Sprache lesbar zu machen, kommt es darauf an, ihrem Ausdruck eine für den jeweiligen Zweck, die jeweilige Aufgabe, gültige Form zu geben. Dies wird allein mit Können erreicht, nicht aber mit gesuchter Originalität.

Schließlich wollen wir noch darauf hinweisen, daß es nicht das Ziel dieses und auch des folgenden Lehrgangs sein kann, zu vermitteln, was der Laie im allgemeinen unter „Zierschrift" versteht. Unser Anliegen besteht vielmehr darin, in der Auseinandersetzung mit Material, Form und Fläche das Empfinden für gute Schrift zu bilden.

Der Lehrgang für Fortgeschrittene (Teil 3) umfaßt die Schriftentwicklung von der römischen Kapitalis bis zu den Akzidenzschriften des 19. Jahrhunderts. Unter der Voraussetzung, daß die im Teil 2 vermittelten schreibtechnischen und zeichnerischen Fertigkeiten vorhanden sind, halten wir es methodisch für vorteilhaft, die einzelnen Schriftarten in der durch ihre historische Entwicklung gegebenen Reihenfolge zu erlernen, da eine jede neue Schriftart von Formqualitäten und -erfahrungen vorangegangener Schriften ausgeht.

Bei der Auswahl der Bilder zum Teil 4, Schrift in der Praxis, wurde angestrebt, möglichst viele Auffassungen und Anwendungsmöglichkeiten zu zeigen und vielseitige Anregungen zu geben. Es besteht allerdings die Gefahr, daß sie den Anfänger verführen, sich zu schnell mit Aufgaben zu befassen, die noch zu weit von seinen Möglichkeiten entfernt sind.

Bei der Erarbeitung des Manuskripts stützte sich die Autorin vornehmlich auf die Lehrbücher „Schreibschrift, Zierschrift, angewandte Schrift" von Edward Johnston, „Deutsche Schriftkunst" von Albert Kapr, „Meisterbuch der Schrift" von Jan Tschichold, „Die schöne Schrift" von František Muzika, und sie weiß sich der Schneiderschen Schriftschule sowie der Leipziger kalligraphischen Tradition verpflichtet. Sie verwendete Kenntnisse und Erfahrungen, die sie während ihres Studiums und ihrer Lehrtätigkeit an der Hochschule für Grafik und Buchkunst Leipzig erworben hat.

Für fachliche Beratung und Hilfe dankt die Autorin besonders Herrn Heinz Braune †, Herrn Harald Brödel, Herrn H.-J. Förster, Frau Renate Herfurth, Herrn Karl-Georg Hirsch, Herrn Achim Jansong, Herrn Professor Dr. Albert Kapr, Herrn Joachim Kölbel, Herrn Volker Küster, Frau Gerda Kunzendorf, Herrn Fritz Przibilla †, Herrn Professor Walter Schiller, Herrn Kurt Stein † und Herrn Dr. Gerhard Winkler sowie den Mitarbeitern des Buch- und Schriftmuseums der Deutschen Bücherei und der Bibliothek der Hochschule für Grafik und Buchkunst Leipzig.

Vorliegende 7. Auflage ist ein unveränderter Nachdruck der 1986 erschienenen 6. Auflage.

Verlag und Autorin

1. Hinweise zur Gestaltung

ABCDEFG
HIJKLMN
OPQRST
ABCDEFG
HIJKLM

Bild 1

Bild 2
Bild 3

Bild 4

Bild 5

12

Vorbemerkung

Die Schrift dient der Verständigung, und zwar in direkter Weise dem Sichtbarmachen der Sprache und in indirekter Weise dem Vermitteln ästhetischer Werte. Mit der Aufgabe, einen Laut bzw. Sprache darzustellen, ist jedem Buchstaben bzw. jeder Schriftmenge ein Bildwert eigen. In der Lesbarkeit liegt also die Funktion der Schrift, in der optischen Erscheinung die Form. Auf der Verbindung von Form und Lesbarkeit beruht die Gestaltung. „Gute Schriftgestaltung stellt ebenso hohe Ansprüche an den Entwerfer wie gute Malerei oder gute Bildhauerei ... „Der Schriftentwerfer, sei er Maler, Graphiker oder Schriftzeichner im Dienste einer Schriftgießerei, nimmt an der Stilbildung seiner Zeit ebenso schöpferisch teil wie der Architekt oder Dichter" (Jan Tschichold).[1] Die Skala der Möglichkeiten europäischer Schriftkunst reicht von der antiken römischen Inschrift und Bodonis Manuale Tipografico bis zu den Schriftbildern von Schneidler und Gaul, bei denen das Wort nur noch der Anlaß, der Vorwand für die Gestaltung ist; sie umfaßt die klassischen Buchstabenformen der Trajanssäule gleichermaßen wie die dekorativ verspielten Initialen eines Neudörffer oder Frank, die klaren, nüchternen Formen einer Grotesk ebenso wie ein mit kühnem Pinselzug hingeschriebenes Alphabet von Hoefer. Wie diese Beispiele (Bilder 1 bis 6) und auch die zum Teil 4 dieses Buches gehörenden Abbildungen zeigen, kommt es dabei nicht immer auf eine optimale Lesbarkeit an, vielmehr müssen für den bestimmten Zweck, die betreffende Aufgabe, die künstlerische Absicht Form und Lesbarkeit in einem adäquaten Verhältnis entwickelt werden.

In der Bildung der einzelnen Buchstaben wie in den Beziehungen der Buchstaben zueinander und in der Organisierung der Fläche wirken Gesetze des Formalen. Als „Grammatik der Gestaltung" (Gropius)[2] sind sie erlernbar, doch bilden sie lediglich die notwendige Voraussetzung dafür, schöpferische Gedanken sichtbar zu machen. Das eigentlich Schöpferische, ohne das jede formbildende Arbeit nur eine Fertigkeit bliebe,

Bild 1. Römische Kapitalschrift. Weihinschrift auf schwarzem Marmor. Gefunden bei St. Pantaleon in Köln. Nach einer Fotografie des Römisch-Germanischen Museums in Köln. (Aus: Albert Kapr, Deutsche Schriftkunst, Dresden 1955)

Bild 2. Seite aus Manuale Tipografico von Giambattista Bodoni. Parma 1818

Bild 3. F. H. Ernst Schneidler, Schriftblatt aus dem Mappenwerk „Der Wassermann"

Bild 4. Buchstabe im Stile der römischen Kapitalis

Bild 5. Dekorative Initiale von Johann Neudörffer d. Ä.

Bild 6. Initiale von Karlgeorg Hoefer

---

1 Jan Tschichold, Meisterbuch der Schrift. 2. Auflage, Otto Maier Verlag, Ravensburg 1965
2 Walter Gropius, Architektur, 2. Auflage, Fischer Bücherei, Frankfurt/M. – Hamburg 1959

aber nie zum Kunstwerk würde, beruht nicht allein auf der Anwendung von Gestaltungsregeln. Es ist eine spezifische Seite individueller Begabung und kann — wenn als Substanz vorhanden — zwar entwickelt und gefördert, nicht aber erlernt werden.

Grundelemente der Gestaltung   1.1.

Kontraste   1.1.1.

Jede Wirkung beruht auf Gegensätzen. Diese treten entweder paarweise oder einzeln in Erscheinung. Kommen sie einzeln vor, so setzt in unserer Vorstellung ein assoziierender Vorgang ein, der von sich aus den als bekannt vorausgesetzten Gegensatz ergänzt.

Bei der Gestaltung haben wir es immer mit Kontrastpaaren zu tun. Jedes Mittel braucht zu seiner Aktivierung ein Gegenmittel. Auf die Schriftgestaltung bezogen, heißt das: Das Schriftbild entfaltet sich auf der leeren Fläche, die Kontur des Buchstabens wirkt erst auf dem sie umgebenden Weiß des Papierhintergrundes, dunkle Schriftgruppen werden durch die Gegenüberstellung mit hellen in ihrem Ausdruckswert gesteigert; fette Buchstabenteile wechseln mit mageren, große Formteile werden gegen kleine ausgespielt, große Gruppen wirken erst groß in der Nachbarschaft kleiner, das Erregende benötigt als Kontrast die Ruhe, die Wirkung einer Farbe wird durch die Nachbarfarbe entscheidend beeinflußt.

Rhythmus   1.1.2.

Das zweite Grundelement der Gestaltung ist der Rhythmus. Während man die regelmäßige Wiederholung einander gleicher Teileinheiten mit Takt bezeichnet, versteht man unter Rhythmus die Wiederholung einander ähnlicher Erscheinungen, die polar aufeinander bezogen sind. Werden innerhalb einer Reihung oder Bewegung bestimmte Teileinheiten betont, so bekommt die Reihung rhythmische Werte. Von größter Wichtigkeit sind dabei die Abstände bzw. Proportionen, denn sie bilden das Spannungsfeld. Umgekehrt kann man durch eine Annäherung der Teileinheiten den Takt verstärken und mit ihm den Rhythmus unterdrücken. Eine völlige Angleichung hebt ihn gänzlich auf. Die Gestaltung beruht also auf der Rhythmisierung von Teileinheiten, d. h. auf der Abfolge von Spannungsverhältnissen, nicht auf der Monotonie.

Auf der Fläche verwirklicht sich der Rhythmus durch die Wiederholung graphischer Kontraste, genauer Kontrastpaare. Dies geschieht

1. innerhalb des Bewegungsverlaufes, der die Formen mitbedingt; Elemente des Rhythmus sind hierbei senkrechte, waagrechte, diagonale, kreisende Bewegungen in vielfältiger Richtungsbezogenheit, ihr Auf und Ab, ihr Hin und Her;

2. innerhalb der Formen selbst durch das Auftreten gerader, gerundeter und spitzer, dünner und dicker, großer und kleiner Formteile, durch Form und Binnen- bzw. Gegenform;

3. in der Verteilung der Elemente auf der Fläche durch axiale und anaxiale Buchstaben, durch Formen und Binnenformen des Wort- bzw. Schriftbildes, durch die verschiedenen Möglichkeiten der Textgliederung mit Hilfe von Abständen und Hervorhebungen, durch die Größen- und Gewichtsverhältnisse der Textgruppen, ihre Farbwertigkeiten und ihre Stellung auf der Fläche, durch den gefüllten und den leeren Raum und durch die Randverhältnisse. Schließlich ist auch die Fläche selbst in der zweimaligen Folge von Höhe und Breite ihrer Begrenzung ein rhythmisches Gebilde.

Selbstverständlich existieren zwischen allen drei Bereichen, in denen sich der Rhythmus vollzieht, Abhängigkeitsverhältnisse. Der Rhythmus der Bewegung ist an der Formbildung beteiligt. Die rhythmischen Werte der Formen und Gegenformen gliedern die Fläche. Bewegung, Formen und Fläche werden durch den Rhythmus zu einem organischen Ganzen, in dessen kleinsten Teilen die gleichen Gesetze wirksam sind wie in den großen.

1.1.3. Größenverhältnisse

Wir wissen aus Erfahrung, daß die von uns mit dem Auge wahrgenommenen Abstände und Flächen nicht mit den geometrischen Abmessungen übereinstimmen, die wir ihnen zugrunde legen würden. Deshalb sind optische Täuschungen für die Gestaltung der Größenverhältnisse von grundlegender Bedeutung. „Das Empfinden — das optische und ästhetische — ist der geometrischen Konstruktion übergeordnet, und nach diesem Empfinden muß das Gegeneinander von Schwarz und Weiß ausgewogen werden" (Ruder).[1]

Bild 7 zeigt ein geometrisches Quadrat. Es wirkt optisch breiter als hoch. Auch der geometrische Kreis wirkt breiter als hoch.

Bei Bild 8 handelt es sich um zwei gleich große Flächen. Die stehende wirkt schmaler und länger als die liegende.

Bild 9 zeigt eine durch waagrechte Linien und eine durch senkrechte Linien begrenzte Fläche. Die waagrechten Linien verbreitern die Fläche, die senkrechten lassen sie höher erscheinen.

Wenn aber waagrechte Linien zu einer flächenhaften Wirkung aneinandergereiht sind (Schriftspiegel), entsteht optisch eine Überhöhung (Bild 10).

Bei Bild 11 ist das Quadrat in allen Fällen gleich groß. Auf dem großen Format wirkt es jedoch kleiner, auf dem kleinen Format dagegen größer.

Die Größenwirkung einer Form oder einer Gruppe ist aber nicht nur von der Begrenzung des Hintergrundes, sondern auch von der Größe der Nachbarformen bzw. -gruppen abhängig. Bei den Bildern 12 und 13 zum Beispiel ist das mittlere Quadrat wieder in allen Fällen gleich groß. Große Nachbarformen lassen es jedoch klein erscheinen, inmitten kleiner Nachbarformen wirkt es groß.

Bei Bild 14 können wir beobachten, daß helle Flächen oder eine helle bzw. negative Schrift größer erscheinen als gleich große dunkle Flächen oder dunklere bzw. positive Schriften. Weiße oder helle Farben überstrahlen ihre Kontur.

Bild 15 beweist, daß eine weniger oft unterteilte Strecke kürzer wirkt als eine häufiger unterteilte. Deshalb erscheinen auch die Zeilen einer breiten oder großen Schrift kürzer als die gleich langen Zeilen einer schmalen oder kleinen Schrift.

Aus Bild 16 ist zu ersehen, daß die in engem Abstand zueinander gestellten Senkrechten höher wirken als die weitgestellten. So erscheinen auch schmale Schriften optisch höher als breite.

---

1 Emil Ruder, Typographie, Arthur Niggli Ltd., Teufen AR 1967

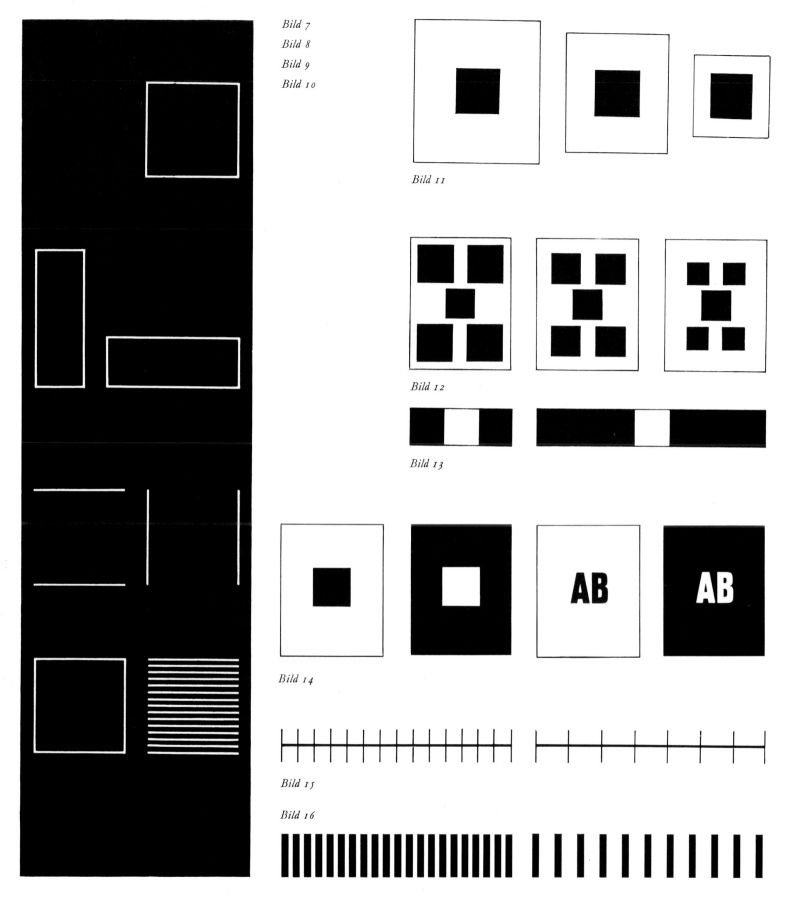

Bild 7
Bild 8
Bild 9
Bild 10

Bild 11

Bild 12

Bild 13

Bild 14

Bild 15

Bild 16

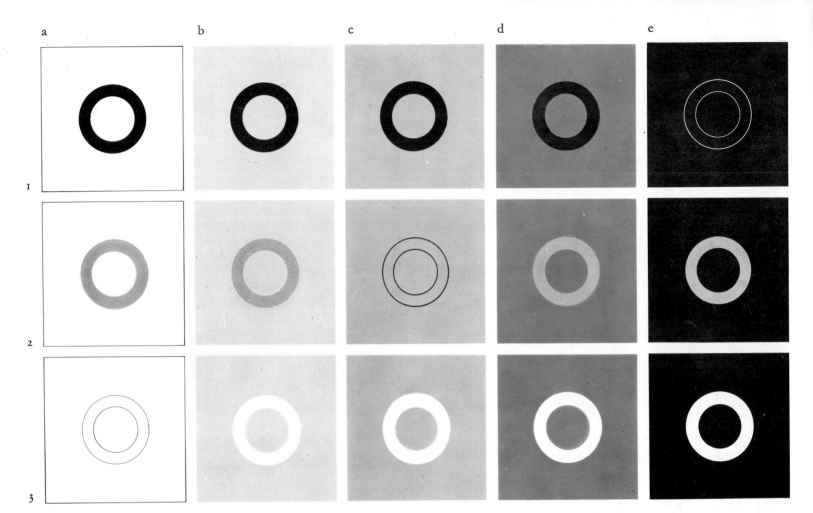

Bild 17

1.1.4. **Farbwertigkeiten**

Die Farbe hat in der Schriftgestaltung nur eine dienende Funktion. Sie soll die Lesbarkeit unterstützen, sie soll hervorheben, Aufmerksamkeit erregen und schmücken und schließlich auch Gefühlsassoziationen hervorrufen. Grundlegende Kenntnisse über die Farbe müssen hier vorausgesetzt werden. Dem Lernenden sei Paul Renners „Ordnung und Harmonie der Farben", Otto Maier Verlag, Ravensburg 1947, oder eine andere gute Farblehre empfohlen.

Der Hell-Dunkel-Kontrast

Ähnlich wie bei den Größenverhältnissen müssen wir auch bei der farbigen Gestaltung optische Täuschungen berücksichtigen. Die Farbwerte, die unser Auge sieht, stimmen in den meisten Fällen nicht mit den tatsächlichen Farbwerten überein. Farbnachbarschaft und Beleuchtung beeinflussen unsere Wahrnehmung entscheidend. Wenn wir einmal vom Schwarzweiß als dem stärk-

sten Hell-Dunkel-Wert absehen, hat jeder Vollton des Farbkreises einen bestimmten Helligkeits- oder Grauwert; er ist beim Gelb am hellsten, beim Blau am dunkelsten. Bei Rot und Grün entsprechen die Grauwerte einander. Darüber hinaus kann jeder Vollton innerhalb seiner Farbrichtung hell und dunkel abgestuft werden. Dieser Helligkeitswert ist, wie Bild 17 zeigt, für die Beziehung zwischen Schrift und Hintergrund von großer Bedeutung. Er kann die Lesbarkeit der Schrift steigern oder verringern. Die Felder 1a und 3e zeigen die stärkste Kontrastwirkung. Hierbei ist zu beachten, daß für die Schriftgestaltung, die Buchseite, die Graphik ein reines Weiß zu hart wirken könnte. Es überstrahlt die Kontur der Buchstaben, so daß sie flimmert und die Lesbarkeit erschwert ist. Wir werden deshalb in der Praxis immer Papiere bevorzugen, deren Weiß leicht warm getönt ist. Wenn wir eine Wandfläche als Schriftuntergrund zu streichen haben, sollten wir

das Weiß etwas mit Ocker oder Braun brechen. Der schwarzen Farbe kann man ebenfalls etwas Braun beimengen.

Vergleichen wir die Felder 1b-c-d und 3b-c-d miteinander, so können wir beobachten, daß sich die weißen Kreise stärker vom Hintergrund lösen als die schwarzen. Der Grund dafür liegt wieder darin, daß das Weiß aktiver wirkt als das Schwarz und seine Nachbarfarbe überstrahlt. Weiße Schriften stehen auf farbigen Flächen eines mittleren Grauwertes deutlicher als schwarze Schriften. Bei Reihe 1 wirkt übrigens der Kreis auf Feld e durch die weiße Kontur noch günstiger als auf den Feldern b, c, d. Zu Reihe 2 ist zu bemerken, daß das gleiche Grau auf dem Weiß dunkler, nach dem Schwarz zu aber heller erscheint. Ähnlich ist es, wenn wir die grauen Kreise auf andere stark farbige Flächen legen. Wir werden feststellen, daß sich das Grau in Richtung der Komplementärfarbe des Untergrundes verändert, auf einem Rot also grün-

16

lich, auf einem Blau gelblich aussieht. Schließlich kann man auch einen Versuch mit Volltönen machen, indem man z. B. statt der grauen Kreise rote nimmt und sie auf eine blaue und gelbe Fläche legt. Das auf dem Gelb liegende Rot wird dunkler erscheinen als das auf dem Blau liegende, weil es in der Nachbarschaft des Gelbs bzw. des Blaus etwas von deren Komplementärfarbe angenommen hat. Dieses Phänomen, das in der Farblehre als Simultankontrast bezeichnet wird, tritt aber nicht in Erscheinung, wenn zwei Komplementärfarben des Farbkreises im Vollton nebeneinandergestellt werden. In diesem Falle empfinden wir bei jeder Farbe eine Steigerung in der eigenen Farbrichtung.

Soll eine optimale Lesbarkeit und Fernwirkung der Schrift angestrebt werden, so ist wieder der Helligkeitskontrast von größter Wichtigkeit. Grün kann ein gleichstarkes Rot im Grauwert aufheben. Die Schrift wird flimmern.

Der Warm-Kalt-Kontrast

Wenn wir von warmen und kalten Farben sprechen, so bezeichnen wir mit den Wörtern warm und kalt keine tatsächlichen Wärme- oder Kälteempfindungen, sondern wir gebrauchen sie „gleichnishaft zur Bezeichnung des Stimmungswertes, der den Farben eigentümlich ist" (Renner). Gelbrot und Grünblau empfindet man als stärksten Warm-Kalt-Kontrast. Im Farbkreis bilden die Farben Gelb bis Rot die warme, Blau bis Grün die kalte Seite. Die Farben zwischen Rot und Blau sind gleichzeitig warm und kalt, die zwischen Gelb und Grün befindlichen Farben sind weder warm noch kalt. Warme Töne wirken aktiv. Ein gelbes Rot z. B. erregt Aufmerksamkeit, es tritt hervor, strahlt. Kalte Töne dagegen haben eine passive Wertigkeit, auf der Fläche weichen sie zurück.

Reine und trübe Farben

Jede Farbe verliert an Leuchtkraft, wenn sie getrübt, „gebrochen" wird. Dies geschieht durch einen Zusatz von Grau oder besser der jeweiligen Komplementärfarbe. Stellt man reinen Farben getrübte gegenüber, so kann man sehen, daß die reinen Farben hervor- und die getrübten Farben zurücktreten. Eine reine Farbe kann ihre Leuchtkraft in der Nachbarschaft gebrochener Farben beträchtlich steigern.

Farbassoziationen

Farben haben auch eine psychologische Wirkung und einen Symbolgehalt. Es wäre z. B. sehr unzweckmäßig, für eine Tabakpackung in der Hauptsache Grün zu verwenden, da in diesem Falle ein Gefühl der Unreife assoziiert würde. Weiß gilt bei einigen Völkern als Farbe der Trauer, während es sich bei uns mit Vorstellungen wie rein, festlich, heiter, vornehm verbindet. Im mittelalterlichen Deutschland war nicht Rot die Farbe der Liebe, sondern Grün. Diese wenigen Beispiele zeigen, wie verschiedenartig die Farbassoziationen sind. Sie bilden sich nicht nur aus Wertigkeiten wie hell-dunkel, warm-kalt, rein-trüb, sondern werden auch maßgeblich beeinflußt von „vegetativen, landschaftlichen, nationalen, geschichtlichen, religiösen und klassenmäßigen Bedingungen" (Kapr)[1] und erhalten sich durch Tradition und Gewöhnung.

Schließlich sei nochmals auf die Abhängigkeit der Farbe von der Beleuchtung hingewiesen. So erscheint z. B. Rot in der Dämmerung dunkler, während Blau heller wirkt. Künstliches Licht verändert fast alle Farben, besonders aber grüne und blaue Töne.

Rezepte für gute Farbzusammenstellungen zu geben ist nicht möglich. Wir können unser Gefühl am besten beim Studium anerkannter Werke der klassischen und der modernen Malerei und vorbildlicher Arbeiten auf dem Gebiet der Gebrauchsgraphik schulen. Gute Dienste leistet in dieser Hinsicht das Studium von Werken der abstrakten Malerei. Ein Rat für die Entwurfspraxis: Sehr nützlich ist das Sammeln von Farbmustern. Man kann aus alten Plakaten, Buchumschlägen und Packungen kleine Farbflächen ausschneiden oder auch gestrichene Farbproben herstellen und in einer Mappe aufbewahren. Recht brauchbar ist die Baumannsche Farbmusterkartei. Bei Entwürfen, die gedruckt werden sollen, muß man jedoch immer berücksichtigen, daß Druckfarben eine andere Wirkung haben als Leimfarben. Die Bestimmung der Farben erfolgt nach TGL 5778 (Buchdruck) und

---

1 Albert Kapr, Probleme der typografischen Kommunikation. In Beiträge zur Grafik und Buchgestaltung. Sonderdruck der Hochschule für Grafik und Buchkunst Leipzig 1964.

17

TGL 5779 (Offset), (s. auch Abschnitt 4.4.1.). Es ist üblich, der Druckerei ein Farbmuster zu geben und sich die Andrucke zur Korrektur vorlegen zu lassen.

1.1.5. Bewegungsrichtungen und Wirkorte auf der Fläche

Mehrere auf der Fläche angeordnete Elemente erfaßt das Auge nicht mit einem Blick. Indem es der Komposition folgt, vollzieht es in einem zeitlichen Nacheinander — das allerdings sehr schnell und unbewußt erfolgen kann — Bewegungsabläufe. Das in Bild 19 gezeigte Schema eines Grundbewegungsablaufes trifft für viele bildhafte Gestaltungen zu. Selbstverständlich ist dieser Ablauf in sich wieder durch mehr oder weniger stark ausgeprägte unter- und nebengeordnete Bewegungsabläufe gegliedert. Es handelt sich bei dem Schema lediglich um den bewegungsphysiologisch normalen Ablauf, wie er auch in der Grundbewegung des handschriftlichen Schreibens vorhanden ist.

In seinem Buch „Typographie"[1] zählt Emil Ruder die Themen einiger Bewegungsabläufe auf: Wertzunahme und Wertabbau oder Zu- und Abnahme in der Größe, Auf-

1 Emil Ruder, Typographie. Ein Gestaltungsbuch. Verlag Arthur Niggli, Teufen AR 1967

lösung von kompakten Elementen und Sammlung von verstreuten Werten zu kompakten, exzentrische und konzentrische Bewegungen, Bewegungen von oben nach unten und von unten nach oben verlaufend, Bewegungen von links nach rechts und von rechts nach links, Bewegungen von innen nach außen und umgekehrt, Bewegungen in der Diagonale oder um einen Winkel usw.

Von großer Wichtigkeit ist die Erkenntnis, daß Größen- und Gewichtsverhältnisse in ihrer Wertigkeit bzw. Bedeutsamkeit von der Ortslage, die sie auf der Fläche einnehmen, beeinflußt werden. Bei geometrischer Querteilung einer Fläche wirkt die obere Hälfte größer als die untere (Bild 20), ebenso treten die in der oberen Hälfte befindlichen Kompositionselemente stärker in Erscheinung. Dies läßt sich leicht damit erklären, daß der Betrachter gewöhnt ist, in der Natur alles im oberen Teil des Blickfeldes Befindliche kleiner, leichter, heller als im unteren Teil vorzufinden. Diese Erfahrungswerte überträgt er unbewußt auch auf die Fläche und empfindet nun große, schwere, dunkle Elemente, wenn sie im oberen Teil angeordnet wurden, als ungewöhnlich und aktiver in der Wirkung. Besonders bei symmetrischen Anordnungen ist deshalb zu berücksichtigen, daß die wichtigsten Gestaltungselemente im

Bild 18. Nach Müller-Enskat, Theorie und Praxis der Graphologie I, Rudolstadt 1949

Bild 21. Aus: Max Burchartz, Gleichnis der Harmonie, 2. Aufl., München 1955

Bild 18

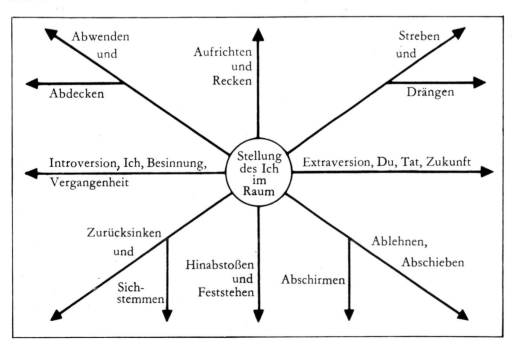

Bild 19

Bild 20

Bild 21

18

oberen Teil der Fläche angebracht werden. Bei asymmetrischen Kompositionen spielt außerdem das Verhältnis zwischen rechter und linker Seite eine Rolle. Psychologen haben aus der primär rechts gerichteten Bewegung der Schriften des abendländischen Kulturgebietes eine Reihe von Schlüssen für die Richtungsqualitäten der Bewegung und damit für die Lagequalitäten auf der Fläche gezogen. Der Links-Rechts-Kontrast erhält folgende Deutungen:

links:	*rechts:*
passiv	aktiv
Introversion	Extraversion
Subjekt	Objekt
Ich	Du
Vergangenheit	Zukunft

Aus dem Bewegungsablauf und den Richtungsqualitäten der Komposition ergeben sich noch weitere Assoziationen: In seinem Buch „Punkt, Linie zur Fläche" gibt Kandinsky dem Senkrecht-Waagrecht-Gegensatz folgende Wertungen: „Die Waagrechte erinnert an den Horizont, an das Meer, die Steppe, die Ebene, an Ruhe, Schlaf und Tod. Sie wirkt im Bild eindrucksvoll, ruhig und bedeutend . . . Wenn die Senkrechte im Bild aufsteigt, wirkt sie erhebend und kraftvoll. Sie läßt an Türme, Obelisken und Springbrunnen denken. Wenn sie sinkt, wirkt sie ernst und schwer und erinnert an das Senkblei, das Gewicht."

Psychotechnische Versuchsreihen von Werbefachleuten haben bestätigt, daß die Gestaltungselemente bei Hochstellung auf der Fläche besser zur Geltung kommen, sichtbarer sind als bei Tiefstellung, ebenso ist eine Stellung auf der rechten Seite aktiver als auf der linken. Links unten ist der schwächste Wirkort der Fläche (Bild 21).

Alle diese Hinweise können nur von Nutzen sein, wenn sie nicht als Rezepte oder als Dogmen aufgefaßt werden. Keinesfalls dürfen sie den Anfänger dazu verführen, etwa bei allen Arbeiten die wichtigsten Elemente grundsätzlich im oberen Teil unterzubringen. Die ständige Wiederholung eines solchen Schemas würde das Interesse des Betrachters schnell abstumpfen. „Künstlerische Mittel nutzen sich ab, sie brauchen ein Gegenmittel, um neu wirksam zu werden", lehrt Ernst Schneidler in seiner Gestaltungslehre „Der Wassermann".[1] Wie schon gesagt wurde, soll das Wissen über einige Flächen- und Richtungsqualitäten lediglich helfen, die Elemente in Größe und Gewicht richtig zu bemessen und die Komposition in ihrem bildhaften Ausdruckswert zu steigern.

1 Ernst Schneidler, Der Wassermann. Stuttgart 1948

Dreidimensionale Erscheinungen auf der Fläche

Größen- und Gewichtsverhältnisse, Farbwertigkeiten sowie die Ortslage der Kompositionselemente lösen auf der zweidimensionalen Fläche dreidimensionale Wirkungen aus.

Bei großen und schweren Gestaltungselementen haben wir den Eindruck, daß sie auf uns zukommen, während kleinere und leichtere Formen auf der Fläche zurücktreten. Diese Erscheinung ist bei Bild 12 gut zu beobachten. In der Gegenüberstellung mit der Senkrechten empfindet man die Waagrechte als im Hintergrund befindlich. Strukturen treten optisch vor glatte Flächenteile. Auch bei Farbwertigkeiten unterliegt der Betrachter bekanntlich derartigen Täuschungen (s. Abschnitt 1.1.4.).

Flächenhafte Wirkungen lassen sich erzielen, indem Formen und Farbwerte so miteinander konfrontiert werden, daß sich ihre räumliche Wirkung aufhebt, d. h., Elemente, die hervortretende Eigenschaften haben, werden an Stellen gebracht, die als Hintergrund erscheinen bzw. schwache Wirkorte der Fläche sind und umgekehrt.

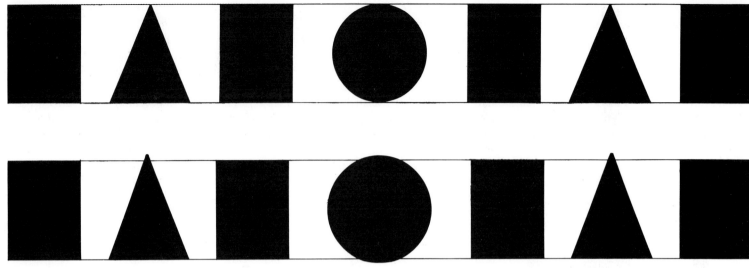

Bild 22

Bild 23

HAEOMmz

1.2. Optische Täuschungen beim Schreiben und Zeichnen von Buchstaben

Beim Schreiben und Zeichnen von Buchstaben spielt das Augenmaß eine wichtigere Rolle als das metrische Maß.

Bild 22 zeigt, daß Kreis und Dreieck, obwohl sie die gleiche Höhe wie die Rechtecke haben, kleiner wirken als diese, da sie die Grundlinien nur an zwei Punkten bzw. mit der Spitze berühren. Sie „fielen durch", wenn wir die Rundungen oder Spitzen nicht etwas über die Grundlinie hinausführen würden (Bild 23).

Bei Bild 24 wurden der Kreis genau in die Mitte der Fläche und die Waagrechte genau in die Mitte der Senkrechten gesetzt. Trotzdem hat man nicht den Eindruck, daß sich diese Elemente in der Mitte befinden. Die obere Hälfte wirkt größer. Deshalb wurden die Teilungselemente bei Bild 25 etwas nach oben, in die „optische Mitte" gerückt. Bei Figuren wie H, E, B, K, X, S u. a. darf die Teilung also nicht in der geometrischen Mitte liegen, sondern gehört in die optische Mitte. Es ist richtig, wenn der obere Teil der Buchstaben ein wenig kleiner wirkt als der untere. Bei den runden Formen O, D, G, C muß die größte Ausdehnung dagegen in der oberen Hälfte des Buchstabens sein. Die Rundung bekommt dadurch mehr Spannung (Bild 26).

Die senkrechte Teilung läßt die Fläche schmaler, die waagrechte läßt sie breiter erscheinen (Bild 27). In ähnlicher Weise, nämlich streckend oder verbreiternd, wirken Serifen auf die Proportionen des Buchstabens (Bild 28).

Bild 29. Der gleiche Balken wirkt senkrecht länger und schmaler als waagrecht. Diese optische Täuschung ist besonders beim Zeichnen von Grotesk- oder Egyptienneschriften zu berücksichtigen. Waagrechte Buchstabenteile müssen, auch wenn sie gleich stark wie die senkrechten aussehen sollen, immer etwas schmaler als diese gezeichnet werden (Bild 30). Auch die Rundungen sind oben und unten etwas dünner zu halten, während sie an den Seiten rechts und links bedeutend fetter als die normale Balkenstärke sein müssen. Die Diagonalen erfordern ebenfalls eine entsprechende Abstimmung; hier muß der Neigungsgrad berücksichtigt werden. Bild 31 gibt eine Konstruktionshilfe für das Zeichen der Diagonalen bei Groteskschriften.

Aber auch bei den Senkrechten machen sich Abweichungen in den Strichbreiten notwendig (Bild 32). Die Gegenüberstellung B, E zeigt, daß das B schwärzer wirkt als das E. Der erfahrene Zeichner wird daher die Senkrechten beim B etwas dünner halten als beim E. Die Senkrechten des L oder I wird er dagegen etwas fetter zeichnen. Dieser Rat gilt nicht nur für die Grotesk, sondern auch für die Antiqua.

Bild 30. Strichdicken bei den Versalien der Univers von Adrian Frutiger. Aus: typografia 9/65

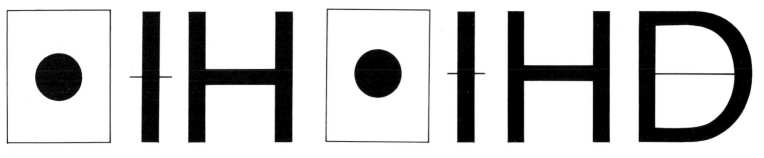

Bild 24　　　　　　　Bild 25　　　　　　　Bild 26

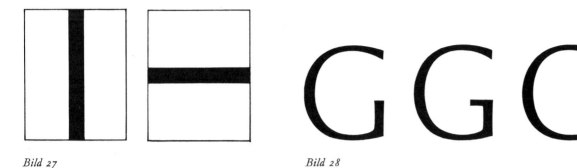

Bild 27　　　　　　　Bild 28

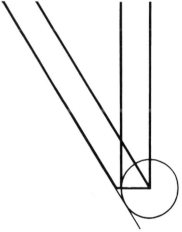

Bild 29　　　　　　　Bild 30　　　　　　　Bild 31

Bild 32

HEBKI

Aus Bild 33 ist erkennbar, daß der kurze Balken fetter wirkt als der lange. Kurze senkrechte Buchstabenteile müssen deshalb etwas magerer gezeichnet werden. Dies ist auch einer der Gründe, weshalb die Balkenstärke bei Kleinbuchstaben insgesamt etwas schmaler zu halten ist als bei Großbuchstaben (Bild 34). Der andere Grund ergibt sich aus der größeren Fläche der Versal-Binnenformen.

Wenn zwei Diagonale zusammentreffen, bilden sich Verdickungen, schwarze Flekken, die das Schriftbild stören. Deshalb wird man die Winkel etwas vertiefen (Bild 35).

Schwierigkeiten macht auch der Übergang von der Geraden in die Rundung. Das geschulte Auge sieht bei einer Zeichnung, die mit dem Zirkel konstruiert wurde, einen Knick. Man muß deshalb beim Zeichnen von der geometrischen Rundung abweichen (Bild 36).

Konstruiert man bei schmalen Groteskschriften bei O, C, G, D und U die Verbindung zwischen Geraden und Rundungen mit Zirkel und Lineal, so wirken die Geraden nach innen gewölbt. Sie müssen deshalb in entgegengesetzter Richtung korrigiert werden (Bild 37).

Geometrisch gerade Buchstabenteile erscheinen nach außen gewölbt. Will man diese Wirkung vermeiden, muß man die Geraden nach innen leicht auskehlen (Bild 38). Ecken wirken in der Verkleinerung abgerundet (Bild 39).

Bild 33a

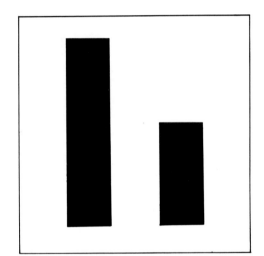

Bild 33b

Bild 34

Bild 35

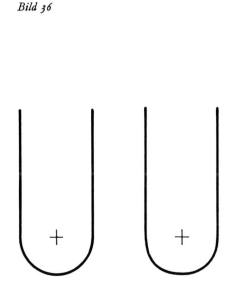

Bild 36   *Bild 37*   *Bild 38*   *Bild 39*

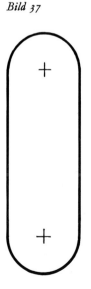
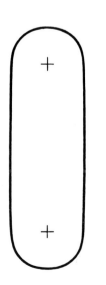
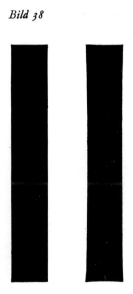

22

Bild 40

Bild 41

WOLLGARNE

Bild 42

WOLLGARNE

WOLLGARNE

Bild 43

WOLLGARNE

MOHN **MOHN**

Bild 44

Bild 45

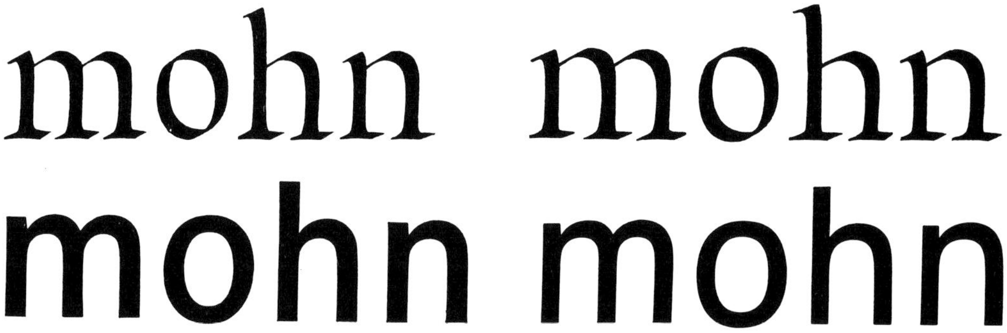

mohn mohn

mohn mohn

Buchstaben-, Wort- und Zeilenabstände 1.3.

Ausgleichen und Sperren 1.3.1.

Das Anordnen der Schrift auf der Fläche ge-
schieht einmal in der Reihung der Buch-
staben zu Wort und Zeile, zum anderen im
Zusammenfügen der Zeilen zum Schrift-
spiegel. Dies macht bereits einen Teil der
Komposition aus.
Ein willkürliches Aneinanderreihen der
Buchstaben würde allerdings weder den
Erfordernissen der Lesbarkeit noch unseren
Ansprüchen an die ästhetische Wirkung des
Schriftbildes genügen. Die Binnen- und
Resträume der Buchstaben (Bilder 40 und
41) haben eine ornamentale Wertigkeit,
die der Gestalter erkennen muß. Mit der
Bemessung der Buchstabenabstände kann
er sie entweder optisch aktivieren oder neutralisieren. Auf die zuerst genannte Möglichkeit wird am Schluß dieses Abschnittes
nochmals eingegangen.
Das optische Neutralisieren von Binnen-
und Resträumen ist notwendig, wenn das
Wortbild gut lesbar sein soll. Wir erreichen
dies durch das harmonische Ausgleichen
der Buchstabenabstände. Würden die Buchstaben in einem willkürlichen oder in einem
metrisch genauen Abstand aneinandergereiht (Bild 42), so ergäben sich innerhalb
des Wortbildes stellenweise Zusammenballungen; Buchstaben wie O, C, G dagegen würden ihres großen Binnenraumes
wegen Lücken in das Wortbild reißen. In
ähnlicher Weise wirken die Resträume von
L, T, A, V, P u. a. Ein derartig unausge-
glichenes Wortbild sieht nicht nur häßlich
aus; die Lücken und Zusammenballungen
hemmen auch beim Lesen, sie nötigen zum
Buchstabieren. Man stellt die Buchstaben
deshalb so zueinander, daß die Abstände
optisch gleich groß wirken und keine Form
„herausfällt" (Bild 43). Dabei ist zu beachten, daß zwei Senkrechte nebeneinander
einen größeren metrischen Abstand verlangen als eine Senkrechte neben einer Rundung oder einer Diagonalen. Die Resträume

der Buchstaben müssen teilweise in die Abstände einbezogen werden. Bei seitlich offenen Figuren ist zu berücksichtigen, daß die Buchstabenabstände in den Binnenraum eindringen und dadurch größer erscheinen. Meßbare Werte können für das Ausgleichen nicht gegeben werden. Der für eine gute Lesbarkeit notwendige Buchstabenabstand ist in der Regel dann erreicht, wenn das O inmitten senkrechter Elemente keine Lücke reißt. Man kann dies mit der Buchstabenfolge M O H N ausprobieren (Bild 44).

Bei den Kleinbuchstaben entspricht der Buchstabenabstand im allgemeinen etwa der Breite des m-Binnenraumes. Haben die Kleinbuchstaben breite Binnenräume, so ist es besser, wenn die Abstände etwas geringer bemessen sind. Das gleiche gilt für serifenlose Figuren. Auch hier ist es günstiger, wenn die Abstände etwas enger sind, als es dem m-Binnenraum entspricht (Bild 45).

Einfach ist das Verfahren des Ausgleichens, wenn man die Buchstaben eines Wortes oder einer Zeile einzeln gezeichnet hat und sie dann für die fotographische Reproduktion aufklebt. Man geht vom größten, nicht mehr reduzierbaren Abstand aus und richtet die anderen Abstände danach ein. Der Abstand L A kann dabei getrost größer belassen werden. Anfänger schreiben das L oft zu schmal, kürzen die Serifen oder rücken es zu nahe an den nächsten Buchstaben, aus Angst, der Zwischenraum könne zu groß wirken. In diesem Fall dürfen wir uns aber mit einem größeren Raum abfinden. Er wirkt weniger häßlich als eine verstümmelte oder verkümmerte A- oder L-Form. Zeichnen wir ein Wort oder eine Zeile im Ganzen, so korrigieren wir die Abstände beim Übertragen vom Entwurf auf das Transparentpapier und schließlich beim Übertragen auf die Reinzeichnung.

Beim Schreiben müssen wir durch geduldiges Üben und oftmaliges Vergleichen Auge und Hand an die richtigen Zwischenräume gewöhnen. Für den Anfänger ist es eine gute Hilfe, auch beim Schreiben der Versalien zunächst von der Buchstabenfolge MOHN bzw. mohn auszugehen.

Trifft man die richtigen Abstände nicht sofort, so schreibt man das Wort mehrmals untereinander und nimmt dabei so lange Korrekturen vor, bis die Abstände stimmen. Eventuell kann man mißlungene Abstände auch korrigieren, indem die betref-

fenden Buchstaben auseinandergeschnitten und in den richtigen Abständen aufgeklebt werden. Dabei sind allerdings auch die Schattenränder mit zu berücksichtigen. Das richtig ausgeglichene Wort wird ausgeschnitten, damit man es als Orientierungshilfe benutzen kann, wenn man nun auch Buchstabenfolgen mit diagonalen oder anderen runden Formen schreibt.

Großbuchstaben dürfen gesperrt werden, Kleinbuchstaben dagegen nie. Unter Sperren verstehen wir ein Erweitern der Abstände über das Ausgleichen hinaus. Das darf aber niemals so weit getrieben werden, daß der Zusammenhang verlorengeht und das Wortbild nicht mehr als solches zu erkennen ist. Von der Sperrung sollte man auch nur selten und nur bei einigen oder wenigen Wörtern Gebrauch machen, da die Lesbarkeit dabei gemindert wird.

Hält man die Abstände entschieden geringer, als es für das harmonische Ausgleichen erforderlich ist, kommen die Binnenformen der Buchstaben stärker zur Wirkung. Ihre ornamentale Wertigkeit überhöht sich und macht die Lesbarkeit der Schrift zum sekundären Faktor. Diese Art der Aneinanderreihung ist in der modernen Schriftgestaltung bei einzelnen Worten auf Plakaten, Buchumschlägen usw. häufig zu finden (s. Bild 47). Bei anderen Gestaltungen werden Buchstaben sehr weit gesperrt bzw. dekorativ über die Fläche verteilt. Wie bereits gesagt, ist die Lesbarkeit in allen Fällen mehr oder weniger stark eingeschränkt. Der Gestalter ist hier vielmehr darauf bedacht, die Buchstaben in eine originelle, andersartige, für den Betrachter ungewohnte Beziehung zueinander zu bringen, um damit einen höheren Aufmerksamkeitswert zu erzielen. Diese Mittel der Gestaltung sind für denjenigen, der sie beherrscht und der sie schöpferisch einzusetzen vermag, durchaus legitim. Daß sie, allzu häufig angewandt, bald ihren Reiz verlieren, sei hier nur am Rande bemerkt. Der Anfänger, vor allem aber der Autodidakt, sollte auf Nachahmungen verzichten.

Wortabstände 1.3.2.

Die Wortabstände sollen nur so breit sein, wie es die deutliche Trennung erfordert. Die Bandwirkung der Zeile muß erhalten bleiben. Zu breite Wortabstände stören den Grauwert des Schriftspiegels, es entstehen

AUSGLEICHEN
SPERREN
Bild 46

Bild 47

Auf Seite 24:

Bild 47. Bewußte Engstellung der Buchstaben erhöht die ornamentale Wirkung der Binnenräume (Aus einem Inserat der Druckfarbenfabrik Gebr. Schmidt — Gestaltung Olaf Leu)

Löcher oder Treppen. Bei Versalzeilen hält man die Weite ungefähr so, daß ein I mit dem beidseitig richtigen Abstand in den Zwischenraum paßt. Bei Kleinbuchstabenzeilen entspricht der günstigste Wortabstand ungefähr der n-Höhe. Steht eine runde (o), eine schräge (v) oder an der betreffenden Seite offene Form (c) am Anfang oder Ende des Wortes, so wird dieser Abstand um ein geringes reduziert.

tur, Fraktur und schmale Groteskschriften. Diese haben ein dunkles Bild, deshalb wird der Zeilenabstand geringer bemessen. Versalzeilen (Versalien: Großbuchstaben) kann man mit einem kleineren Abstand als Kleinbuchstabenzeilen untereinanderreihen.

Hinsichtlich der Zeilenlänge gilt im allgemeinen die Regel, daß lange Zeilen einen größeren Abstand verlangen, während er bei kürzeren Zeilen kleiner sein muß. Zeilen einer schmalen Schrift wirken länger als die gleichlangen Zeilen einer breiten Schrift (s. auch Bild 16).

1.3.3. Zeilenabstände

Die Zeilenabstände werden von der Schriftgröße, der Strichstärke der Schrift, der Dichte des Buchstabenbildes sowie der Zeilenlänge beeinflußt.

Die Schriftgröße richtet sich nach dem Zweck der Arbeit und der beabsichtigten Wirkung.

Zur Strichstärke und zur Dichte des Buchstabenbildes ist zu bemerken, daß Antiquaschriften heller wirken und einen relativ größeren Zeilenabstand brauchen als Tex-

Wenn bei kalligraphischen Arbeiten der Zweck eine gute Lesbarkeit verlangt, sollte darauf geachtet werden, daß zu schmale Zeilen häufig ungünstige Worttrennungen nötig machen. Zu lange Zeilen sind schwerer überschaubar; sie ermüden deshalb das Auge schneller. In der deutschen Sprache ergeben 7 bis 12 Wörter oder etwa 50 bis 60 Buchstaben eine für die gute Lesbarkeit günstige Zeilenlänge.

Die Zeilen sollen so weit voneinander ent-

Bild 48. Antiqua. Der Abstand ist zu eng, das Schriftbild wirkt wie ein Gestrüpp und ist zu schwer lesbar

Schrift kann zur Kunst werden – aber zuvor einmal ist sie Handwerk. Zur Kunst wird sie nur dem, der das Handwerk beherrscht. Der rechte Schreiber gibt auf seiner jeweiligen Stufe das Bestmögliche, und diese Einstellung zur Arbeit ist ihm Quell ständiger Genugtuung und Arbeitsfreude. Eine besondere Verant-

Bild 49. Antiqua. Der Abstand ist zu weit. Beim Überwechseln zur neuen Zeile entsteht eine größere Pause im Lesevorgang. Die Zwischenräume werden optisch wichtiger als die Zeilen. Aus Platzmangel kann keine größere Textmenge abgebildet werden. Es ist aber sicher, daß der Schriftspiegel auch bei dreifacher Zeilenanzahl zu locker wirken würde

Schrift kann zur Kunst werden – aber zuvor einmal ist sie Handwerk. Zur Kunst

wird sie nur dem, der das Handwerk beherrscht. Der rechte Schreiber gibt auf

seiner jeweiligen Stufe das Bestmögliche, und diese Einstellung zur Arbeit ist

ihm Quell ständiger Genugtuung und Arbeitsfreude. Eine besondere Verant-

Bild 50. Antiqua. Mit dem richtigen Abstand wird eine gute Lesbarkeit und eine gute Grauwirkung des Ganzen erzielt

Schrift kann zur Kunst werden – aber zuvor einmal ist sie Handwerk. Zur Kunst wird sie nur dem, der das Handwerk beherrscht. Der rechte Schreiber gibt auf seiner jeweiligen Stufe das Bestmögliche, und diese Einstellung zur Arbeit ist ihm Quell ständiger Genugtuung und Arbeitsfreude. Eine besondere Verant-

Bild 51. Das Schriftbild der schmalen Grotesk ist relativ dunkel. Deshalb kann auch das Zeilengefüge entsprechend eng sein

Schrift kann zur Kunst werden — aber zuvor einmal ist sie Handwerk. Zur Kunst wird sie nur dem, der das Handwerk beherrscht. Der rechte Schreiber gibt auf seiner jeweiligen Stufe das Bestmögliche, und diese Einstellung zur Arbeit ist ihm Quell ständiger Genugtuung und Arbeitsfreude. Eine besondere Verantwortung obliegt dem Gestalter von Schriften, die reproduziert

fernt sein, daß ihre Bandwirkung gut zur Geltung kommt, und so dicht stehen, daß ein gleichmäßiger Grauwert erzielt wird.

Immer muß auch das Verhältnis des Zeilengefüges in seiner horizontalen und vertikalen Ausdehnung (Schriftspiegel) und in seiner Grauwirkung zur ganzen Fläche im Auge behalten werden. Bei großen Zeilenabständen müssen vor allem oben und unten die Ränder breit sein, engstehende Zeilen können mit schmaleren Rändern auskommen.

Der Vergleich der Bildbeispiele 48 bis 51 soll klarmachen, wie wichtig der richtige Zeilenabstand für die gute Lesbarkeit eines Textes ist.

Beim Festlegen des Zeilenabstandes verfährt man am besten so, daß man zunächst einige Zeilen schreibt, sie ausschneidet und durch Schieben auf der Papierfläche den richtigen Abstand ermittelt. Dabei muß man beachten, daß die Papierkanten der ausgeschnittenen Zeilen Schatten werfen.

Mitunter genügt es schon, den Abstand beim Übertragen des Maßes um die Stärke einer dünnen Bleistiftlinie zu verringern.

Das Gefühl für richtige Abstände, für gute Proportionen der Seitengröße, des Schriftspiegels und der Ränder läßt sich am besten an Meisterwerken schulen.

1.4. Komposition

Bei der Komposition müssen Wertigkeiten wie Volles-Leeres, Geteiltes-Ungeteiltes, Helles-Dunkeles in ihrer Größe, in ihrer Lage und in ihrer Beziehung zueinander (ihrer Nachbarschaft) so bemessen werden, daß sich Spannungsverhältnisse entwickeln, die in ihrer Gesamtheit den Eindruck einer Harmonie ergeben.

Die leeren Teile der Fläche und die Binnenformen stellen nicht einfach nur den Untergrund dar, sie haben vielmehr eine gestalterische Funktion und sind genauso wichtig wie die Formen selbst. Zur Gegenform und damit zum gleichberechtigten Gestaltungselement aber werden Restflächen und Binnenräume nicht durch Annäherung, durch Abschwächung oder Aufhebung der Kontraste, sondern durch ihre Gegenüberstellung.

Prinzipien der Komposition 1.4.1.

Niemals sollte man einen Text in ein schon vorher bestimmtes Schema pressen. Das Anordnungsprinzip ergibt sich aus der Aufgabe, aus den gestalterischen Möglichkeiten, die der Text bietet, und aus dem zur Verfügung stehenden Material.

Wir unterscheiden die symmetrische und die asymmetrische Anordnung.

Die symmetrische Anordnung wirkt durch ihre strenge Statik besonders monumental, repräsentativ, vornehm, zeremoniell, aber manchmal auch steif, gekünstelt, leblos. Die senkrechte Mittelachse hemmt nämlich den Bewegungsablauf des Lesens, die Zentrierung widerspricht dem Schreibfluß von links nach rechts und dem von ihm bedingten anaxialen Aufbau der meisten Buchstaben, insbesondere der Kleinbuchstaben. Schreibtechnisch ist die Stellung der Zeile auf Mitte nur mit Mühe zu bewerkstelligen. Bei symmetrischer Anordnung sollte man darauf achten, daß der obere Teil der Fläche möglichst gewichtiger wirkt als der untere. Keinesfalls darf der Zeilenfall den Eindruck einer perspektivischen Verkürzung der gesamten Schriftgruppe hervorrufen.

Bei manchen Urkunden- und Inschriftentexten ist es nicht möglich, den Wortsinn mit der gestalterisch notwendigen Zeilenlänge abzustimmen. Es ergeben sich entweder ungünstige Trennungen, falsche Betonungen oder ein schlechter Zeilenfall, so daß man hier besser auf die Mittelachse verzichtet und die Zeilen vorn bündig stellt. Auch Überschriften sehen oft nicht gut aus, wenn man sie in die Mitte stellt.

Die asymmetrische Komposition kommt aus dem Rhythmus organischer Bewegung. Sie beruht mehr als die symmetrische Anordnung auf der Entwicklung von Kontrasten und ist im Ausdruck mannigfaltiger. Ein sicheres Gefühl für Abstände sowie für den Ablauf- und Bildrhythmus ist die Voraussetzung.

Mittel der Komposition — 1.4.2.
Möglichkeiten der Gliederung

Mittel der Komposition sind erstens die betonte Stellung des Textes auf der Fläche, zweitens verschiedene Möglichkeiten der Gliederung. Die Gliederung des Textes erhöht seine Lesbarkeit und steigert die formalen Qualitäten des Schriftbildes. Man

Bild 52. Beispiel für die Stellung einer Initiale (Skizze)

Bild 53. Beispiel für die Stellung einer Initiale (Skizze)

Bild 54. Beispiel für die Stellung einer Initiale (Skizze)

Bild 55. Seite mit geschriebener Initiale aus „Peter Vischer", Bildband des Verlages der Kunst, Dresden 1960. Gestaltung Horst Schuster

Bild 56. Seite mit geschriebener Initiale von Imre Reiner. Aus: Imre und Hedwig Reiner, Schrift im Buch, St. Gallen 1948

Bild 57. Seite mit Kassetteninitiale (Holzschnitt) von Gert Wunderlich. Aus dem Bildband „Sachsenhausen", Kongress-Verlag, Berlin 1962

IM CHOR DER ST. SEBALD-KIRCHE ZU NÜRNBERG STEHT EIN ERZGEGOSSENES GEHÄUSE. ES BIRGT, WIE IN EINER MONSTRANZ EMPORGEHOBEN UND HINTER PFEILERN UND SÄULEN ZUR SCHAU GESTELLT, DEN SILBERBESCHLAGENEN SARG MIT DEN GEBEINEN DES HEILIGEN SEBALDUS.

Eine Inschrift nennt den Meister: -Petter Vischer pvrger zv Nurmberg machet das Werck mit seinen Sunnen un wurd folbracht im jar 1519 und ist allein Got dem Allmechtigen zu lob vnd Sanc Sebold dem Himmelfürste zv Eren mit hilff frumer leut und dem allmosen bezalt.- Es ist das weltbekannte Hauptwerk Peter Vischers, das Sebaldusgrab, das größte Werk des deutschen Erzgusses, gerühmt von Anfang an und bis zur Gegenwart bewundert; es gab seinem Namen fast legendären Klang – und doch wissen wir nicht, ob es ihm Erfüllung oder tragischen Verzicht bedeutet hat. Mit achtundzwanzig Jahren hatte er es entworfen – anders, als es jetzt dasteht –, als fast Sechzigjähriger sah er es vollendet. Inzwischen waren seine Sohne großgeworden, sie sind nach Italien gereist und haben sich gebildet, sie sind als junge Künstler wiedergekommen und haben das Werk des Vaters, sein Lebenswerk, verwandelt. Zuletzt ist aus dem himmelstrebenden, dreitürmigen Gespinst von Pfeilern und Fialen, das wie ein gotisch-spitzes Bauwerk im gotischen Raum der Kirche emporwachsen sollte, ein gedrungener, phantastisch geschmückter Baldachin geworden, der von Schnecken und Delphinen fortgetragen wird. Mittelalterliches mischt sich nun mit Renaissancehaftem, Deutsches mit Italienischem, Christliches mit Antikem; die sinnenfrohe, heidnische

QUOIQUE tes sourcils méchants
Te donnent un air étrange
Qui n'est pas celui d'un ange,
Sorcière aux yeux alléchants.

Je t'adore, ô ma frivole,
Ma terrible passion!
Avec la dévotion
Du prêtre pour son idole.

Le désert et la forêt
Embaument tes tresses rudes,
Ta tête a les attitudes
De l'énigme et du secret.

Sur ta chair le parfum rôde
Comme autour d'un encensoir;
Tu charmes comme le soir,
Nymphe ténébreuse et chaude.

A l'occasion de l'inauguration du Mémorial National de Sachsenhausen, le 23 avril 1961, les representants qualifiés de 23 nations se sont prononcés en faveur des nobles buts de la lutte anti-fasciste. Les orateurs étaient: Albanie, Haqo Paze. - Belgique: Fernand Erauw, secrétaire général de la Cour des Comptes à Bruxelles, ancien déporté du CC Sachsenhausen. - République Populaire de Bulgarie: Général Diko Dikow, ancien partisan. - Danemark: Oskar Verner, président de l'Union des anciens déportés de Sachsenhausen. - France: Roger Vidal, président de l'Amicale de Sachsenhausen. - Grèce: Serasim Karassawa, combattant de la résistance anti-fasciste. - Italie: Umberto Terracini, membre du Sénat italien, président de l'Association des résistants anti-fascistes. - République Fédérale Populaire de Yougoslavie: Marjan Vivoda, membre du Comité central de l'Union des combattants pour la libération nationale. - Luxembourg: Jean Pierre Hoffmann, directeur de l'Hôtel de Ville, président de l'Ami-

169

gliedert den Text durch räumliche Abstände, z. B. durch Leerzeilen und durch das Hervorheben oder Zurückdrängen bestimmter Worte, Zeilen oder Textgruppen.

Das kann auf vielfältige Weise geschehen. Die Wahl dieser Mittel bzw. Elemente darf sich nie ausschließlich nach formalen Gesichtspunkten richten, sondern muß den inhaltlichen und ästhetischen Notwendigkeiten des Textes entsprechen. Selbstverständlich soll die Komposition nicht langweilig oder monoton aussehen, eine Betonung kann jedoch nicht mehr wirken, wenn sie zu häufig erscheint. Man sollte deshalb nur solche Elemente wählen, die eine Funktion innerhalb der Komposition zu erfüllen haben. „Die Mittel müssen nach dem Zweck gefragt werden", sagt Brecht.

Alle Elemente sollen entschieden eingesetzt werden. Unentschiedene Kontraste und Abstände schwächen die Wirkung.

Ein gebräuchliches Mittel der Hervorhebung ist die Verwendung unterschiedlicher Schriftgrößen und -stärken. Einzelne oder kurze Zeilen kann man in Versalien oder Kapitälchen (Versalien in der Größe der Kleinbuchstaben-Mittelhöhe) schreiben. Bei längeren Texten ist der besseren Lesbarkeit wegen eine Hervorhebung mit der zur Textschrift gehörenden Kursiv günstiger. Daß Kleinbuchstaben im allgemeinen nicht gesperrt werden dürfen, sei hier nochmals erwähnt.

Sehr beliebt sind das Ausschmücken des Textes mit Initialen (schmückende, zuweilen verzierte Anfangsbuchstaben am Beginn von Kapiteln, Abschnitten oder Absätzen, die meist die Höhe von mehreren Zeilen der Grundschrift aufweisen) und das Hervorheben der Überschriften. In beiden Fällen ist es wichtig, das richtige Größenverhältnis und Gewicht zum Text zu finden. Man schreibt deshalb Initialen und Überschriften in verschiedenen Größen, Charakteren und Farben, schneidet die Proben aus und legt sie zusammen mit den ebenfalls erst einmal zur Probe geschriebenen Textzeilen auf die Fläche. Die Bilder 52 bis 57 zeigen, wie Initialen zum Text gestellt werden können. In jedem Falle ist die Verbindung zum dazugehörenden Wort zu wahren. Wenn die Initialen freistehen, müssen sie Anschluß an die Anfangszeile haben. Sollen sie in den Schriftspiegel eingefügt werden, so müssen sie mit der unteren Zeile, an die sie anschließen, Linie halten. Bei Kassetteninitialen hat die Flächenbegrenzung Linie zu halten, bei Zierversalien können ausladende Schwünge in den linken weißen Rand hineinragen.

Überschriften sind zumeist schon genügend hervorgehoben, wenn der normale Schriftgrad eine oder mehrere Leerzeilen vom Text abgerückt wird. Man kann sie aber auch besonders betonen, wenn man sie in der zur Textschrift gehörenden Kursiv schreibt oder eines der oben beschriebenen Mittel der Auszeichnung verwendet.

Die verschiedenen Größen und Dicken der Schrift, Sperrungen, Zeilenabstände usw. lassen reiche Variationsmöglichkeiten allein innerhalb der Grauskala des Schriftbildes zu. Darüber hinaus hat aber auch die Auszeichnungsfarbe eine große Bedeutung für die Gliederung. Sehr wichtig ist es, das richtige Spannungsverhältnis zwischen ihr und dem Schwarz der Textfarbe bzw. ihrer Grauwirkung zu bemessen. Die Auszeichnungsfarbe muß in einer entschieden kleineren Menge auftreten, wenn der Betrachter sie als Schmuck, als Kostbarkeit empfinden soll. Ist ihr Anteil jedoch zu gering, wird sie überwuchert. Man darf auch nicht zu viele kleine farbige Elemente auf der Fläche verteilen, wenn dies zu einer Aufsplitterung führt. Das Auge nimmt eine Vermischung mit der Hauptfarbe vor, damit werden die Kontraste unklar.

Es ist im allgemeinen nicht ratsam, mehr als zwei Auszeichnungsfarben in einer Arbeit anzuwenden. Beliebt sind Hervorhebungen mit einem Zinnoberrot, dem etwas Karminrot zugesetzt werden kann, einem Türkis- oder Cölinblau oder einem Altgold, das aus Gelb und einem kleinen Zusatz von Rot und Blau gemischt wird. Auch ein dunkles Englischrot wirkt gut. Oft nimmt man auch ein gelbliches oder grünliches Grau. Man muß den Farben immer etwas Weiß zusetzen, sonst trocknen sie fleckig und dunkler auf, als man es erwartet hat. Dabei dürfen die Töne jedoch weder schmutzig und trübe noch kreidig werden.

Das Mischen verschiedener Schriftcharaktere wird im Abschnitt 4.1.2. behandelt. In den Abschnitten, die sich mit dem geschriebenen Buch, der Urkunde, der Glückwunschadresse usw. befassen, wird auf die Möglichkeiten der Hervorhebung noch einmal eingegangen.

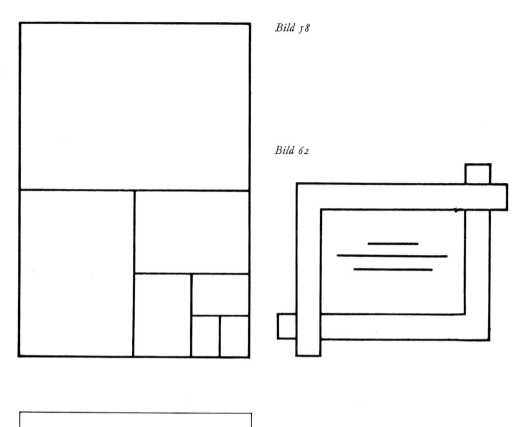

Bild 58

Bild 62

1:2

Bild 59

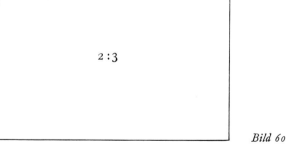

2:3

Bild 60

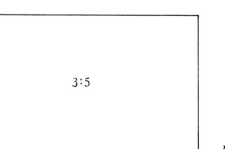

3:5

Bild 61

In der Praxis kommt es selten vor, daß der Graphiker das Format selbst wählen kann; zumeist muß er auf einer vorgegebenen Fläche ein gutes Verhältnis zwischen Schrift und Format herstellen.

Durch Rationalisierungsmaßnahmen wurden die Papierformate weitestgehend genormt. Bei Entwürfen, die in einer Auflage gedruckt werden sollen, muß man diese Normung unbedingt berücksichtigen. Die Normformate sind vor allem für Geschäftsdrucksachen, wie Briefbogen, Prospekte, Etiketten und für Plakate bestimmt. Die Reihe ergibt sich aus der fortlaufenden Halbierung der Formate (Bild 58), wobei die Ziffer angibt, wie oft das Null-Format halbiert werden muß. Am gebräuchlichsten ist die A-Reihe, ihre Maße sind:

A 0   841 mm × 1189 mm
  1   594 mm × 841 mm
  2   420 mm × 594 mm
  3   297 mm × 420 mm
  4   210 mm × 297 mm
  5   148 mm × 210 mm
  6   105 mm × 148 mm

Das Null-Format der Zusatzreihe B beträgt 1000 mm × 1414 mm und das der Zusatzreihe C 917 mm × 1297 mm.

Das Normformat entspricht wegen seiner Breite und den durch die Halbierung immer wieder zu gleichwertig bleibenden Proportionen $(1:\sqrt{2})$ nur ungenügend unseren ästhetischen Maßstäben. Beim Entwurf von Prospekten kann man durch geschicktes Ausnutzen der Falzung die Maße angenehmer gestalten. Unter den technischen Bedingungen der Papierherstellung leiden auch die Proportionen der Buchformate, obwohl es hier eine Reihe durchaus befriedigender Maße gibt.

Jan Tschichold empfiehlt, wo dies möglich ist, klare Seitenverhältnisse zu wählen. Günstige Proportionen sind 1:2, 2:3, 3:5 und der Goldene Schnitt (21:34). Für querformatige Schilder eignet sich auch ein Seitenverhältnis von 1:3.[1]

Mitunter kommt es vor, daß sich im Verlaufe der Entwurfsarbeit Änderungen des Formats nötig machen. Eine große Hilfe für das Bestimmen der Formatgröße ist es,

1 Jan Tschichold, Meisterbuch der Schrift, 1. Auflage, Otto Maier Verlag, Ravensburg 1952

wenn man zwei Winkel aus Karton in einer zum Papier kontrastierenden Farbe herstellt, diese auf den Entwurf legt und sie so lange verschiebt, bis die Stellung zur Schrift überzeugt (Bild 62).

1.6. **Über die Stellung von Satzzeichen**

Jeder Gestalter von schriftgraphischen oder typographischen Texten muß über die Verwendung und Stellung der Satzzeichen, über Worttrennungen und über die Möglichkeiten der Verwendung von Ligaturen Bescheid wissen. Dazu gibt der Große Duden mit seinem „Leitfaden" und mit den „Vorschriften für den Schriftsatz" die beste Hilfe und sei deshalb dringend zum Studium empfohlen.[1] In unserem Zusammenhang sollen nur ein paar grundsätzliche Hinweise gegeben werden.

Punkt, Komma, Apostroph und Silbentrennungsstrich werden unmittelbar an das vorangehende Wort angeschlossen. Auch Anführungszeichen und Klammern stehen ohne Zwischenraum vor bzw. nach dem Wort, sofern das Ausgleichen nicht ein Abrücken notwendig macht. Statt der deutschen Anführungszeichen („ ") sollte man die schöneren französischen bevorzugen, da sie sich besser in das Schriftbild einfügen. Sie zeigen mit der Spitze zum Wort (» «). Der Gedankenstrich darf nicht mit dem kürzeren Silbentrennungsstrich (Divis) verwechselt werden. Frakturschriften haben

---

1 Der Große Duden. Leitfaden der deutschen Rechtschreibung und Zeichensetzung mit Hinweisen auf grammatische Schwierigkeiten. Vorschriften für den Schriftsatz. VEB Bibliographisches Institut, Leipzig 1967

den doppelten Silbentrennungsstrich (⸗). Bei Silbentrennung ist nicht nur auf orthographische Richtigkeit zu achten. Zu einer guten Gestaltung gehört auch eine logisch richtige, dem Wortsinn entsprechende und ästhetisch annehmbare Trennung. Sehr häßlich wirkt es, wenn man die letzten beiden Buchstaben eines Wortes auf die nächste Zeile übernimmt. Auch mehr als drei am Zeilenende unmittelbar untereinanderstehende Worttrennungen werden besser vermieden. Bei typographischen Arbeiten ist es deshalb vorteilhafter, sehr kurze Zeilen mit flatterndem Rechtsrand zu setzen.

Zusammengesetzte Wörter dürfen nicht durch Ligatur verbunden werden.

Das Zeichen & für „und" ist nur bei Firmennamen angebracht.

Bild 63 b. Studienarbeit von Friedrun Weißbarth

Bild 63a. Komposition mit Buchstabenelementen. Rückseite eines Katalogumschlages. Gestaltung Christian Chruxin

2. Lehrgang für Anfänger

2.0. Vorbemerkung

„Der Weg zur Kunst ist mühsam. Wer sie schnell erlernen will, soll gar nicht erst anfangen. Gute Schrift wird überhaupt in der Regel langsam erzeugt. Nur beim Meister mag es zuweilen flink gehen; darum heißt er Meister. Schrift ist wie alle Kunst nichts für ungeduldige Naturen."

Dieser Ausspruch des bekannten Schriftkünstlers Jan Tschichold[1] sei hier vorangestellt, um nachdrücklich darauf hinzuweisen, daß der Lernende nur dann mit Erfolg rechnen kann, wenn er geduldig und anhaltend übt. Es genügt bei weitem nicht, die hier empfohlenen Übungen ein- oder zweimal zu schreiben. Sie müssen oft wiederholt werden; darüber hinaus sollte der Anfänger zu jeder Schriftart stets so lange neue Übungen erfinden, bis er alle Formen beherrscht und sie flüssig schreiben kann. Ganz falsch ist es, während des Grundlehrganges eine unbequeme oder langweilige Arbeit abzubrechen und zur nächsten Übung oder zu einer anderen Schriftart überzugehen. Feste Formvorstellungen kann man nicht erwerben, wenn man sich einmal da, einmal dort orientiert. Zuerst muß die Grundform ausreichend beherrscht werden, erst dann sollte man zu anderen Schriften übergehen, denn diese basieren ja auf den Grundformen. Nur so kann man sich das Lernen erleichtern.

Der Lernende darf sich aber nicht nur auf das Beherrschen der Schriftformen konzentrieren. Vielmehr sollen seine Bemühungen von vornherein auf die Gestaltung des Schriftbildes gerichtet sein, bei dem eine Vielzahl graphischer Elemente zusammenwirken. Dies gilt sowohl für die Gestaltung des einfachen Übungsblattes als auch für die Anfertigung von Anwendungsproben, wie für Schriftblätter, für dekorative Schriftanordnungen, Monogramme, Zeichen, Schilder, wie für Studien zu Plakaten, Buchumschlägen, Schallplattenhüllen usw., mit denen jeder Übungsabschnitt abschließen kann.

Bild 64. Schreiber der Renaissance

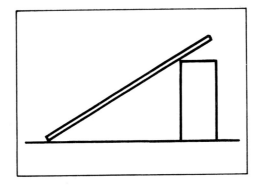

Bild 65

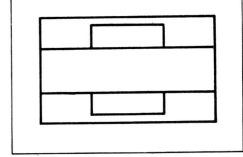

Bild 66

---

1 Jan Tschichold, Meisterbuch der Schrift, 1. Auflage, Otto Maier Verlag, Ravensburg 1965

Arbeitsplatz, Material, Werkzeuge

Der Arbeitsplatz

Schon die mittelalterlichen Schreiber benutzten zum Schreiben ein Pult. Die schräge Schreibfläche erlaubt es, gerade und ungezwungen zu sitzen. Die Buchstaben sind besser überschaubar, und die Schreibflüssigkeit fließt nicht so schnell aus der Feder. Man kann ein Reißbrett schräg befestigen oder auch den ganzen Tisch schräg stellen. Ein Neigungswinkel von 30 bis 40° hat sich als günstig erwiesen. Zum Zeichnen kann er etwas flacher gehalten werden. Die Pultfläche sollte so groß sein, daß beide Arme aufliegen können, also ungefähr dem Format A 1 entsprechen.

Zum Linieren wird der Bogen auf dem Reißbrett befestigt, zum Schreiben muß er beweglich sein. Man spannt über das Brett einen Papierstreifen als Handauflage, darunter liegt der unbefestigte Schreibbogen. Nach jeder geschriebenen Zeile wird er höher gezogen. Die Wahl der Schreibhöhe bleibt dem Schreiber selbst überlassen und ist Erfahrungssache. Links von der Schreibplatte befindet sich das Farbnäpfchen mit dem Füllpinsel. Gefüllt wird mit der linken Hand, die Feder bleibt dabei in der rechten und wird auf die linke Seite geführt. Das Licht sollte von links oder von vorn einfallen. Ordnung am Arbeitsplatz und ein guter Zustand der Geräte sind für eine erfolgreiche Arbeit unbedingt notwendig.

Das Papier

Zum Schreiben benötigt man holzfreies, tintenfestes Papier, das gut, aber nicht zu stark geleimt und nicht zu glatt sein soll. Die Papierfläche darf nur so viel Rauhigkeit aufweisen, daß man die Feder ohne Schwierigkeiten bewegen kann. Das Papier darf auch nicht durchscheinen. Am besten geeignet sind Offsetpapier, Achatpapier (Maschinenbütten) oder Ingrespapier. Der bei uns handelsübliche Aquarellkarton und gehämmerter Karton sind wegen ihrer zu groben Oberflächenstruktur zum Schreiben ungeeignet. Für Übungsblätter ist das Format A 3 am zweckmäßigsten.

Zum Zeichnen nimmt man einen etwas stärkeren weißen, holzfreien und radierfesten Karton mit glatter Oberfläche.

Papier und fertige Arbeiten sollte man niemals in gerolltem Zustand, sondern in Mappen, am besten liegend, aufbewahren.

Die Farbe

Für Schreibübungen ist eine Farbe notwendig, die genügend gut deckt, dabei leicht fließt und die Feder nicht so schnell verklebt. Sie muß schwarz sein; mit anderer oder blasser Farbe sollte der Anfänger nicht üben, da sie die Fehler nicht deutlich sehen läßt. Notentinte und Holzbeize haben sich gut bewährt, greifen aber die Feder stärker an. Die im Handel erhältlichen flüssigen Tuschen sind ungeeignet; sie verkleben die Feder und ergeben unsaubere, teigige und verkleckste Striche. Für gute Arbeiten sollte man sich chinesische Tusche beschaffen. Man bekommt sie in Form von Stangen, die man mit etwas Wasser anreiben muß. Dazu eignet sich am besten ein Stück von einer alten Schiefertafel oder ein Stück glatter Dachschiefer. Die Tusche trocknet sehr schnell an, bröckelt dann und ist in diesem Zustand schlecht wiederverwendbar. Deshalb bereitet man jeweils nur eine geringe Menge zu und reibt während des Schreibens öfter nach. Schwarze Aquarellfarbe ist häufig nicht wischfest. Man kann sie aber gut verwenden, wenn man etwas Gummiarabikum oder einen anderen wasserlöslichen Leim zusetzt. Sie kann auch mit der angeriebenen chinesischen Tusche gemischt werden und erhält dann einen tiefschwarzen, samtartigen Farbton. Bei guten Arbeiten sollte man die schwarze Farbe überhaupt nie rein verwenden, sondern sie mit etwas Ocker oder Rot tönen.

Zum Zeichnen benutzt man Tempera- oder Gouachefarbe. Sollten diese Farben nicht ganz wischfest sein, so kann man auch hier etwas wasserlöslichen Leim zusetzen. Für kleine und feine Schriftzeichnungen ist chinesische Stangentusche vorteilhafter, da ihre Bestandteile feiner vermahlen sind als die der Farbe und sie deshalb dünner auf dem Papier aufliegt.

Die Farbe wird immer in einem besonderen Näpfchen in der richtigen Konsistenz gut angerührt. Sie muß mühelos vom Pinsel abgegeben werden. Nach dem Gebrauch deckt man das Näpfchen ab, um die Farbe vor Staub und Verschmutzung zu schützen.

2.1.4. Federn

Schriften mit gleichmäßig dicken Strichen schreibt man mit Schnurzugfedern (Redisfedern). Die runde Platte muß gut aufliegen, damit die Striche gleichmäßig dick werden. Die Feder wird in einem seitlichen Winkel von 45° geführt. Auch in den Rundungen darf man von diesem Winkel nicht abweichen.

Für Schriften mit Wechselzug benutzt man Bandzug- bzw. Breitfedern (To, Ato, Bto). Die Feder wird etwas anders gehalten als bei der Gleichstrich-Antiqua. Der seitliche Winkel variiert entsprechend der Schrift, die geschrieben werden soll. Manche Formen erfordern ein Verkanten oder Drehen. Schriften, deren Strichbreiten mehr als 3 oder 4 mm ausmachen, sehen mit der Plakatfeder oder der Rohrfeder geschrieben besser aus, als wenn man sie mit der Stahlfeder schreibt.

Rohr- und Kielfedern sind vorzügliche Schreibinstrumente, ihr Schriftbild wirkt wärmer und kraftvoller als das mit der Stahlfeder erzielte. Sie haben außerdem den Vorteil, daß man sie selbst herstellen und in beliebiger Breite und Schräge zuschneiden kann. Das Verfahren ist einfach: Das Ende eines dünnen, etwa 15 bis 20 cm langen Bambusrohres wird mit einem scharfen Messer — am besten geeignet ist ein chirurgisches Messer, das von der rechten Seite angeschliffen sein sollte — so abgeschrägt, daß ein Profil wie bei Bild 71 entsteht und, sofern das Rohr eine abgeflachte Seite hat, diese die Schreibfläche der Feder ergibt. Auch auf der anderen Seite muß ein Span abgeschnitten werden, damit die Schreibfläche eine gleichmäßige Dicke erhält. Die weichen Innenteile werden ausgeschabt. Dann schneidet man die Feder von beiden Seiten auf die erforderliche Breite (Bild 71). Nun legt man sie mit dem abgeschrägten Teil auf eine Glasplatte und setzt die Messerklinge gerade darauf. Mit einem kräftigen Druck auf das Messer erzielt man eine einwandfrei glatte Schnittkante (Bild 72). In der Mitte erhält die Feder einen Längsschnitt von etwa 2 cm. Sehr breite Federn können mehrfach gespalten werden. Damit der Spalt beim Schreiben nicht weiter aufspringt, kann man an seinem Ende ein kleines Loch bohren oder mit einer glühenden Nadel einbrennen. Nun wird die Kante

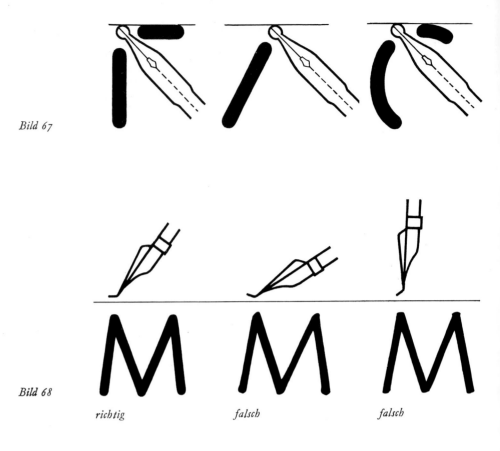

Bild 67

Bild 68

richtig   falsch   falsch

Bild 69

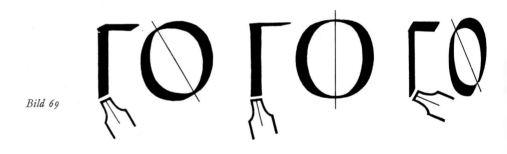

Bild 70. Druckgebung beim Schreiben mit der Spitzfeder   Aufstrich   Abstrich

nochmals mit dem Messer auf der Glasplatte geschnitten, wobei man das Messer schräg ansetzt und dabei den Spaltansatz entfernt (Bild 73).

Entsprechend der Schrift, die man schreiben will, kann man die Federkante waagrecht, rechts- oder für bestimmte Zwecke auch linksschräg schneiden.

Kielfedern — am besten sind kräftige Truthahnfedern — werden, nachdem man die Härchen vom Schaft gelöst hat, in ähnlicher Weise wie Rohrfedern zugeschnitten. Zu beachten ist, daß der Längsschnitt hier besser mit der Rasierklinge ausgeführt und mit einem Pinselstiel auf etwa 1 bis 1 1/2 cm aufgesprengt wird. Wenn der Federspalt nicht schließen sollte, kann man die Federspitzen etwas nach unten einbiegen. Die beiden Spitzen müssen geradlinig zueinander liegen, die Kante muß wie bei der Rohrfeder eine abgeschrägte Form haben.

Für die Aufnahme der Schreibflüssigkeit ist die Unterfeder wichtig. Sie wird bei Rohrfedern aus einem etwa 5 cm langen, dünnen und gut biegbaren Blechstreifen in der Breite der Federkante hergestellt und so weit in die Feder eingeschoben, daß das Blechende je nach der Federgröße 2 bis 3 mm von der Schreibkante entfernt ist (Bild 75). Es darf beim Schreiben nicht hinderlich sein. Bei Stahlfedern beträgt der Abstand der Unter- oder Überfeder zur Schreibkante nur 1 bis 2 mm.

Unter- oder (bei Stahlfedern) Überfedern dürfen mit der Kante nur leicht aufliegen, damit die Farbe gut herausfließen kann. Man füllt sie nur zur Hälfte. Danach probiert man die Feder auf einem gesonderten Blatt Papier aus und streift dabei überflüssige Farbe ab.

Spitzfedern verwendet man nur zur englischen Schreibschrift oder zum Zeichnen.

Die Federn müssen auch während der Schreibarbeit oft gereinigt werden, da die Flüssigkeit durch allmähliches Verdunsten die Spitze verklebt.

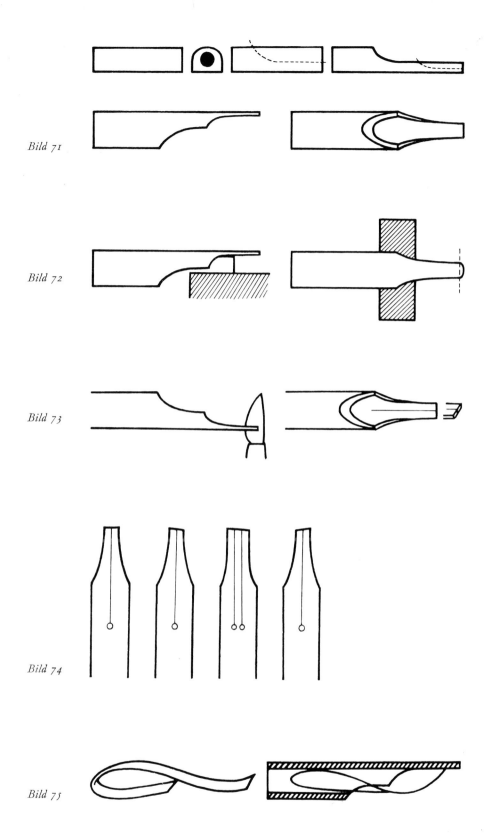

Bild 71

Bild 72

Bild 73

Bild 74

Bild 75

2.1.5. Pinsel

Große Schriften und Schriften auf senkrechten oder gestrichenen Flächen werden mit Pinseln ausgeführt. Nach der Anordnung des Haarmaterials unterscheidet man Rund-, Flach- und Spitzpinsel (Bild 77). Flachpinsel gibt es als Plakatschreiber und als sogenannte Flächenstreicher oder Modler im Handel.

Rundpinsel verwendet man für Gleichzugschriften. Die beste Qualität haben Pinsel aus Rotmarderhaar. Die im Handel erhältlichen Pinsel haben oft keinen einwandfreien Schluß und sind in diesem Zustand unbrauchbar. Man kann sie jedoch in wasserlöslichem Leim vorformen und nach dem Trocknen durch vorsichtiges Schleifen der Spitze oder der Kante auf einem feinen Schleifstein in die richtige Form bringen (Bild 78). Die Farbe wird immer in einem besonderen Glas oder Näpfchen, niemals jedoch direkt in der Handelspackung angerührt. Zum Rühren sollte man keinesfalls den Schreibpinsel benutzen, sondern einen alten Pinsel oder, bei größeren Mengen, ein Holz. Die Farbe darf keine Klumpen bilden und muß gut fließen. Man taucht den Pinsel bis zur Zwinge ein und streicht ihn am Rand des Farbgefäßes durch Drehen rund ab, wobei immer ein kleiner Tropfen Farbe am Pinsel haften bleiben muß. Beim handgerechten Aufsetzen entsteht ein runder Punkt. Die Rundung am Balkenanfang bzw. -ende kann später mit dem Flach- oder Spitzpinsel zu einer Ecke nachgearbeitet werden, was aber nicht typisch für Rundpinselschriften ist.

Flachpinsel, sogenannte Plakatschreiber, dienen für Schriften mit Wechselzug. Beim Einkauf sollte man Pinsel aus Rotmarderhaar bevorzugen. Das Haar muß im feuchten Zustand einen glatten, flachen, sauberen Schluß bilden. Überstehendes Haar kann man mit einer Schere vorsichtig stutzen. Die Farbe muß flüssig sein, darf aber noch nicht lasieren. Man taucht den Pinsel nicht ganz bis zur Zwinge ein und streift ihn beidseitig glatt ab. Er wird ähnlich wie eine waagrecht angeschnittene Breitfeder geführt. Da er in der Aufbewegung leicht seine Form verliert, werden die Buchstaben möglichst aus Abwärtsbewegungen zusammengesetzt.

36

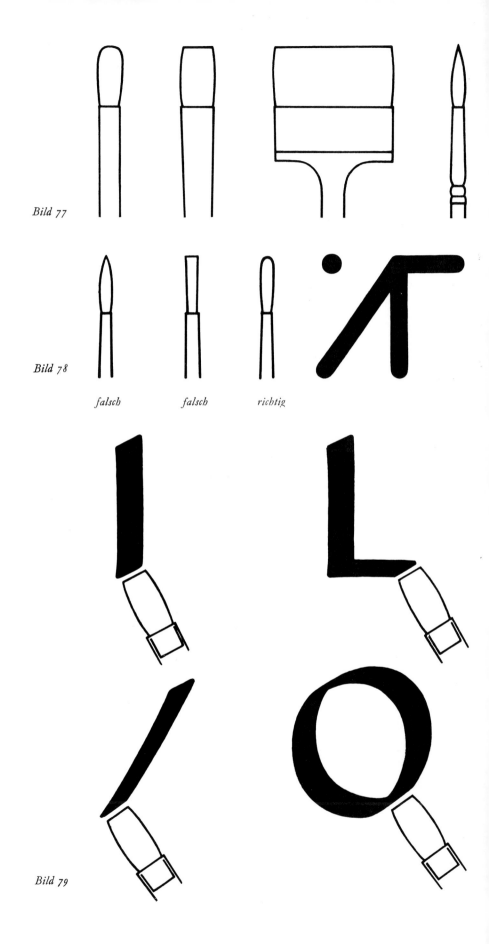

Bild 77

Bild 78

falsch *falsch* *richtig*

Bild 79

Bild 80

Der Flachpinsel ist auch für Gleichstrichschriften gut brauchbar, wenn man entsprechend der Form die Richtung wechselt bzw. den Pinsel dreht (s. Bilder 93 und 115).

Für größere Schriften finden Borstenpinsel Verwendung. Sie sind erhältlich unter der Bezeichnung Modler, Durchzieher, Flächenstreicher oder Plattpinsel. Das Material besteht bei Qualitätspinseln aus veredelter chinesischer oder russischer Schweinsborste.

Beim Schreiben der geraden Züge mit dem Pinsel ist der Malstock eine große Hilfe (s. Bilder 90, 91, 92).

Spitzpinsel werden hauptsächlich zum Schriftzeichnen gebraucht. Der Pinsel muß in angefeuchtetem Zustand einen spitzen Schluß ergeben. Sollte ein Härchen darüber hinausragen, so ist die Spitze vorsichtig zu korrigieren. Am besten ist dazu eine Rasierklinge geeignet. Zum Füllen taucht man den Pinsel nur wenig in die Farbe und streicht die Spitze auf einer Glasscheibe oder einem Porzellanteller rund ab. Der Ansatz ist eine Haarlinie, die bei Druck zum Schwellstrich wird (Bild 80).

Wenn möglich, sollte man die Zeichnung immer so drehen, daß die Kontur links gezogen werden kann.

Von größter Wichtigkeit ist die Pflege der Pinsel. Vor dem Benutzen müssen sie in Wasser getaucht und dann wieder gut ausgedrückt werden. Dies verhindert das Verhärten der Farbe in der Blechzwinge und

damit das später eintretende Spreizen des Haarmaterials. Niemals darf das Haar mit der Farbe hart werden. Durch spätere Reinigung wird es leicht brüchig, der Pinsel „haart". Man reinigt die Pinsel immer sofort nach dem Gebrauch, und zwar bei Verwendung von wasserlöslicher Farbe mit Wasser und mit Seife; bei wasserunlöslichen Farben, z. B. bei Öl- oder Emulsionsfarben, taucht man sie in Terpentin und wäscht mit Seife nach. Nach dem Ausspülen müssen die Pinsel in die richtige Form gedrückt werden und sollen trocknen, ohne daß das Haar nochmals berührt werden kann. Vorteilhaft ist es, sie in wasserlöslichem Leim zu formen, so daß sie nach dem Trocknen die Form behalten. Der Leim löst sich dann beim Anfeuchten der Pinsel sofort wieder auf. Zur Aufbewahrung kann man sich eine Pappe mit Gummischlaufen zum Einstecken anfertigen.

Sonstige Schreibwerkzeuge 2.1.6.

Für besondere Aufgaben kann der geübte Schreiber auch ein flach zugeschnittenes Holz, alte Borstenpinsel, Filzstifte, Kreiden u. ä. benutzen. Mit solchen Mitteln lassen sich oft überraschende Effekte erzielen.

Zeichengeräte 2.1.7.

Zum Zeichnen benötigt man einen harten Bleistift (etwa 6 H) und Spitzpinsel in bester Qualität (Marderhaar), möglichst einen für die schwarze Farbe und einen für

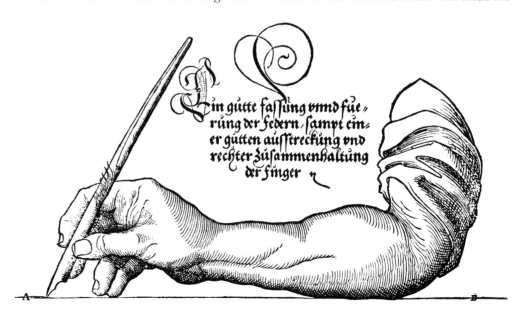

Bild 81. Richtige Federhaltung.
Aus der Faksimile-Ausgabe von Wolfgang Fuggers
Schreibbüchlein, Leipzig 1958

ABCDEFGHIJKLMN
OPQRSTUVWXYZ ?
aabcdefghijklmno
pqrstuvwxyzßäöü
1234567890 -.,:!

Bild 82. Schmale Grotesk, gezeichnet von Heinz Schumann

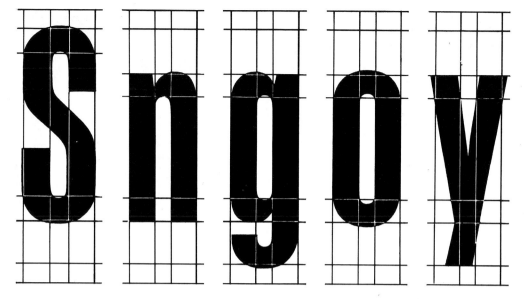

Bild 83

Bild 84

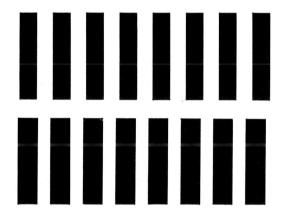

Bild 85

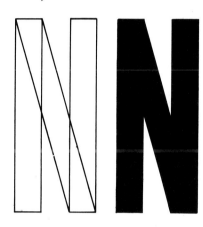

falsch

richtig

Bild 86

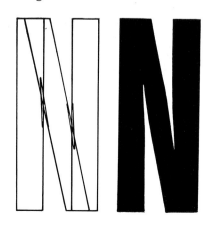

das Deckweiß. Am geeignetsten sind Nr. 2 oder 3.

Weitere Hilfsmittel sind Transparentpapier, eine Nadel zum Pausen, ein weicher Radiergummi, eine Rasierklinge, eine Reißschiene, ein Winkel, möglichst aus Metall, ein Lineal, Reißbrettstifte, ein feststellbarer Stechzirkel, Zirkel, Ziehfedern oder Lineator, ein Verkleinerungs- und ein Vergrößerungsglas sowie auf einem Brettchen befestigtes feinstkörniges Sandpapier zum Schärfen der Bleistiftspitze.

Übungen 2.2.

Die schmale Grotesk 2.2.1.

Die schmale Grotesk wird in der gebrauchsgraphischen Praxis oft und gern verwendet. Sie läßt eine Vielzahl von Abwandlungen ihrer Proportionen zu und kann sehr dekorativ wirken. Die Einfachheit ihrer Formen gestattet eine Ausführung in den meisten Techniken. Wir behandeln sie deshalb am Anfang dieses Lehrgangs, weil sie relativ leicht erlernbar ist. Ihr Formprinzip, das auf der Umbildung der runden Figuren zu Geraden mit abgerundeten Ecken beruht, ermöglicht es, ein Konstruktionsschema zu Hilfe zu nehmen (Bild 83).

Zeichnen und Ausschneiden. Wir wollen zunächst die Schrift zeichnen, ausschneiden und aufkleben. Zum Ausschneiden verwenden wir weißes, schwarzes oder farbiges Papier, das nicht stark, aber fest sein muß, damit wir beim Schneiden glatte, haarscharfe Konturen erhalten. Schwarzes Papier sollte eine helle Rückseite haben (Silhouettenpapier), sonst macht das Zeichnen zu viel Mühe. Die Figuren können wir seitenverkehrt direkt auf die Rückseite des Papiers zeichnen. Eine andere Möglichkeit besteht darin, die Zeichnung auf Transparentpapier auszuführen und sie dann seitenverkehrt auf die Rückseite oder seitenrichtig auf die Vorderseite des Papiers zu übertragen. Bei hellem Papier, das in diesem Falle radierfest sein muß bzw. beim Radieren keine Glanzstellen aufweisen darf, können wir auch direkt auf die Vorderseite zeichnen. Günstige Maße für diese Übungsarbeit sind:

Höhe der Großbuchstaben 6,5 cm,
Mittelhöhe der Kleinbuchstaben 4,5 cm.

Da bei schmalen Groteskschriften betont kurze Oberlängen üblich sind, brauchen die Großbuchstaben (auch Majuskeln oder Versalien genannt) nicht niedriger als die Oberlängen der Kleinbuchstaben zu sein, wie das bei Antiquaschriften häufig der Fall ist. Bei Kleinbuchstaben (auch Minuskeln oder Gemeine) und den Ziffern ist die Strichdicke um 1/11 oder 1/12 magerer zu halten als bei den Versalien (s. Abschnitt 1.2. Bild 34).

Wir beginnen mit den Versalien O und H und den Gemeinen m und o; an ihnen klären wir die Strichdicke der Senkrechten und Waagrechten sowie die Breite des Binnenraumes in ihrem Verhältnis zur Schrifthöhe. Ein schmales, hohes Schriftbild wirkt zumeist eleganter als ein kräftiges, breitlaufendes. Der Binnenraum soll entweder breiter oder schmaler als die Strichdicke sein (Bild 84). Entsprechen nämlich Binnenraum und Strichdicke einander, so flimmert das Schriftbild. Dabei sei an das im Abschnitt 1.2. Gesagte über das Verhältnis von schwarzen zu weißen Flächen der gleichen Größe erinnert. Soll die Schrift negativ ausgeführt werden, d. h. weiße Buchstaben auf schwarzem oder farbigem Grund stehen, so ist dies beim Bestimmen der Maßverhältnisse zu berücksichtigen. Bei dieser Übung wird der Binnenraum schmaler als die Strichdicke gewählt. Für den Anfänger sind die sich aus diesen Proportionen ergebenden Formen besser überschaubar und leichter zu bewältigen.

Die Waagrechten müssen etwas magerer gehalten werden als die Senkrechten. Bei Rundungen zeichnet man den oberen und unteren Teil magerer als die beiden seitlichen Teile (s. Abschnitt 1.2., Bilder 29, 30 und 32).

Es wird nötig sein, mit den Figuren H, O, m, o einige Versuche hinsichtlich der Strichdicke und der Breite des Binnenraumes zu machen, bevor zu den anderen Buchstaben übergegangen werden kann.

Selbstverständlich muß das Konstruktionsschema (s. Bild 83) bei den Figuren A, V, W, M, N, v, w entsprechend der Breite abgewandelt werden.

Buchstaben mit vielen Strichen wirken dunkler als solche mit wenigen Strichen. Deshalb werden die Senkrechten beim B etwas magerer gehalten. J, I und L können dagegen etwas fetter gezeichnet werden. Die inneren Diagonalen bei N, M und W müssen wir

bedeutend magerer zeichnen als die äußeren Balken.

Treffen eine Senkrechte und eine Diagonale oder zwei Diagonalen zusammen, so ist die Berührungsfläche möglichst breit zu halten. Auf diese Weise gewinnt man Raum für die Binnenwinkel und vermeidet dunkle Flekken im Schriftbild. Bild 86 will dies anschaulich machen. Den gleichen Zweck hat auch das Vertiefen der spitzen Winkel (Bild 85), (s. auch Abschnitt 1.2., Bild 35).

Ein spezifisches Formmerkmal der schmalen Grotesk ist der häufige Übergang von runden zu geraden Formen. Von der richtigen Ausführung dieser Übergänge wird die Wirkung der Schrift zu einem guten Teil mitbestimmt (s. Abschnitt 1.2., Bilder 36 und 37).

Bei den Gemeinen n, b, h usw. ist besonders der Ansatz des Bogens an die Gerade zu beachten (Bild 85). Der Einschnitt muß so groß sein, daß man ihn auch bei einer möglichen fotographischen Verkleinerung der Figur auf 5 mm noch deutlich erkennen kann. Man sollte solche Buchstabenteile deshalb immer mit Hilfe des Verkleinerungsglases kontrollieren.

Darüber hinaus ergeben sich aus optischen Täuschungen noch eine Reihe von Problemen, die der Lernende erst im Verlaufe des Studiums erkennen wird. Bild 82 zeigt ein gestalterisch bereits reifes Alphabet. Der Zeichner mußte in vielen Fällen vom Konstruktionsschema abweichen. Für den Anfang genügt es jedoch, die hier genannten Hinweise zu beachten und im übrigen die Aufmerksamkeit dem genauen Zeichnen und dem sorgfältigen Schneiden der Kontur zu widmen.

Da die Buchstaben, wenn sie lose auf der Fläche liegen, zumeist einen Schattenrand haben, müssen sie mit einer Glasplatte angedrückt werden. Nur so ist eine genaue Kontrolle möglich.

Es ist ratsam, zunächst die Versalien und Gemeinen H, M, E, O, A, N, U, G, B, R, S — h, m, n, r, u, o, b, e, a, s, g anzufertigen. An diesen sogenannten Schlüsselfiguren wird so lange gearbeitet, bis sie hinsichtlich Strichdicke, Breite und Formähnlichkeit befriedigen und in der Mischung gute Wortbilder ergeben. Mitunter kommt es vor, daß man den gleichen Buchstaben einige Male in verschiedenen kleinen Abwandlungen der Breite und Strichdicke ausfüh-

Bild 90a und b. Verschiedene Möglichkeiten der Fingerstellung beim Halten des Malstocks

Bild 91. Strichziehen am Malstock auf der liegenden Fläche

Bild 92. Strichziehen am Malstock an der senkrechten Wand

Bild 93. So hält man den flachen Borstenpinsel

Bild 87

Bild 88   *Bild 89*

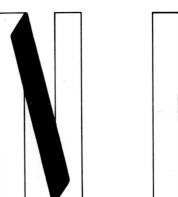

40

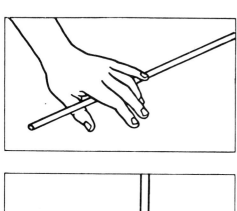

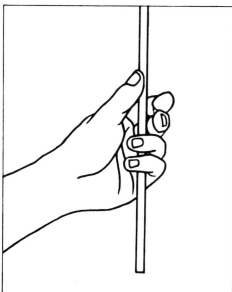

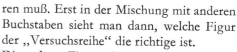

ren muß. Erst in der Mischung mit anderen Buchstaben sieht man dann, welche Figur der „Versuchsreihe" die richtige ist.

Die anderen Figuren bieten dann kaum noch Schwierigkeiten. Vor dem Aufkleben legen wir sie nochmals zu Wortbildern zusammen und prüfen sie hinsichtlich Größe, Proportionen, Übereinstimmung, Grauwirkung und Formschönheit. Kein Buchstabe darf als „fremdes Element" auffallen.

Zum Aufkleben hat sich Gummilösung am besten bewährt. Sie dringt nicht in das Papier ein, feuchtet und dehnt es nicht und zieht es auch nicht zusammen. Es genügt, wenn die Buchstaben nur an einigen Stellen befestigt werden. Falls sich eine Korrektur der Abstände nötig machen sollte, kann man die Buchstaben bei entsprechender Vorsicht auch wieder ablösen. Überstehender Gummi oder irgendwelche Flecke lassen sich nach dem Trocknen gut abradieren.

Das Schreiben mit dem Flachpinsel. Die schmale Grotesk kann man sehr gut mit dem Flachpinsel (Plakatschreiber) schreiben. Zum Ziehen der Geraden nimmt man den Malstock zu Hilfe. Seine Handhabung ist bei der Arbeit an der senkrechten Wand anders als beim Schreiben auf der liegenden Fläche (Bilder 90, 91 und 92). Sie wird dem Anfänger zunächst Mühe machen, mit zunehmender Übung wird sich diese Technik jedoch als vorteilhaft erweisen. Schreibt man auf der liegenden Fläche, so müßte diese in einen Neigungswinkel von mindestens 30° gebracht werden. Packpapier ist als Beschreibstoff am geeignetsten.

Wir üben zunächst senkrechte und waagrechte Balken in der Größe und Strichbreite des I. Bei Senkrechten wird die Pinselkante waagrecht, bei Waagrechten fast senkrecht bzw. leicht schräg gehalten. Die Balkenansätze und Balkenabschlüsse müssen scharf aus dem Pinsel kommen. Nachträglich ausgebesserte Stellen fallen unschön auf.

Bei den Diagonalen wird der Malstock schräg angelegt, die Ecke muß dann nachträglich ergänzt werden. Man kann aber die Pinselkante auch waagrecht an der Linie an- und absetzen. Eventuell muß man dann, um auf die erforderliche Strichbreite zu kommen, etwas Druck geben oder den Strich etwas versetzt ein zweites Mal nachziehen (Bild 87). Eine Besonderheit ergibt sich bei M, W und

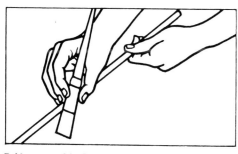

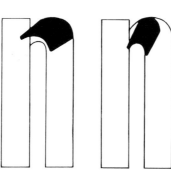

Bild 90 a und b, Bild 91

Bild 92, Bild 93

Bild 94

Bild 95

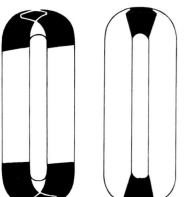

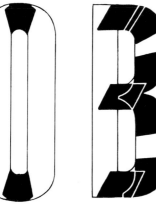

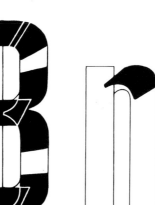

N, wo die inneren Diagonalen schmaler sind. Hier ist die Pinselkante steiler anzusetzen (Bild 88).

Bei einer sehr schmalen Grotesk kann man evtl. auch die waagrechten Balken senkrecht ziehen. Dieses Verfahren ist rationeller (Bild 89).

Beim O werden die Senkrechten ebenfalls am Malstock gezogen. Zur oberen Rundung setzt man den Pinsel schräg an und führt die Form dann in drei Zügen aus. Unten sind die Ansätze fast waagerecht. In ähnlicher Weise werden S, G, C, B, e, s, c geschrieben (Bild 94).

Bei n, m, h, b usw. wird der Pinsel schräg angesetzt und die Rundung zweizügig ausgeführt (Bild 95).

Für Schriften mit einer Strichbreite über 2 cm nimmt man einen flachen Borstenpinsel. Bei richtiger Handhabung lassen sich die Rundungen in Viertelkreisen ohne Schwierigkeiten frei drehen (s. auch Abschnitt 2.2.2.).

2.2.2. Die serifenlose Gleichstrich-Antiqua

Großbuchstaben
Das Zeichnen bzw. Konstruieren. Die Gleichstrich-Antiqua bringt die Skelettform des lateinischen Alphabets deutlich zum Ausdruck. Die Grundformen leiten sich vom Quadrat, Dreieck und Kreis ab. Da der rhythmische Wechsel fetter und feiner Striche fehlt, ebenso wie die Serifen und alle schmückenden Elemente, sind die Proportionen auch für den Anfänger leicht zu erkennen. Bild 101 kann uns nur zur Orientierung dienen.

Nachdem wir die Buchstaben so lange mit einem weichen, spitzen Bleistift auf quadratisch kariertes Papier geschrieben haben, bis die Proportionen stimmen und die Bewegungen keine große Mühe mehr machen (Bild 99), wollen wir uns das Versalalphabet zeichnerisch erarbeiten. Dabei soll die Konstruktion jedoch nicht das erstrebenswerte Ziel, sondern nur ein Hilfsmittel sein, d. h., man darf die Formen nicht in eine Konstruktion quälen, es kann ihnen aber eine geeignete Konstruktion zugrunde gelegt werden.

Seit der Renaissance hat man immer wieder versucht, Schrift mit Lineal und Zirkel in geometrischen Maßeinheiten zu zeichnen. Besonders bekannte Beispiele dafür sind die Versalkonstruktionen von Pacioli in seiner Divina proportione, 1509, Dürers Alphabet in der Unterweisung der Messung mit Zirkel und Richtscheit, 1525, die Zeichnungen zur Romain du Roi, Ende des 17. Jahrhunderts (Bild 97) und schließlich Herbert Bayers Bauhaus-Grotesk (Bild 98). Aber alle diese Versuche erwiesen sich in ästhetischer Hinsicht als unbefriedigend. Form entsteht aus der Bewegung des Werkzeuges, deshalb läßt sie sich nicht ausschließlich konstruieren. Auch dem gezeichneten Buchstaben liegt die geschriebene Form zugrunde, auch in der gezeichneten Form muß die organische Bewegung lebendig und spürbar sein. Bei den komplizierten Kleinbuchstaben versagen Konstruktionsmethoden völlig, und man kann sich nur auf die Vorlagen, auf seine Erfahrungen und auf das Augenmaß verlassen.

Man zeichnet die Buchstaben am besten in einer Höhe von 6 cm. Die Balkenstärke sollte mindestens 1/10 der Höhe betragen, jedoch nicht breiter als 1/6 sein. Eine serifenlose Gleichstrichschrift in den klassischen Proportionen der Antiqua verträgt keine weitere Verbreiterung der Grundstriche. Will man die Grundstriche extrem fett zeichnen, so bedingt das ein Abweichen von den klassischen Proportionen, und zwar werden die Buchstaben verbreitert und die Breiten einander angeglichen (Bild 100). So erhalten z. B. E oder B etwa die gleiche Breite wie H oder Z. Eine Kombination beider Schriftcharaktere im selben Text ist jedoch stilwidrig.

Die geraden Striche werden mit der Ziehfeder oder dem Lineator konturiert und die Flächen dann mit dem Pinsel ausgelegt. Rundungen, die mit dem Zirkel vorgezeichnet wurden, müssen korrigiert werden (Anleitung s. Bild 102). Die Kontur runder Formen wird am besten frei mit dem Pinsel gearbeitet. Im übrigen ist auch das im Abschnitt 1.2. über die Korrektur optischer Täuschungen Gesagte zu berücksichtigen.

Bild 96. Versalkonstruktion der Renaissance. Aus dem Schreibbüchlein des Wolfgang Fugger

Bild 97. Zeichnung zur Romain du Roi, 1692

Bild 98. Herbert Bayer, Versuch einer neuen Schrift. Um 1926

Bild 99. Strichführung

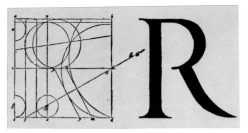

Bild 96

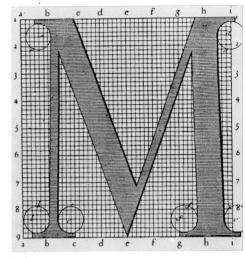

Bild 97

abcdefghi
jklmnopqr
stuvwxyz

Bild 98

falsch   *richtig*
Bild 99
Bild 100

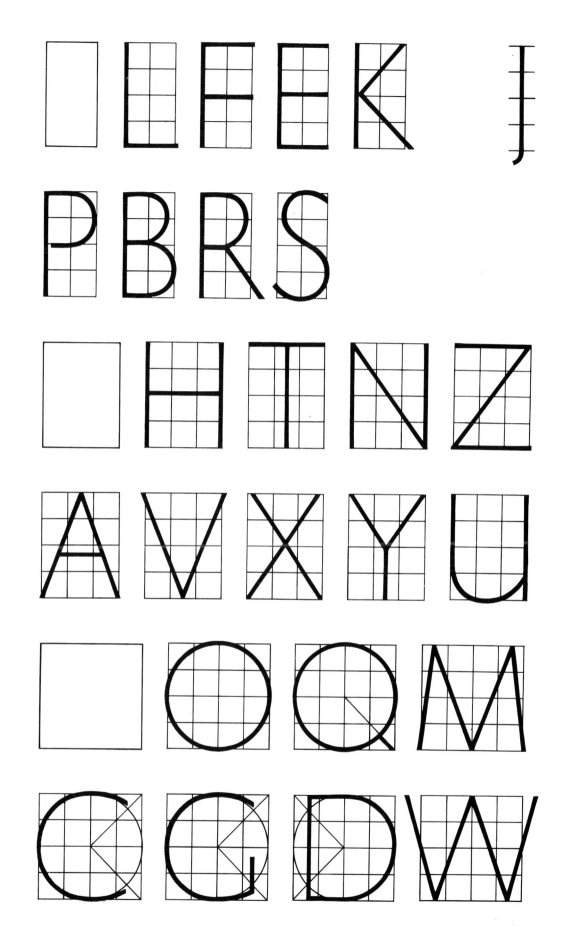

Bild 101 auf dieser Seite

Bild 102 auf den Seiten 44, 45, 46

E F H T

A M V

K W Z

44

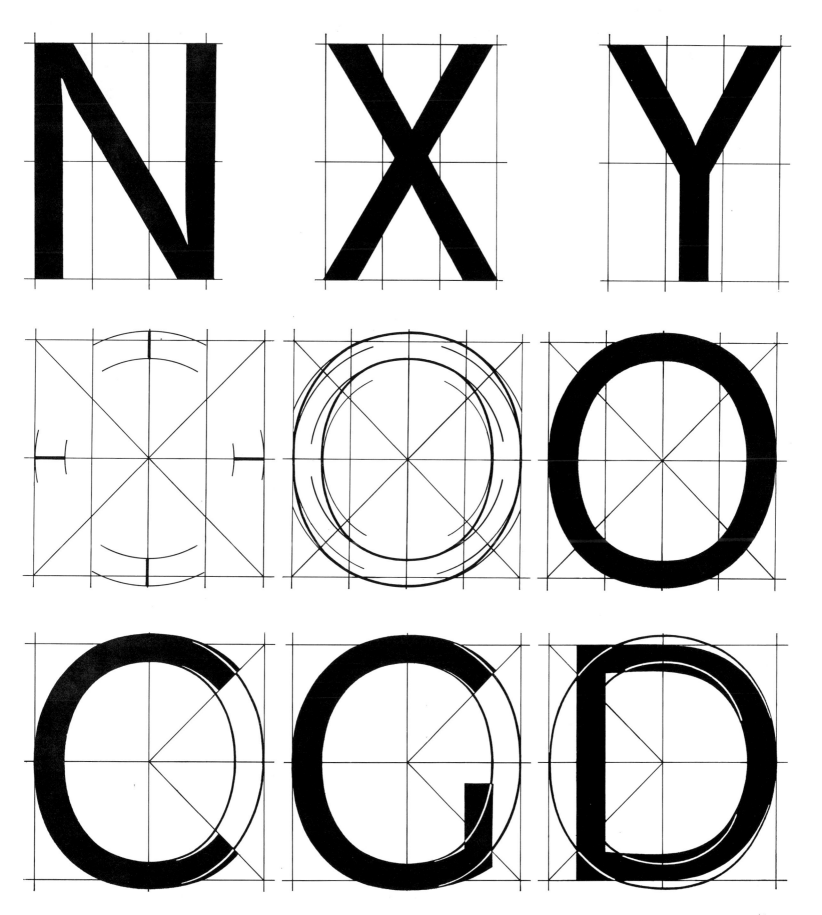

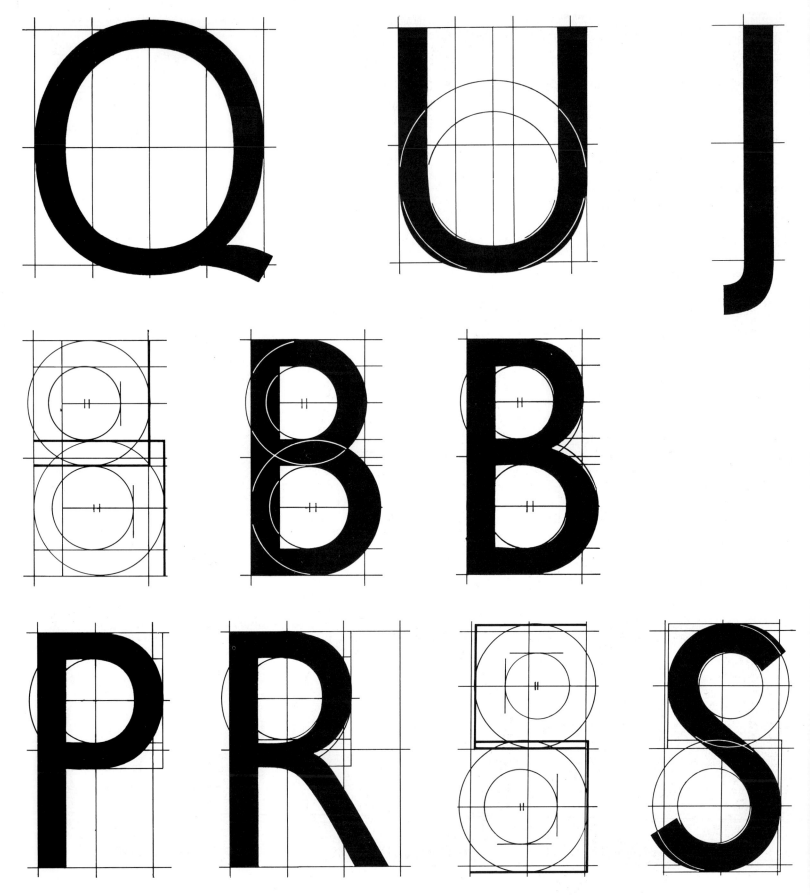

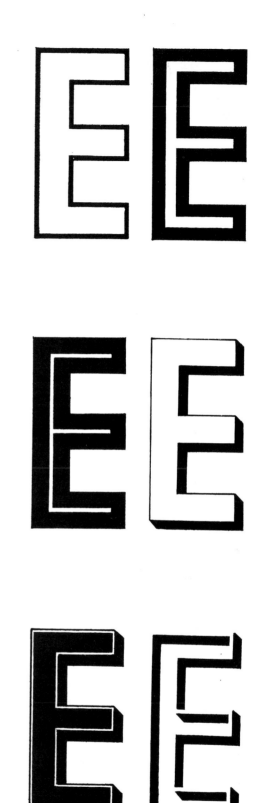

ABCD
EFGHIJ
KLMN
OPQRS
TUVW
XYZ

Bild 103. Gezeichnete Gleichstrich-Antiqua

Bild 104. Dekorative Abwandlungen

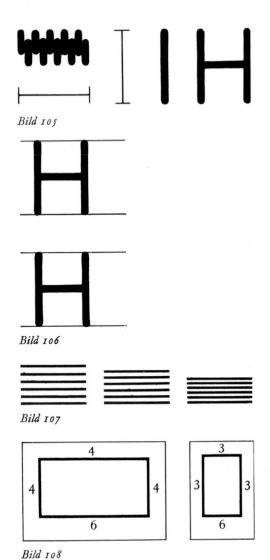

Bild 105

Bild 106

Bild 107

Bild 108

Bild 109

Das Schreiben mit der Redisfeder. Bevor man mit den Übungen beginnt, muß das Verhältnis zwischen Strichdicke und Buchstabengröße geklärt werden. Da die Maßangaben auf den Federn meist nicht mit der tatsächlichen Strichbreite übereinstimmen, ist erst das Dickeverhältnis auszuprobieren (Bild 105).

Für die ersten Übungen ist ein Dickeverhältnis von 1:10 am günstigsten. Bei einem 2 mm breiten Strich würde die Höhe der Großbuchstaben also 2 cm betragen.

Danach muß der Zeilenabstand festgelegt werden. Für den Anfänger werden nicht alle im Abschnitt 1.3.3. gegebenen Hinweise von Interesse sein. Bei dieser Übung kann bei einer Buchstabenhöhe von 2 cm der Abstand 10 bis 12 mm betragen (Bild 106). In Zukunft aber schreiben wir, wenn wir den richtigen Zeilenabstand ermitteln wollen, jeweils gruppenweise 3 oder 4 Zeilen in Schriftspiegelbreite mit verschiedenen Abständen (Bild 107). Man kann die Zeilen auch ausschneiden und so lange verschieben, bis die Zwischenräume richtig erscheinen.

Nachdem auf dem Übungsblatt die Begrenzung des Schriftspiegels angegeben ist, wird es liniert (s. Abschnitt 2.1.1. und 4.2.2.). Schriftspiegel und Ränder sollen in einem guten Verhältnis zueinander stehen (Bild 108). Selbstverständlich braucht die Schrift den Schriftspiegel auf der rechten Seite nicht völlig auszufüllen. Keinesfalls dürfen wir sie in einen Block quälen. Ein unruhiger rechter Rand wirkt viel besser als gedehnte oder gepreßte Buchstaben oder verschieden große Wortzwischenräume. Doch wollen wir es so halten, daß der rechte wie der linke Rand optisch gleich breit aussehen.

Zuerst schreiben wir die Formelemente der Versalien und versuchen, aus ihnen Ornamentreihen zu bilden. Dabei machen wir uns mit der Feder vertraut und lernen, gleiche Abstände einzuhalten. Runde und spitze Formen müssen wir etwas über die Grundlinie hinausführen (s. Abschnitt 1.2., Bild 22). Diese Reihen fügen wir zu einem Ornamentteppich zusammen, wobei wir die Elemente beliebig vertauschen wollen. Es kommt uns darauf an, daß die Ornamente in ihrer Gesamtheit den Eindruck eines dichten Gefüges machen und die ganze beschriebene Fläche einen einheitlichen Grauwert ergibt (Bild 109).

Bild 111 zeigt die Reihenfolge der einzelnen Züge. Um uns das Lernen zu erleichtern, fassen wir Buchstaben mit gleichen oder ähnlichen Elementen zu Gruppen zusammen. Wir üben zuerst die Buchstaben, die aus Senkrechten und Waagrechten bestehen: I, E, F, L, T, H. Dabei erinnern wir uns an das über die optische Mitte Gesagte (Abschnitt 1.2.) und setzen die mittleren Balken etwas über die geometrische Mitte. F-Querbalken können dagegen in der geometrischen Mitte belassen werden.

Es folgt die Gruppe der Buchstaben mit schrägen Strichen: A, V, N, Z, M, X, W, Y, K. Hier kann man sich helfen, indem man zuerst mit der Feder Punkte setzt und dann diese mit Strichen verbindet. Man sollte aber danach trachten, die Buchstaben im Verlaufe der Übung frei zu schreiben. Schwierigkeiten ergeben sich zumeist bei M und W. Beim M ist darauf zu achten, daß die äußeren Striche weder genau senkrecht noch so schräg wie beim W liegen dürfen. Das M stellt kein umgekehrtes W dar. Beim W sollen die Rechts- bzw. Links-Schrägen jeweils parallel laufen. Beim Y wird der Binnenraum häufig zu klein geschrieben. Er soll aber etwas größer sein als die obere Binnenform des X.

Die dritte Gruppe wird aus Figuren gebildet, die zur Kreisform Beziehung haben: O, Q, C, G, D. Dabei ist darauf zu achten, daß die Rundung keinen vollkommenen Kreis darstellt. Sie hat ihre größte Ausdehnung in der oberen Hälfte (Bild 112).

Zur letzten Gruppe gehören die Figuren B, P, R, J, U, S. Beim B liegt der Querbalken in der optischen Mitte, beim R und P sollte der Binnenraum größer sein als beim B, der Querbalken befindet sich daher in der geometrischen Mitte.

Beim Schreiben vergleichen wir immer wieder die geübten Formen mit den Vorlagen und dem Proportionsschema. Fehlerhafte Buchstaben lassen sich zumeist an ihren unschönen, unproportionierten Binnenräumen erkennen. Bild 114 zeigt einige der häufigsten Fehler.

Immer wieder müssen wir auch die Federhaltung prüfen. Mißlungene Formen überschreiben wir nicht, sondern lassen sie stehen und bemühen uns, die nächsten besser zu machen. Selbstverständlich gibt es Buchstaben, die wegen ihrer besonderen Schwierigkeit mehr geübt werden müssen

ABCDEFGHIJ
KLMNOPQ
RSTUVWXYZ
1234567890

Bild 110. Serifenlose Gleichstrich-Antiqua

Bild 111. Bewegungsablauf

ABCDEFGHKLMN
QPQRSTUVWXYZ
1234567890

OGD ‡H H ‡H

Bild 112 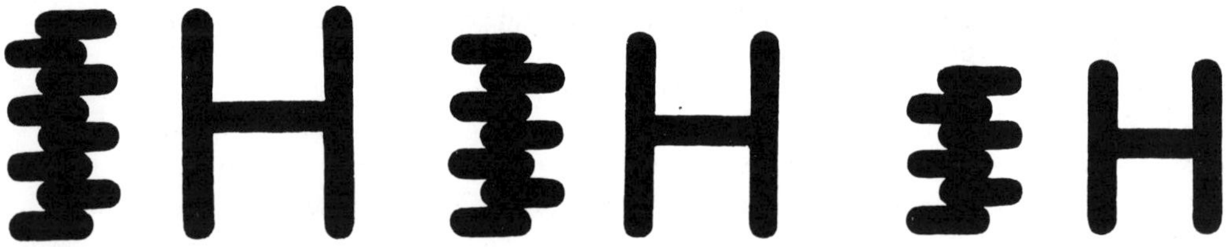 Bild 113

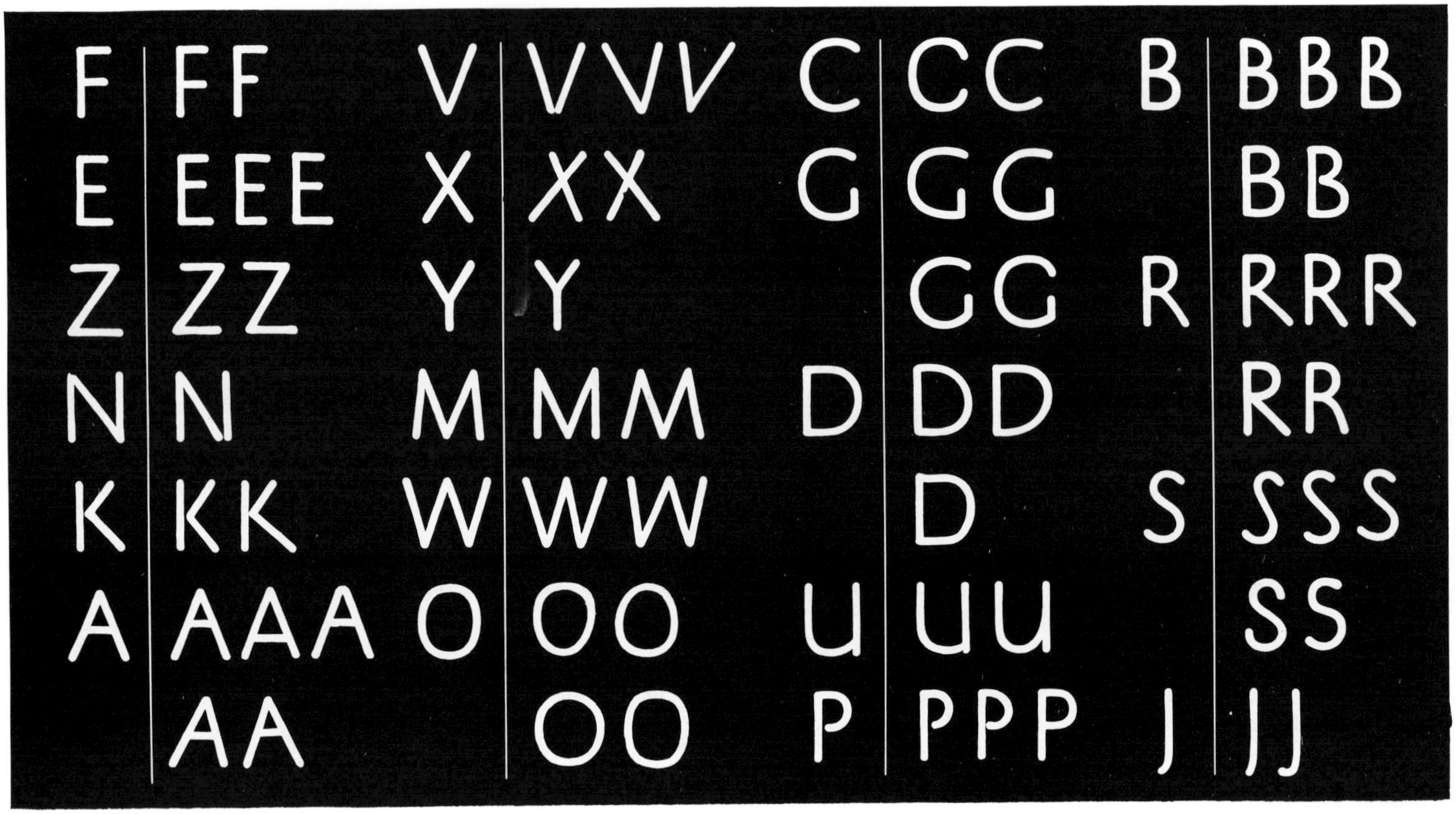

F|FF V|VVV C|CC B|BBB
E|EEE X|XX G|GG BB
Z|ZZ Y|Y G|G R|RRR
N|N M|MMM D|DD RR
K|KK W|WWW D S|SSS
A|AAAA O|OO U|UU SS
AA OO P|PPP J|JJ

Bild 114

als andere. Doch sollte man nicht gleich mehrere Zeilen oder gar ganze Blätter mit dem gleichen Buchstaben füllen. Unklug ist es auch, Alphabet an Alphabet zu reihen oder untereinanderzuschreiben. Wir werden uns vielmehr von Anfang an bemühen, die Buchstaben so zu üben, als wollten wir Wörter schreiben, d. h., wir mischen die Figuren einer Gruppe und achten auf den richtigen Buchstabenabstand (s. Abschnitt 1.3.1.). Wenn wir die Formen einigermaßen beherrschen, gehen wir zur nächsten Gruppe über und mischen diese dann mit den Figuren der vorhergehenden Gruppe usf. Dann schreiben wir Wörter und später laufenden Text. Schließlich üben wir die Schrift in unterschiedlichen Strichdicken (1:8, 1:7, 1:6).

Geschriebene Gleichstrichschriften wirken im allgemeinen nur in mageren bis halbfetten Graden gut. Je fetter die Strichdicke ist, desto deformierter können die Einzelformen werden, da man beim Schreiben nicht die Möglichkeit hat, optischen Täuschungen entgegenzuwirken.

Das Schreiben mit dem Rundpinsel und anderen Werkzeugen. Der Lernende, der das Schriftstudium nicht nur als Hobby betreibt, sondern es für seine Berufspraxis benötigt, sollte diese Schrift unbedingt auch mit dem Pinsel üben. Zum Üben kann man Packpapier oder die Rückseite von Tapetenresten verwenden. Auf der rauhen Seite ist das Schreiben reizvoller, da sie dem Pinsel einen gewissen Widerstand bietet. Später sollte man sich auch mit gestrichenen, gewalzten oder gespritzten Untergründen und

mit der Beschaffenheit der verschiedenen Farben (Leim-, Latex- oder Ölfarbe) vertraut machen. Die Schreibunterlage soll auch hier einen Neigungswinkel von mindestens 30° haben. Am besten ist es, wenn man den ganzen Tisch schräg stellt.

Schriften mit einer Strichdicke bis zu 6 mm schreibt man mit dem Rundpinsel ohne Zuhilfenahme des Malstockes. Die Pinselhaltung ist im Abschnitt 2.1.5. beschrieben. Wichtig ist, daß der Pinsel nach dem Eintauchen rund abgestrichen und beim Schreiben nicht aufgedrückt wird. Es müssen sich einwandfreie runde Balkenansätze und -abschlüsse und eine gleichmäßige Strichdicke ergeben. Die Rundung am Balkenanfang und -ende kann man mit dem Flach- oder Spitzpinsel zu einer Ecke nacharbeiten, doch ist dies bei Rundpinselschriften nicht üblich.

Schriften mit einer Balkendicke über 10 mm kann man mit einem Ringpinsel ausführen, doch wirken Rundpinselschriften in solchen Größen ästhetisch unbefriedigend. Bei größeren Schriften zeigt die Arbeit mit dem Flachpinsel ein besseres Ergebnis.

Für Gleichstrichschriften bis zu einer Strichdicke von 2 cm sind Plakatschreiber geeignet. Das Schreiben erfordert hier jedoch eine große Übung, da der Pinsel infolge der Länge des Haarmaterials beim Drehen in den Rundungen leicht seine Form verliert.

Bei Balkenstärken über 2 cm ist ein flacher Borstenpinsel (Flächenstreicher oder Modler) das richtige Werkzeug. Man faßt ihn bis zur Blechzwinge. Auf diese Weise erhält man ein besseres Gefühl für die Führung. Wir schreiben frei aus dem Schulter- und Ellenbogengelenk, weder Unterarm noch Handgelenk dürfen aufliegen, nur der kleine Finger kann bei der Bewegung leicht das Papier berühren und den Arm stützen bzw. führen. Zum Ziehen der Geraden kann man den Malstock benutzen (s. Bilder 90 bis 92). Bei Senkrechten wird die Pinselkante waagrecht, bei Waagrechten senkrecht bzw. steil gehalten, in den Rundungen ist sie zu drehen (Bild 115).

Dem Anfänger sei jedoch empfohlen, das Schreiben mit Flachpinseln unbedingt zuerst an der schmalen Grotesk (Abschnitt 2.2.1.) zu üben, da bei ihr die schreibtechnischen Schwierigkeiten infolge der engen Binnenräume geringer sind.

Eine interessante Note erhalten die Versalien der Gleichstrich-Antiqua, wenn sie mit einem entsprechend zugeschnittenen Holz geschrieben werden (Bild 116). Auch mit dem Filzstift lassen sich reizvolle Effekte erzielen (Bild 117). Schneidet man die Schrift in Linol oder Holz, so verliert sie ihren teigigen Charakter (Anleitung s. Abschnitt 4.4.6.). Die positiv in Linol geschnittenen Buchstaben kann man einzeln auf kleine Hölzchen aufkleben und den Text stempeln. Sehr gut können auch frei ausgeschnittene oder gerissene Buchstaben wirken (Bilder 119 und 120).

Diese Hinweise sollen den Lernenden zur Gestaltung einiger Anwendungsproben anregen.

Bild 115

Bild 116
Aquarellpinsel

Bild 117. Filzstift

Bild 118. Holzspan

Bild 119
Ohne Vorzeichnung
aus Papier geschnitten

Bild 120
Aus Papier gerissen

AESD
DMGR
DHGM
GESE

abbcdefghij
klmnopqr
stuvwxyzß

Bild 121. Kleinbuchstaben der serifenlosen Gleichstrich-Antiqa

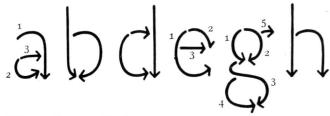

Bild 122. Bewegungsablauf

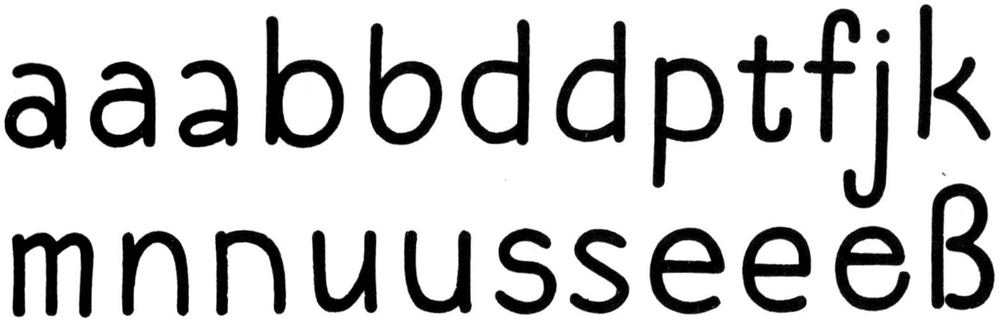

aaabbddptfjk
mnnuusseeeß

Bild 123. Schlechte Formen

Bild 124   Bild 125

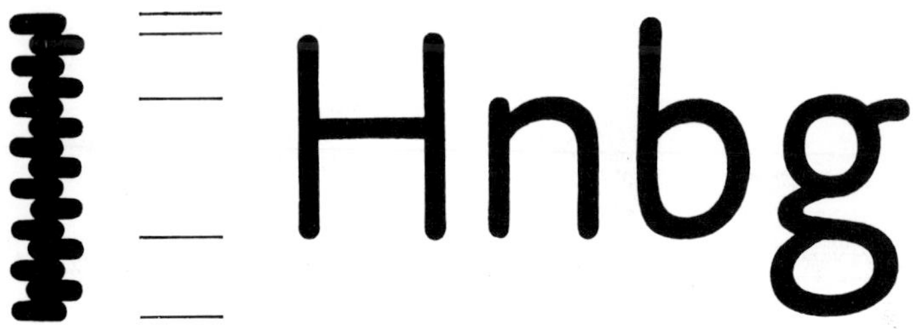

Hnbg nd

52

Die Kleinbuchstaben sind im Verlaufe einer langen Entwicklung aus den Großbuchstaben entstanden. Dabei haben sie eine Reihe von Formwandlungen erlebt. Wir werden deshalb erst beim Studium der historischen Schriften ihren Aufbau und die Möglichkeiten ihrer Bewegung richtig verstehen lernen. Wenn wir uns trotzdem an dieser Stelle mit ihnen beschäftigen, so tun wir dies deshalb, weil die Antiqua-Kleinbuchstaben in der Praxis die wichtigsten Schriftformen sind. Längere Texte sind in Versalien geschrieben schwer lesbar.

Zuerst legen wir die Maßverhältnisse fest (Bild 124). Bei dieser Schrift kann die Größe der Mittelhöhen etwa 6 1/2 Strichdicken entsprechen. In Verbindung mit den Kleinbuchstaben sollten die Versalien eine Höhe von 9 Strichdicken erhalten. Die Oberlängen müssen etwas größer als die Versalien geschrieben werden, andernfalls würden die Versalien zu groß wirken und Löcher in das Schriftbild reißen. Es genügt, nur die Kleinbuchstaben-Mittelhöhe zu linieren. Versalien sowie Ober- und Unterlängen schreiben wir nach Augenmaß.

Die Gruppierung ist anders als bei den Versalien. Zunächst schreiben wir die Figuren m, n, h, i, u, o und stimmen sie in der Breite aufeinander ab. Das m soll ein wenig schmalere Binnenräume haben als das n. Das o darf auch hier keine vollkommene Kreisform bilden. Es folgen die Buchstaben, die zur o-Form Beziehung haben, wie b, d, e, g, p, q. Wir gehen so vor, daß wir immer wieder m, n, h, u schreiben und die Buchstaben der anderen Gruppen dazwischenstellen. Die Figuren k, v, w, x, y, z, s, r, c, l dürften keinerlei Schwierigkeiten bereiten, da sie den Versalien entsprechen oder Ableitungen vorangegangener Buchstaben sind. Die letzte Gruppe bilden a, t, j und ß. Beim t sollte man darauf achten, daß der untere Bogen flach gehalten wird. Ähnlich behandeln wir die Unterlänge des j. Der Querbalken des t muß etwas unter der Linie liegen. Bild 123 zeigt häufig vorkommende Fehler. Mit dem Rundpinsel sind auch die Kleinbuchstaben der Gleichstrich-Antiqua bei einiger Übung gut schreibbar. Besondere Aufmerksamkeit verlangen die Einmündungen der Rundungen in die senkrechten Schäfte. Wir müssen vermeiden, daß diese Stellen verkleckst wirken. Die Strichdicke

richtig   Federkante zu flach   Federkante zu steil

Bild 126

Bild 127

richtig   falsch   falsch   richtig   falsch   falsch

Bild 128

Bild 129

richtig   falsch   richtig   falsch   falsch

Bild 130

falsch   richtig

Bild 131a

falsch   richtig   falsch   richtig

Bild 131b

hat deshalb in Richtung zum Schaft etwas magerer zu verlaufen. Man erreicht das, indem man den Pinsel ein klein wenig anhebt (Bild 125).

Die serifenlose Wechselstrich-Antiqua   2.2.3.

Großbuchstaben

Der Wechselstrich-Antiqua liegen die gleichen Proportionen zugrunde wie der Gleichstrich-Antiqua. Die Federhaltung erfordert jedoch besondere Aufmerksamkeit, da von ihr Charakter und Wirkung der Schrift abhängig sind (Bild 126).

Nachdem wir das Verhältnis zwischen Strichdicke und Buchstabenhöhe geklärt haben (Bild 127), gehen wir in ähnlicher Weise wie bei der Grotesk vor und üben zunächst die Grundbewegungen (Bild 129).

Wichtig ist, daß die Striche einen scharfen Ansatz und Abschluß erhalten. Wir setzen die Feder auf, geben einen geringen Druck und heben sie nun zum Ziehen des Striches leicht an. Dabei muß sie aber noch in ihrer ganzen Breite aufliegen. Dann drücken wir wieder leicht auf und heben sie ab (Bild 128). Auch die Waagrechten erhalten durch eine leichte Druckgebung einen solchen Abschluß. Keinesfalls darf man jedoch die Druckstellen so stark betonen, daß sie im Schriftbild als schwarze Flecken in Erscheinung treten. Die Ecken erhalten ein markanteres Aussehen, wenn man die Waagrechten beim Ansetzen der Senkrechten ein klein wenig überstehen läßt (Bild 130). Treffen zwei Diagonale zusammen, so kann man den stärkeren Balken ebenfalls leicht überstehen lassen.

Bei den Rundungen setzt man die Feder normal an. In der Mitte der Bewegung liegt die stärkste Schwellung, sie endet in einer Spitze. Es ergibt sich eine schräge Achse.

Die Einzelformen fügen wir zu Ornamentreihen zusammen. Wir können diesmal die Übung bereichern, indem wir einige Reihen in einer zweiten Farbe ausführen (rot oder blau). Damit soll der Anfänger sein Gefühl für Einsatz und Verteilung der Farbwerte schulen.

Die Buchstaben üben wir in der gleichen Gruppierung wie bei der Gleichstrich-Antiqua. M, N und Z machen am Anfang häufig Schwierigkeiten. Werden die Senkrechten und beim Z die Diagonale in der normalen Federhaltung geschrieben, so er-

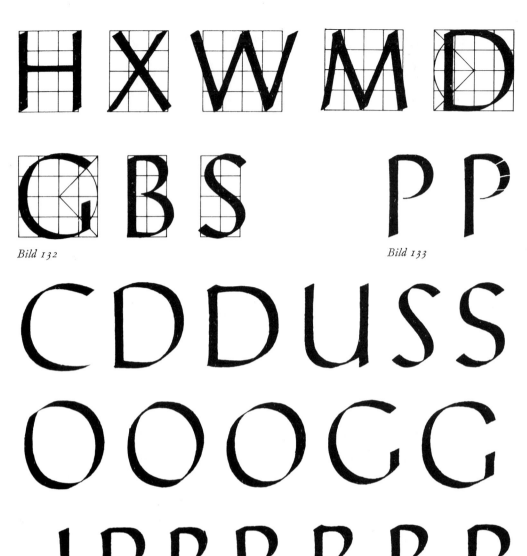

Bild 132

Bild 133

Bild 134. Fehlerhafte Formen

Bild 135. Bewegungsablauf beim Schreiben der Serifen

halten die Buchstaben ein zu dunkles Bild. Das Z würde dagegen zu leicht wirken. Wir drehen die Feder deshalb so, daß die erste Senkrechte des M und die beiden Senkrechten des N so breit aussehen wie die Waagrechten; die Diagonale des Z muß die volle Balkendicke erhalten (Bild 131).

Die beiden O-Rundungen sollen möglichst ohne Knick ineinanderlaufen. Aber auch lange dünne Stellen sind unschön. Schlechte Rundungen zeigen sich am deutlichsten an der Binnenform. Bei C und G bleiben die Bogen relativ flach.

Viel Übung erfordern auch R und B. Die Halbkreisbewegung kommt aus einer Geraden. Da die Rundung im Verhältnis zur Strichdicke sehr klein ist, muß man die Feder beim Auslaufen in die Spitze rechts allmählich etwas anheben, sonst entstehen schlechte Formen. Eine andere Möglichkeit besteht darin, die Feder an dieser Stelle nach und nach in eine waagrechte Haltung zu bringen (Bild 133b). Zu verklecksten Stellen im Buchstabenbild kommt es, wenn die Spitzen bei R, B und K zu weit in den senkrechten Schaft hineingeführt werden. Auch hier wird wieder deutlich: Wo der Binnenraum deformiert ist, sind die Figuren schlecht. Bild 134 zeigt einige der häufig vorkommenden Fehler.

Mit Serifen oder serifenähnlichen Ansätzen bzw. Abschlüssen an den Strichanfängen und -enden erzielt man reizvolle Abwandlungen dieses Alphabets (Bilder 137 und 138). Man kann Ansatz und Schaft bzw. Schaft und Abschluß ohne Absetzen der Feder schreiben. Der Anstrich ist relativ flach, der Übergang in die Gerade erhält eine besondere Form durch leichtes Aufdrücken der Feder (Bild 141). Der weniger routinierte Schreiber sollte jedoch die Ansätze und Abschlüsse zweizügig schreiben.

Einen fließenden Rhythmus des Schriftbildes erzielt man nur durch langes Üben. Dabei ist wie bei der Grotesk von Zeit zu Zeit Strichdicke, Schriftgröße und Werkzeug zu wechseln. Für kleinere Grade ist die Stahlfeder am günstigsten. Aber auch die Kielfeder kann man verwenden. Größere Schriften lassen sich ausgezeichnet mit der Rohrfeder schreiben. Sie ergibt ein kraftvolles Bild. Das Schreiben mit dem Breitpinsel erfordert viel Disziplin, da sich die Form der Pinselkante während der Bewegung und unter Druck leicht verändert.

54

ABCDEFGHIJ
KLMNOPQ
RSTUVWXYZ
1234567890

Bild 136. Serifenlose Wechselstrich-Antiqua

Bild 137. Abwandlung der Wechselstrich-Antiqua (136)

ABCDEFGHJ
KLMNPR
STUVWXYZ

ABCDEFGHIJ
KLMNOPQ
RSTUVWXYZ

abcdefghijkl
mnopq
rsßtuvwxyz
1234567890

nmomomonhomunomon
mohemcmsmbntuelor

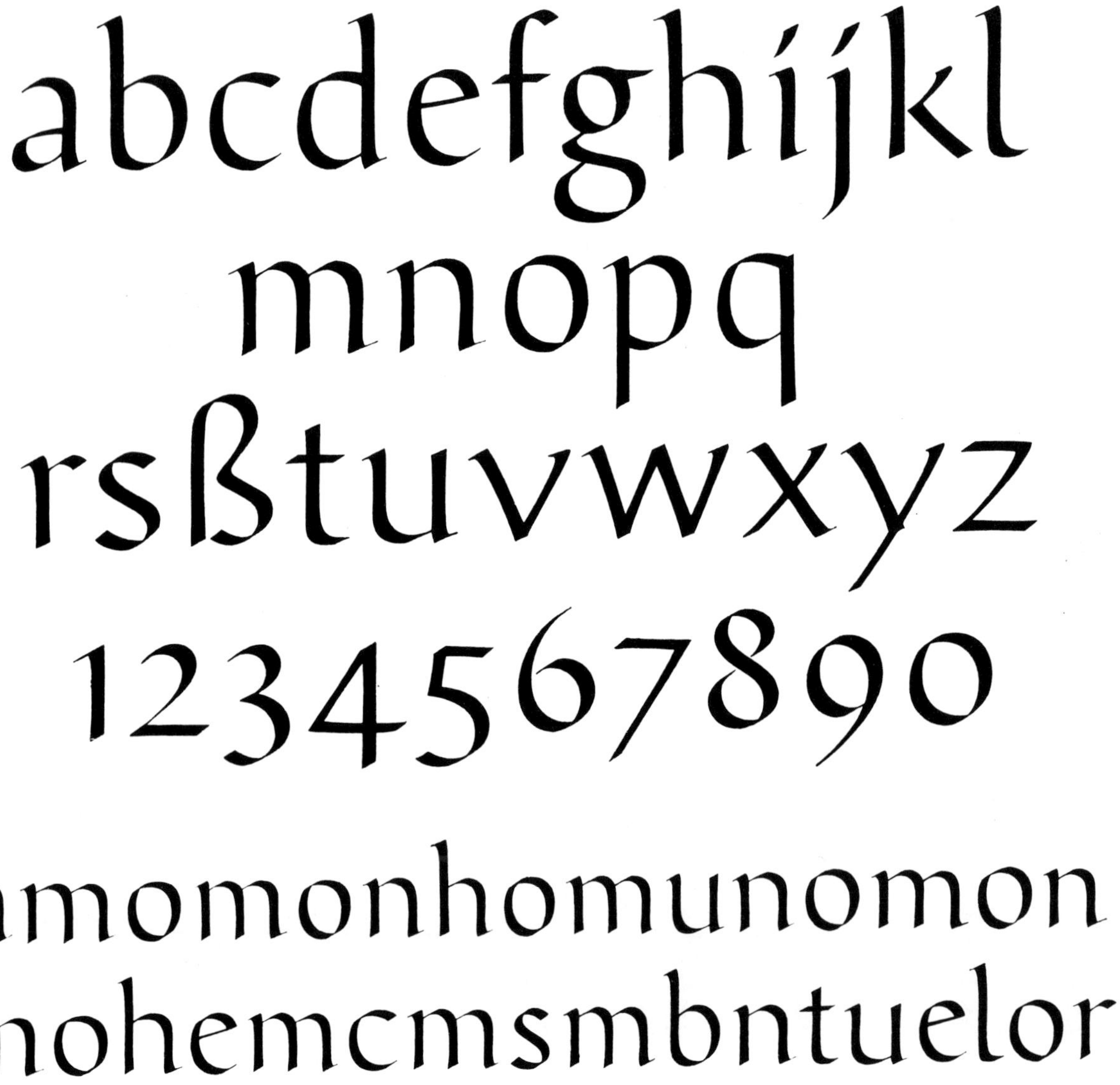

Bild 139. Kleinbuchstaben
zur serifenlosen Wechsel-
strich-Antiqua

So wie bei den Großbuchstaben wird auch hier die Buchstabenhöhe von der Strichdicke bestimmt. Für die Mittelhöhen nehmen wir 6, für die Oberlängenbuchstaben 10 und für die Unterlängenbuchstaben 10 Federstrichbreiten. Schreiben wir zu den Kleinbuchstaben auch Versalien, so müssen diese eine Höhe von 8 bis 9 Strichbreiten haben (Bild 140).

Wir üben die Kleinbuchstaben in der Reihenfolge, wie sie bei der Grotesk gezeigt wurde. Die Schlüsselfiguren hinsichtlich Form und Breite für die meisten Buchstaben des Alphabets sind wieder o und n. Die runden Formen leiten sich auch hier vom Kreis ab, doch stellen sie keinen vollkommenen Kreis dar, sondern haben ihre größte Ausdehnung in der oberen Hälfte. Dies darf jedoch nicht übertrieben werden. Bei richtiger Federhaltung läuft die Achse schräg durch die Binnenform. Die Senkrechten erhalten serifenartige Ansätze bzw. Schlußstriche (Bild 141). Die Ziffern schreiben wir entweder in der Größe der Versalien oder stellen sie so auf die Zeile, daß sich Ober- und Unterlängen ergeben. Zifferngruppen, die auf diese Weise geschrieben werden, sind beim Lesen schneller erfaßbar. Bild 143 zeigt fehlerhafte Figuren.

Da die Ansätze bzw. Schlußstriche sowie der Wechsel zwischen fetten und feinen Strichen optisch auf die Buchstabenzwischenräume einwirken, sind beim Ausgleichen die Buchstabenabstände der Grotesk nicht ohne weiteres auf die der Antiqua übertragbar.

4. Die Kursiv

Kleinbuchstaben

Das Erlernen der Kursiv ist nicht so schwer, wie es scheint, da diese Schrift eine Weiterentwicklung der Schulausgangsschrift darstellt (Bild 144). Historisch gesehen ist unser Alphabet eine Abwandlung der italienischen Renaissance-Kursiv (Bild 145).

Wir beginnen diesmal mit den Kleinbuchstaben, da sie den Charakter der Schrift stärker bestimmen als die Großbuchstaben. Die Kursiv soll im allgemeinen mit der Breitfeder geschrieben werden, später kann man sie auch mit dem Flach- oder dem Rundpinsel üben. Wenn man den Winkel

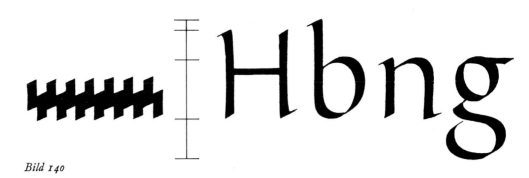

Bild 140

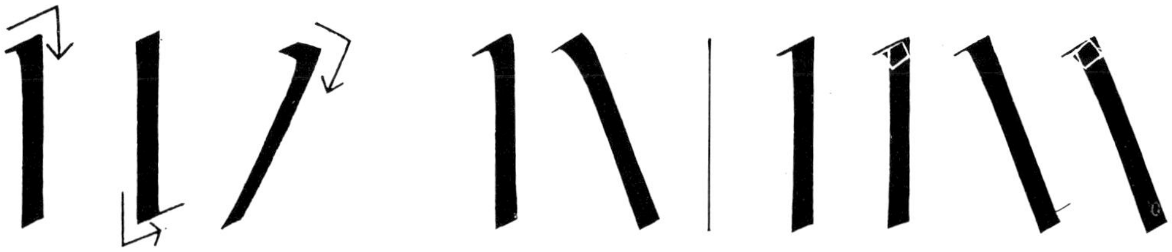

Bild 141. *Schaftansätze*

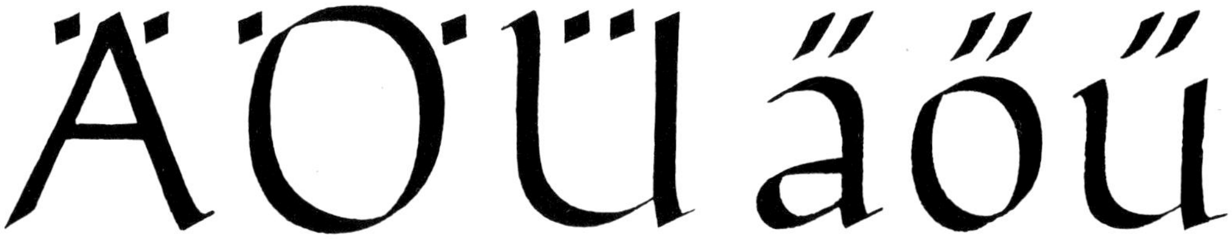

Bild 142

Bild 143. *Fehlerhafte Formen*

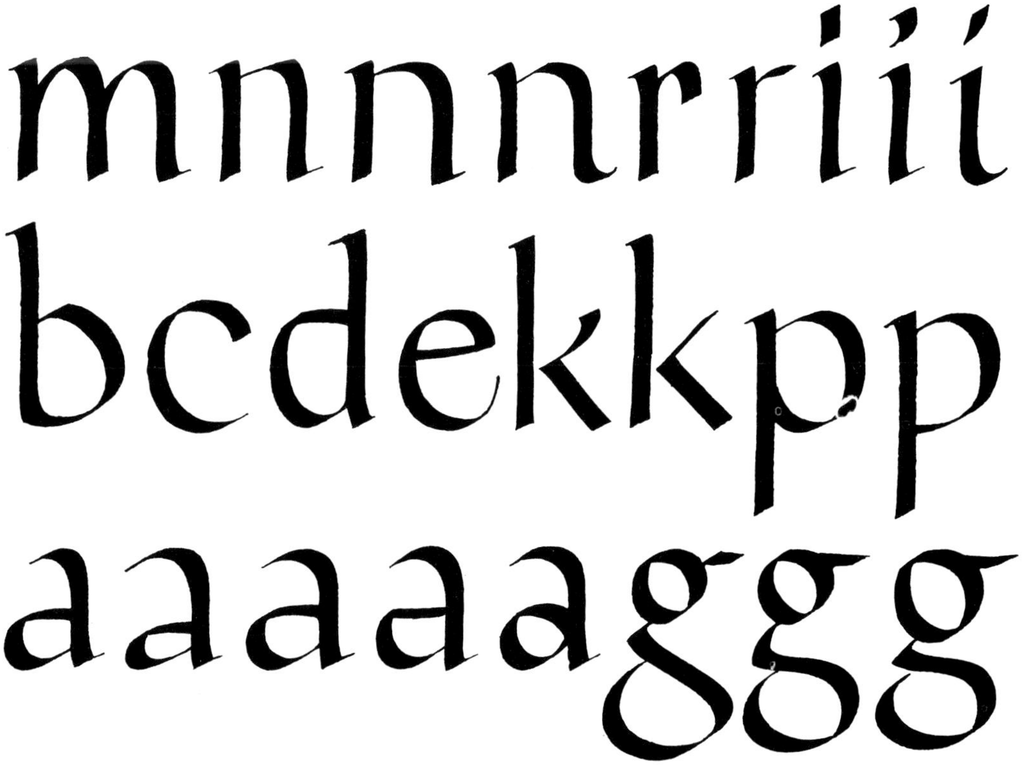

der Federkante zur Schriftlinie richtig wählt (Bild 146) und ihn beim Schreiben einigermaßen einhält, ergibt der Wechsel von fetten und feinen Strichen ein reizvolles, besonders rhythmisch wirkendes Schriftbild.

Im Gegensatz zur Antiqua basieren bei der Kursiv die runden Formen nicht auf dem Kreis, sondern auf einem schräg gestellten Oval. Dadurch werden alle Formen sehr schmal und sind in der Breite einander angeglichen. Beruht der Duktus der Antiqua auf der Verbindung von geraden und runden Strichen, wobei die Elemente doch mehr aneinandergesetzt werden und die Figuren relativ isoliert bleiben, so ergibt er sich bei der Kursiv aus einer flüssigen Auf-Ab-Aufbewegung. Die Buchstaben werden mit einem geringeren Aufwand an Einzelzügen, möglichst ohne Absetzen der Feder geschrieben. Häufig verbindet sich der Federzug mit dem nächsten Buchstaben. Der Bewegungsablauf ist daher schneller.

Wir üben zuerst die Grundelemente:

1. Die Abstriche sind etwa 75 bis 80° geneigt, die Aufstriche dagegen schräger (Bild 146). Die Abstände der Grundstriche dürfen weder zu weit noch zu eng ausfallen.

2. Girlanden und Arkaden (Bild 147) sind in einem Zuge zu schreiben. Der Aufstrich kann an den Abstrich angesetzt werden (1) oder ihn als Deckzug (2) teilweise überlagern. Die Überlagerung von Auf- und Abstrich sollte etwa die Hälfte der Mittelhöhe betragen. Später wird sie wohl jeder Schreiber entsprechend seiner persönlichen Neigung ein wenig abwandeln. Die Bogen sollen nicht zu rund, aber auch nicht zu spitz ausfallen oder gar gebrochen werden. Bild 148 zeigt falsche Formen.

Die Anstriche müssen federgerecht sein und werden sehr kurz gehalten (Bild 149).

Der aus einer Arkaden- und einer Girlandenform gebildete Doppelbogen ist straff zu halten (Bild 150).

Bild 144

Bild 145

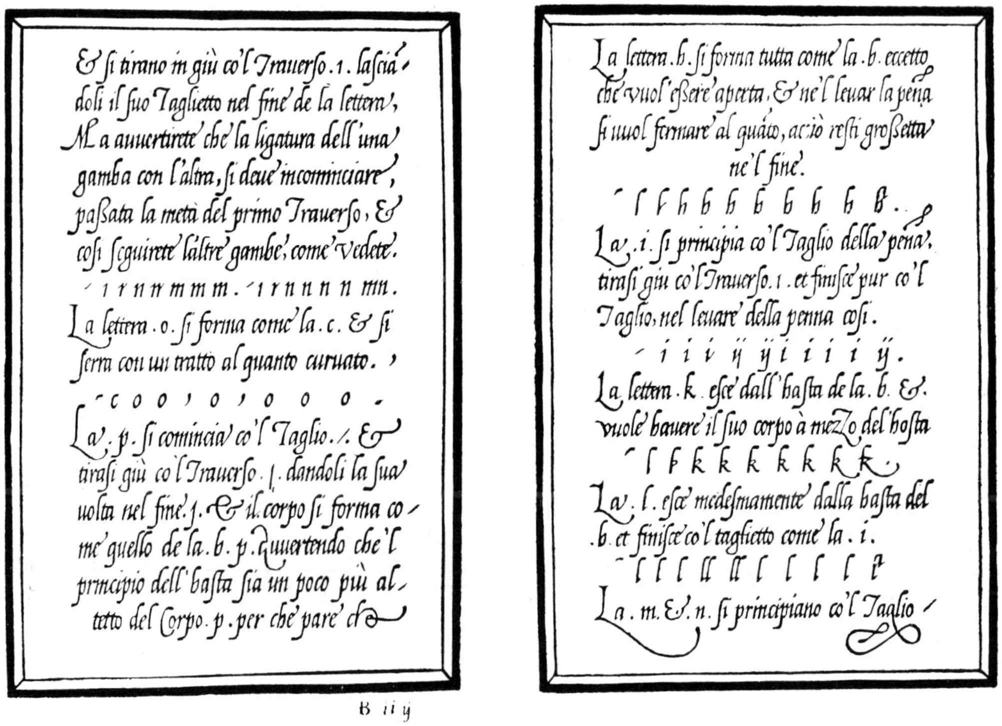

Bild 144. Schulausgangsschrift 1968

Bild 145. Italienische Renaissance-Kursiv von Palatino

3. Oberlängen beginnen in der Regel mit einem serifenartigen Ansatz, ähnlich wie beim n im Ansatz (Bild 151). Manchmal können sie auch aus der Girlandenbewegung entwickelt werden. In diesem Fall soll der Deckstrich in der oberen Begrenzung der Mittelhöhe beginnen (Bild 152). Falsche Formen zeigt Bild 153.

Häufig sieht man auch Oberlängen, die mit einer rückläufigen Arkadenbewegung beginnen. Diese Schreibweise wollen wir jedoch einer formaleren Modifikation der Kursiv vorbehalten (s. Abschnitt 3.3.2.).

Bei der Unterlänge beginnt der Deckstrich in der Hälfte der m-Höhe. Die Buchstaben j und p können auch mit einem Anstrich beginnen, wenn keine Verbindung möglich war (Bild 154).

Die Ober- und Unterlängen der Kursiv können etwas größer ausgeführt werden als die der Antiqua. Der Anfänger sollte sie jedoch nicht übertrieben lang oder breit formen. Sie müssen sich in das Schriftbild harmonisch einfügen.

4. Bei den ovalen Figuren, die aus einer Girlanden- und einer Arkadenbewegung bestehen, ist der obere Teil des Bogens runder als der untere. Mancher Schreiber wird den unteren Teil sogar fast spitz formen (Bild 156). Keinesfalls soll er jedoch so aussehen, wie Bild 157 ihn zeigt.

Bei a, d, p, g, q liegt die Achse des Ovals schräger als der gerade Schaft (Bild 158). Bei a, g, q kann der Schaft etwas höher als die Rundung gezogen werden (Bild 160). Eine unterschiedliche Schräglage haben auch die Ab- und Aufstriche bei v und w.

Aus diesen Elementen setzen sich die Buchstaben zusammen. Wir üben immer wieder m, n, h, u und nehmen einen Buchstaben nach dem andern hinzu (Bild 163). Wo es möglich ist, verbinden wir die Figuren miteinander, besonders in der Schulterhöhe, der oberen Grenze der Mittelzone. So erhalten wir ein rhythmisches Fließen des Schriftbildes. Derartige Verbindungen müssen jedoch logisch sein, wir dürfen sie nicht erzwingen. Bild 166 zeigt vorteilhafte Verbindungen.

Immer wieder vergleichen wir die Figuren mit der Vorlage. Besonders schwierige Buchstaben schreiben wir mit breiter Feder groß an den Rand des Übungsblattes oder auf ein gesondertes Blatt, um uns über ihren Aufbau Klarheit zu verschaffen.

Bild 146

Federhaltung
richtig   zu steil   zu flach

Neigungswinkel
richtig   zu steil   zu schräg

Bild 147
1. Möglichkeit   *2. Möglichkeit*

Bild 148. *Fehlerhafte Formen*
zu spitz   zu rund   Bogen gebrochen   zu breit   zu schmal   Schleife statt Deckzug

Bild 149. *Richtig   falsch*   Bild 150. *Richtig   falsch*

Bild 151   Bild 152   Bild 153. *Fehlerhafte Ansätze und Verbindungen*

Bild 154. *Richtig*   Bild 155. *Verformte Unterlängen*

Bild 156. *Richtig*   Bild 157. *Falsch*

Bild 158   Bild 159. *Falsche Formen*   Bild 160

abcdefghijklmnop

qrstuvwxyz ßß ff

Bild 161. Kursiv

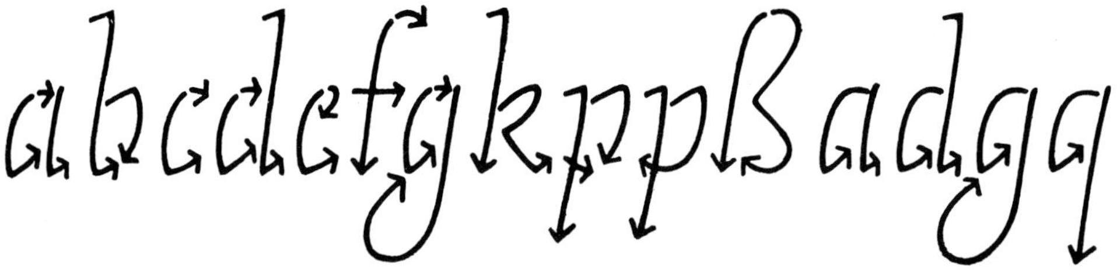

abcdefgkppß adgg

Bild 162. Bewegungsablauf

bmondmhpncenam

Bild 163

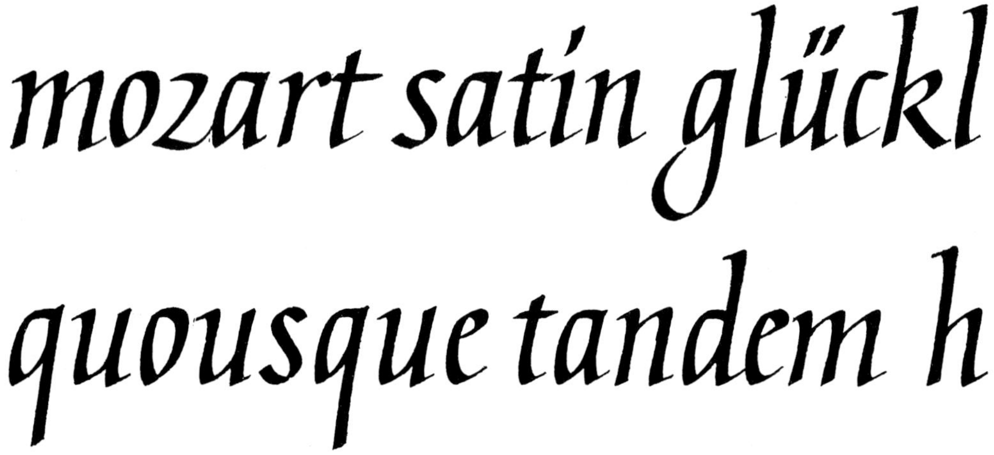

mozart satin glückl

Bild 164

quousque tandem h

aabbcceeeeeeffggg ggpphk

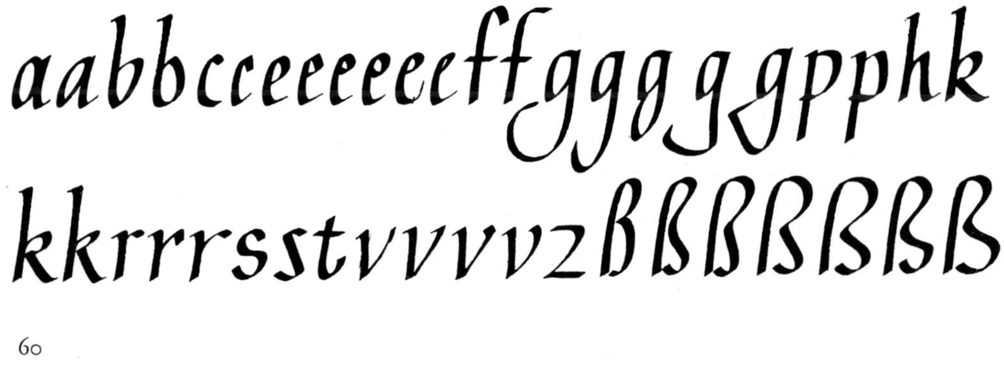

Bild 165. Fehlerhafte Formen

kkrrrrsstvvvvz ßßßßßßß

Auf Seite 61:
Bild 166. Einige Buchstabenfolgen und Verbindungs-
möglichkeiten

man ab ag at mbm mbn beben ba

ob obo mcn oco ac ck ck eck odo

oeo ea ed ei es ep ew ex eh eh eb eb ef

fm fe offen affe pfe mgn eg tgo oho

min oio mjn oj el olo als allg mpm

ope ope appe up mqu oque mrn

ors arz irren rg rf msm os ts so tm

es mum ouo ove vn va mxm oxe xt

mym oy ay mzm oze eza tzt zm

Trotz Schrägstellens müssen bei den Großbuchstaben die Proportionen der Antiqua
beibehalten werden. Der Gegensatz zwischen den schmalen Gemeinen und den relativ breiten Versalien kann sehr reizvoll
wirken. Die Versalien sollen aber nicht mehr
als 1/2mal größer als die Mittelhöhe geschrieben werden, sonst stören sie den
Zeilenlauf.

Wenn wir das in Bild 138 gezeigte Alphabet
geübt haben, wird die kursive Abwandlung
nicht mehr schwerfallen. Besonders zu beachten ist, daß die diagonalen Abstriche in
der Schräglage unterschiedliche Neigungswinkel bekommen (Bild 169).

Zierformen werden im Abschnitt 3.3.2. gezeigt. Der Anfänger sollte auf sie verzichten.

*Eine andere Möglichkeit des Erlernens
der Kursiv*

Ein anderer Weg, die formale Kursiv zu erlernen, geht direkt von der Handschrift aus.
Der erste Schritt besteht darin, die häufigen
Verbindungen, die aus der Auf- und Ab-
bewegung kommen, zu reduzieren, da diese
die Grundform verlagern. Nur die echten
Verbindungen werden beibehalten. Die
Schleifen werden zu Deckzügen und später
zu serifenartigen Ansätzen umgeformt, das
g bleibt unten offen.

Mit einer geringeren Weite der Grundstriche und einem engeren Buchstabenabstand erzielt man einen besseren Gesamt-
eindruck (Bild 171).

Diese Veränderungen bringen fast zwangs-
läufig auch eine Verbesserung der einzelnen
Buchstabenformen mit sich. Für die Wirkung des Schriftbildes ist auch wichtig, daß
man in der Gruppe m, n, h, u die unter-
scheidenden Merkmale (Arkade, Girlande)
gut herausarbeitet, da diese sich in der persönlichen Handschrift zumeist verwischt
(Winkel, Faden) oder zu einem allgemeinen
Arkaden- oder Girlandenduktus ausgeprägt
haben. Nach und nach müssen dann auch
die übrigen Einzelformen unter Orientierung auf das in Bild 161 gezeigte Alphabet
und die im ersten Teil dieses Abschnittes gegebenen Hinweise verbessert werden.

Abwandlungsmöglichkeiten der Kursiv

Das Kursiv-Alphabet läßt sich in vielfältiger Weise abwandeln:
1. Enge Beziehungen bestehen, wie bereits
mehrfach erwähnt wurde, zwischen der

Bild 167

Bild 168

Bild 169

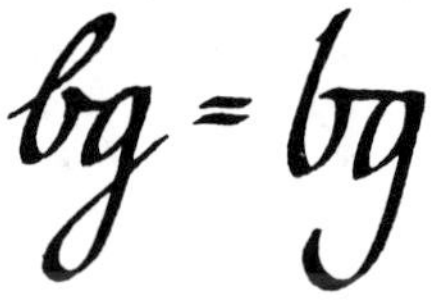

Bild 170

Bild 171

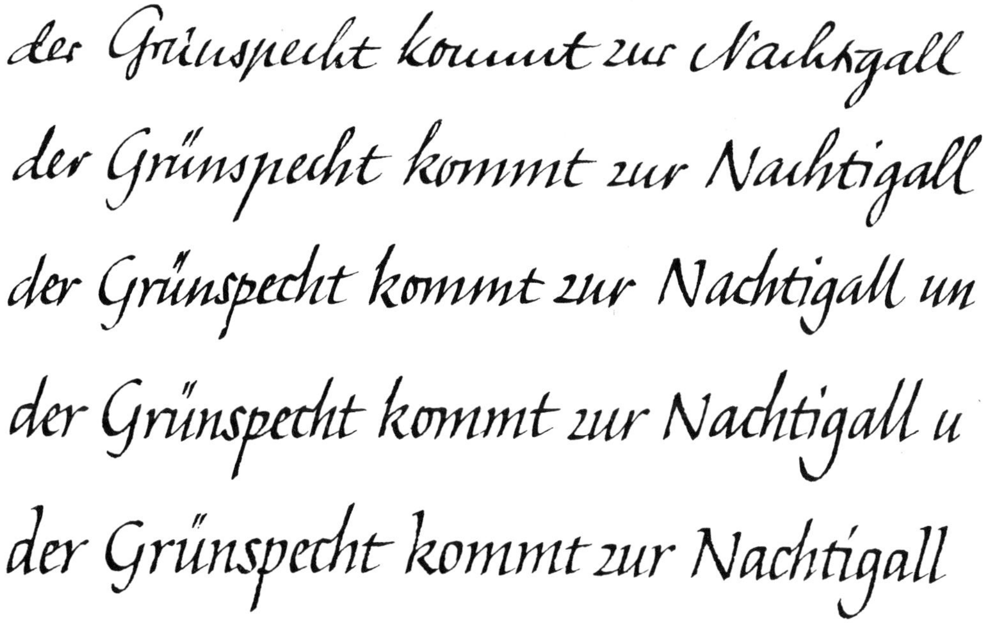

der Grünspecht kommt zur Nachtigall

der Grünspecht kommt zur Nachtigall

der Grünspecht kommt zur Nachtigall un

der Grünspecht kommt zur Nachtigall u

der Grünspecht kommt zur Nachtigall

Bild 172
Aus einer persönlichen Handschrift wurde eine formale Kursiv entwickelt (Rekonstruktion)

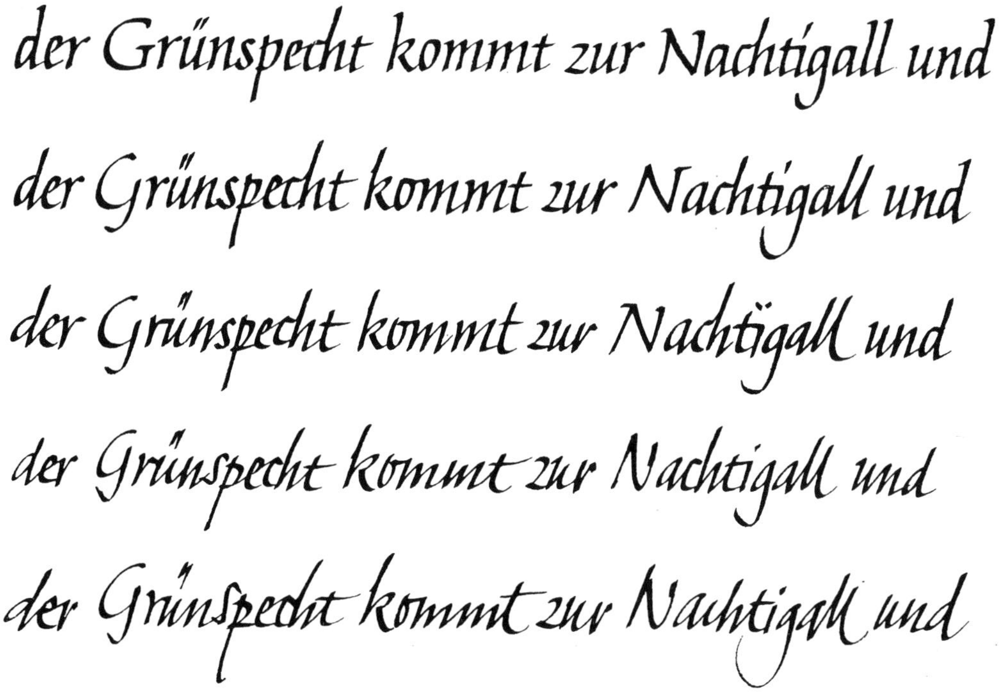

der Grünspecht kommt zur Nachtigall und

der Grünspecht kommt zur Nachtigall und

der Grünspecht kommt zur Nachtigall und

der Grünspecht kommt zur Nachtigall und

der Grünspecht kommt zur Nachtigall und

Bild 173
Durch häufiges Schreiben der formalen Kursiv entstand eine neue Modifikation der persönlichen Handschrift (Rekonstruktion)

Kursiv und der persönlichen Handschrift. Die heutige Handschrift ist bekanntlich das Ergebnis der Entwicklung kursiver Schriften. Die Technisierung des Schriftverkehrs und die dadurch bedingte Geschmacksverbildung einerseits, andererseits die Notwendigkeit, auch den manuellen Schreibvorgang zu beschleunigen, haben von der hohen Schreibkultur vergangener Jahrhunderte nichts mehr übrig gelassen. Dabei ist die Handschrift neben der Sprache im privaten Bereich das persönlichste Verständigungs- und Ausdrucksmittel geblieben und wird es auch in absehbarer Zukunft noch sein. Tätigkeiten wie Sprechen oder Essen unterliegen gewissen Normen des Anstandes. Ebenso sollte auch die Handschrift gut lesbar sein und in ästhetischer Hinsicht befriedigen. Die hohe Technisierung der Kommunikation (Tonbänder, Diktiergeräte, Datenspeicherung und -verarbeitung) wird die Menschen in der Perspektive immer mehr der Notwendigkeit entheben, den manuellen Schreibvorgang zu beschleunigen, so daß sie auf eine gepflegte Handschrift achten können. Wo der Einsatz der Technik zu unrentabel ist, kann man sich der Stenographie bedienen. Auch für eilige persönliche Notizen ist sie das geeignete, zweckmäßige Hilfsmittel. Sie sollte deshalb ebenfalls zu einer guten Allgemeinbildung gehören.

Es gibt im internationalen Maßstab seit einigen Jahren eine Reihe von Bestrebungen, dem Verfall der persönlichen Handschrift durch eine Orientierung auf die italienische Kursiv entgegenzuwirken. In der Deutschen Demokratischen Republik wird durch die Verbesserung der offiziellen Schulausgangsschrift die Voraussetzung geschaffen, eine kultivierte Handschrift zum Bestandteil der allseitigen Bildung des Menschen zu machen.

Voraussetzung für eine gute Handschrift ist das richtige Schreibinstrument. Kugelschreiber und Füllfederhalter mit Platten- oder Spitzfeder sind zwar praktisch, jedoch wenig geeignet. Gleichzugschriften fehlt der Rhythmus des Fett-Fein-Kontrastes. Ein weiterer Bestandteil des Schreibrhythmus ist die Druckgebung und -aufhebung. Der Kugelschreiber verdirbt jedoch das Gefühl für den natürlichen Druck in den Abstrichen. Es entstehen entweder unmotivierte Druckstellen, oder das Bedürfnis,

etwas Druck zu geben, kompensiert sich in die Form. Auf diese Weise kommt es zu häßlichen Gebilden (Bild 174). Wir benötigen deshalb Bandzugfedern (To oder Ato), evtl. können wir eine geeignete Füllhalterfeder anschleifen.

Eine reife Handschrift läßt sich nicht in kurzer Zeit erwerben, sie ist auch nicht erlernbar wie die formalen Schriften. Sie muß vielmehr wachsen und bleibt immer gebunden an die Persönlichkeit des Schreibers. Das in Bild 162 gezeigte Alphabet kann nur die Ausgangsformen geben. Sie müssen so lange geübt werden, bis sie sich in das Unterbewußtsein eingeschliffen haben, der rhythmische Ablauf „flüssig" ist und sie gewissermaßen persönliches Eigentum des Schreibers geworden sind. Im Laufe der Zeit werden sich beim schnelleren Schreiben individuelle Züge ausprägen. Stellen sich dabei jedoch auch häßliche Verformungen ein, so ist es vorteilhaft, die betreffenden Buchstaben wieder einmal mit breiter Feder in größeren Graden genau zu schreiben.

Die Bilder 176 bis 178 zeigen schöne Handschriften, die auf der italienischen Kursiv basieren.

2. Schreiben wir das Kursiv-Alphabet mit der Gleichzugfeder oder dem Rundpinsel, so lassen wir die Balkenansätze und -abschlüsse weg. Die Buchstaben stehen unverbunden nebeneinander. Wir erhalten eine serifenlose Gleichstrich-Kursiv, die sich auf Grund ihres relativ schnellen und flüssigen Ablaufs vorzüglich zur Beschriftung von Formularen, technischen Zeichnungen und Plänen, als Tafelschrift für den Lehrer, für Wandzeitungen, für Preisschilder und andere kleinere und größere Hinweisschilder und sogar für Transparente eignet (Bilder 179 bis 183).

3. Die Möglichkeiten einer künstlerischen Gestaltung der Kursiv werden im Abschnitt 3.3.2. behandelt.

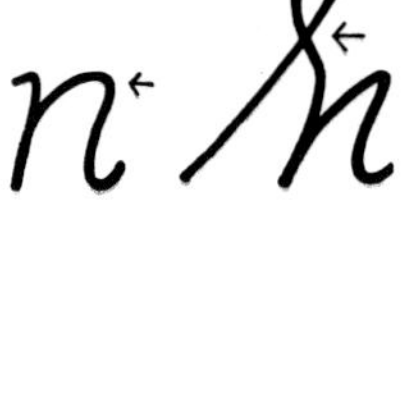

Bild 174. Deformierungen

And there were in the same country shepherds abiding in the field keeping watch over their flock by night. And lo the angel of the Lord came upon them, and the glory of the Lord shone round about them : and they were sore afraid. And the angel said unto them, Fear not: for behold, I bring you good tidings of great joy, which shall be to all people. For unto you is born this day in the city of David a Saviour, which is Christ the Lord.

Bild 175. Kursiv von Tom Gourdie

Ich komme mit meiner Frau in diesem Sommer wieder nach Leipzig (wegen der Int. Buchkunst-Ausst.) , und zwar sind

Bild 176. Handschrift von Jan Tschichold. Aus: Renate Tost, Die Schrift in der Schule. Ein Beitrag zur Schreiberziehung in der allgemeinbildenden und polytechnischen Oberschule. Leipzig 1968

the revived italic entitles you to command of me a labor far sterner than is involved in penning these few lines for possible use as an example of the infinite adaptability of Ludovico degli Arrighi's Cancelleresca Corsiva of 1522

Bild 177. Handschrift von Paul Standard. Aus: Вилл у Тоотс, Современный Шрифт, Москва 1966

blieb der ursprüngliche Folk-Blues, trotz seines melodisch-harmonischen Einflusses auf die gesamte Jazzentwicklung in aller Welt, bis zum heutigen Tag das ausschließliche Anliegen der Negerbevölkerung Amerikas. Die Wiege des Blues stand im vorigen Jahrhundert in den amerikanischen Südstaaten, auf den weiten, verstaubten Landstraßen, auf den Farmen, Plantagen

Bild 178. Beispiel für eine gute Erwachsenen-Handschrift aus der DDR. Aus: Renate Tost, Die Schrift in der Schule, Leipzig 1968

abcdefghijklm
nopqrstuvwxyz
ABCDEFGHIJK
LMNOPQRSTU
VWXYZ

Bild 179. Serifenlose Gleichstrich-Kursiv, aus der Schulausgangsschrift 1968. Entwickelt von Renate Tost. Aus: Renate Tost, Die Schrift in der Schule. Leipzig 1968

Bild 180. Anwendungsbeispiel. Aus: Renate Tost, Die Schrift in der Schule. Leipzig 1968

Auf Seite 67:

Bild 181a und b. Gleichstrich-Kursiv. Mit dem Rundpinsel geschrieben von Harald Brödel

Bild 182. Anleitung zum Schreiben der Kursiv mit dem Rundpinsel. Harald Brödel

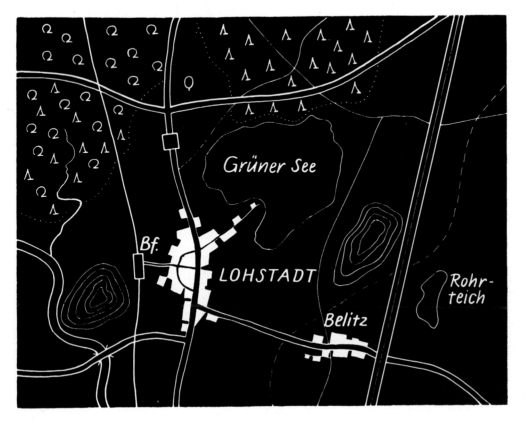

Grüner See

Bf.

LOHSTADT

Rohr-
teich

Belitz

═══ Autobahn

⊟ Fernverk.straße

═══ Straße 1.Ordnung

══ Straße 2.Ordnung

─── Feld- u.Waldweg

⊡ Eisenb. mit Bahnhof

---- Kreisgrenze

≈ Fluß

∿ Bach

Ω Laubwald

Λ Nadelwald

Ω Λ Mischwald

ABCDEFGHIJKLMNOPQR STUVWXYZ ÄÖÜ

abcdefghijklmnopqrstuvwxyz ßäöü (.,,::!?--/%) 1234567890

Bild 181 a

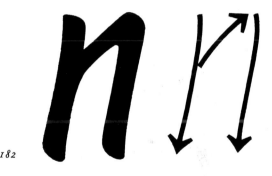

Bild 182

Bild 181 b

Die Gleichstrichkursiv ist eine schnell schreibbare, für jedermann leserliche und in ästhetischer Hinsicht den Anforderungen genügende Schrift. Mit Gleichzugfeder oder Rundpinsel geschrieben ist sie für die Beschriftung der Preisschilder geeignet.

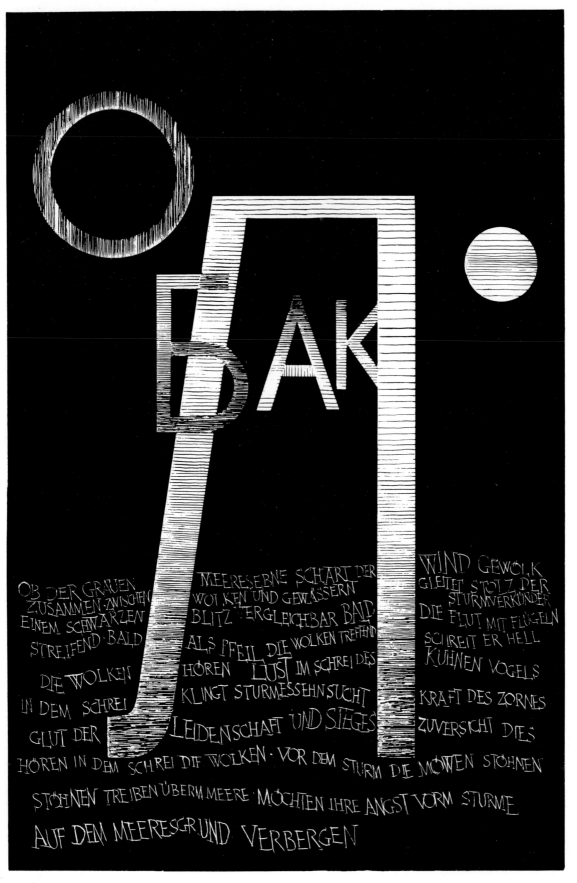

Bild 183. Irmgard Horlbeck-Kappler. Blatt aus einem Zyklus mit Texten aus dem Prosagedicht „Das Lied vom Sturmvogel" von Maxim Gorki

3. Lehrgang für Fortgeschrittene

ONSVMPTA SA SOLO RESTIT

Römische Kapitalschrift

Ältere römische Kursiv

Unziale

Jüngere römische Kursiv

Halbunziale

Westgotisch

Altitalisch

Irisch-Angelsächsische Rundschrift

Merowingisch

Beneventanisch

Irisch-Angelsächsische Spitzschrift

Karolingische Minuskel (9. Jh.)

Karolingische Minuskel (11. Jh.)

Gotische Buchschrift

Renaissance Minuskel

Rotunda

Textur

Gotische Kursiv

Gotico-Antiqua

Bastarda

Antiqua

Gotico-Antiqua

Rotunda

Textur

Schwabacher

Fraktur

Erste Druckschriften

Vorbemerkung 3.0.

„Schrift ist etwas historisch Gewordenes. Man muß sie studieren, wenn man sie beherrschen will. Niemand kann selbst eine Schrift erfinden. Wir können unsere Buchstaben höchstens abwandeln."[1]

Es ist im Rahmen dieses Buches nicht möglich, die Schrift als historisches und kulturelles Phänomen in vollem Umfang zu würdigen. Der fachlich Interessierte findet in Albert Kaprs „Schriftkunst"[2] und František Muzikas Werk „Die schöne Schrift"[3] neben reichem Bildmaterial eine umfassende Darstellung des Kulturträgers Schrift in seiner Beziehung zu den ökonomischen, gesellschaftlichen und kulturellen Verhältnissen. Erst die Einsicht in derartige Zusammenhänge kann das richtige Verständnis für die Wandlungen der Form, des Ausdrucks, des Stils ermöglichen. Hier wird nur das Notwendigste über die Stellung der jeweiligen Schriftart in der historischen Entwicklung sowie über Schriftträger und Werkzeug gesagt. Darüber hinaus findet der Benutzer auch Hinweise, wie er verschiedene Schwierigkeiten beim Schreiben überwinden kann. Die Abbildungen zeigen das jeweilige Grundalphabet und verschiedene freie Abwandlungen. Nicht immer sind diese zum Nachschreiben geeignet, sie wollen vielmehr den Lernenden zur schöpferischen Aneignung der historischen Formen im Sinne des einleitend gegebenen Zitates anregen. Sind die im Teil 2 vermittelten schreibtechnischen und zeichnerischen Fertigkeiten vorhanden, so ist es methodisch vorteilhaft, die einzelnen Schriftarten in der durch ihre historische Entwicklung gegebenen Reihenfolge zu erlernen, da eine jede neue Schriftart von Formqualitäten und -erfahrungen vorangegangener Schriften ausgeht.

---

1 Jan Tschichold, Meisterbuch der Schrift, 2. Auflage, Otto Maier Verlag, Ravensburg 1965

2 Albert Kapr, Schriftkunst. Geschichte, Anatomie und Schönheit der lateinischen Buchstaben. VEB Verlag der Kunst, Dresden 1971

3 František Muzika, Die schöne Schrift, Band I und II, Artia-Verlag, Praha/Hanau 1965

Schriften der römischen Antike und des byzantinischen und romanischen Formeinflusses

Die römische Kapitalschrift (Monumentalis)

Der römischen Kapitalis liegen die geometrischen Formen der westgriechischen Schrift zugrunde: Quadrat, Rechteck, Dreieck, Kreis. Sie ist eine Inschriften- bzw. Monumentalschrift. Eine enge Bindung an die Architektur gab ihr ihren Charakter und ihre Proportionen. Bis zur Zeitenwende war die römische Monumentalschrift serifenlos und von einheitlicher Balkenbreite. Eine immer perfekter werdende Meißeltechnik erzeugte die Serifen. Bei späteren Inschriften stellen die Serifen häufig eine gemeißelte Nachbildung von mit dem Pinsel vorgeschriebenen Formen dar. Der Fett-Fein-Kontrast der Balken ergab sich aus der Pinsel- bzw. Spatelhaltung beim Vorschreiben. Diese vom Material und vom Werkzeug bedingten Besonderheiten wurden zu einem Prinzip der künstlerischen Gestaltung. Mit der Blüte des römischen Staatswesens und der römischen Kultur hatten sich auch die Formen der Kapitalis zu einer Schrift eigener Prägung vollendet. Ihre reifste Ausbildung zeigt sie wohl in der Inschrift auf dem Sockel der Trajanssäule, 2. Jahrhundert u. Z. (Bild 187).

Neben den gemeißelten Inschriften gibt es solche, bei denen Blei- oder Bronzebuchstaben aufgesetzt und mit Nieten auf dem Stein befestigt wurden. Eine ornamentale Abwandlung erfuhr die Monumentalschrift durch Aufspaltung ihrer Serifen.

Nachdem sie in den vorangegangenen Jahrhunderten mehr oder weniger starken Veränderungen und Abwandlungen unterworfen worden waren, erlebten die Formen der römischen Kapitalis im 15. und 16. Jahrhundert ihre Renaissance und haben sich bis heute lebendig erhalten.

Die in Bild 188 und Bild 189 dargestellten Alphabete sind keine genaue Kopie der Buchstaben der Trajanssäule. Da die Figuren H, J, K, U, W, Y, Z im Alphabet der Trajanssäule nicht vorkommen, wurden sie hinzugefügt. Die römische Kapitalis kennt auch zweierlei Varianten des A, M und N. Diese Buchstaben haben in vielen Inschriften oben statt der Spitzen einen stumpfen Scheitelabschluß (Bild 190).

Bild 185. Titusbogen, Rom, 81 u. Z.

Auf Seite 73:

Bild 186. Fragment einer römischen Monumentalinschrift aus der ersten Hälfte des 2. Jahrhunderts u. Z. Aus: František Muzika, Die schöne Schrift, Bd. 1, Praha/Hanau 1965

Auf den Seiten 74 und 75:

Bild 187. Inschrift vom Sockel der Trajanssäule, Rom, 113 u. Z. (Nach einer Fotographie des Victoria-und-Albert-Museums in London)

SENATVS·POPVL
IMP·CAESARI·DIV
TRAIANO·AVG·GE
MAXIMO·TRIB·POT
AD·DECLARANDVM·
MONSET·LOCVS·TAN

Folgende Empfehlungen sollen das Zeichnen erleichtern: Man zeichnet die Buchstaben einzeln auf Kartonkärtchen. Auf diese Weise ist es möglich, die Figuren zu Wortbildern zu mischen, und es fällt leichter, sie hinsichtlich ihrer Proportionen, ihrer Formähnlichkeit und Strichdicke aufeinander abzustimmen. Man beginnt mit den Formen H, M, O und klärt an ihnen Größe, Strichdicken und Serifenform. Es folgen A, N, U, G, B, R, S. Erst wenn diese sogenannten Schlüsselfiguren eine befriedigende Qualität haben, zeichnet man die übrigen Buchstaben. Immer muß man darauf achten, daß beim Zeichnen das Organische der Schreibbewegung nicht verlorengeht. Ein großer Teil aller gemeißelten Inschriften war ursprünglich ja mit Pinsel und Farbe auf dem Stein vorgeschrieben worden. Es ist deshalb vorteilhaft, die Figuren zuerst mit einer entsprechend breiten Rohrfeder zu schreiben, und zwar soll die Bewegung frei aus dem Ellenbogen- und Schultergelenk kommen. Die Hand darf nicht aufliegen, nur der kleine Finger verbleibt zum Stützen und Führen auf der Papierfläche. Eine Buchstabenhöhe von 5 bis 6 cm ist für das Zeichnen am günstigsten. Die Dicke der Grundstriche verhält sich zur Buchstabenhöhe in der Mitte wie 1:10, im oberen und unteren Teil des Schaftes wie 1:9 (Bild 191). Eine geringe Abwandlung dieser Maßverhältnisse bleibt dem Geschmack des Gestalters überlassen oder ergibt sich aus dem Zweck der Arbeit. Die Horizontalen sind im allgemeinen halb so breit wie die senkrechten Schäfte, die dünnen Diagonalen entsprechen ungefähr zwei Dritteln der Grundstrichbreite. Bild 188 gibt Konstruktionshilfen. Eine Maßeinheit entspricht 1/10 der Buchstabenhöhe.

(H) Seine Breite macht ungefähr 8 Maßeinheiten aus. Der Querstrich liegt auf der Mittellinie.

(T) Der T-Querstrich ist 8 Einheiten breit. Seine Dicke entspricht 2/3 des senkrechten Schaftes. Die Winkel der Serifen weichen leicht voneinander ab.

(E) 4 3/4 Einheiten ist der obere Querstrich breit, der mittlere Querstrich ist etwas kürzer, der untere etwas länger. Der untere Querstrich sollte auch etwas fetter als die übrigen gezeichnet werden. Unten läuft der Querstrich in eine schräge Serife aus.

(F) Das F wird ein wenig breiter gezeichnet als das E. Der zweite Querstrich liegt etwas tiefer als beim E.

(L) Der Querstrich des L mißt etwa 5 1/3 Einheiten. Das L wirkt schöner, wenn es ein wenig breiter als das E gezeichnet wird.

(A) An der Basis beträgt die Breite 8 Einheiten. Der Querstrich entspricht etwa einer halben Grundstrichbreite.

(N) Das N ist ungefähr 8 Einheiten breit. Die Senkrechten machen jeweils 3/4 der Grundstrichbreite aus.

(W) Das W besteht aus zwei aneinandergesetzten V-Formen, deren Binnenräume jedoch enger als beim V zu zeichnen sind. Man kann das W aber auch aus gekreuzten V-Formen bilden. In diesem Fall entsprechen die Binnenräume der Breite des V. Die inneren Diagonalen müssen jedoch etwas schräger als die äußeren gehalten werden, damit die oben in der Mitte entstehende Dreiecksform nicht zu klein ausfällt.

(M) Das M ist an der Basis etwa 11 Einheiten breit. Die erste und letzte Diagonale sind weniger geneigt als die beiden mittleren. Ihr Neigungswinkel macht ungefähr eine Grundstrichbreite aus. Die Dicke der ersten und dritten Diagonale entspricht 2/3 des Grundstriches.

(K) Das K kann einen geraden oder einen dem R ähnlichen geschweiften Abstrich erhalten. Die Strichdicke der oberen Diagonale mißt 2/3 des senkrechten Schaftes. Der Scheitelpunkt der Diagonalen liegt in der optischen Mitte. Der untere Teil ist etwa um eine Einheit breiter als der obere.

(X) Das X ist oben 7 Einheiten breit. Die Strichdicke der dünnen Diagonale entspricht einem halben Grundstrich.

(Y) 7 1/2 bis 8 Einheiten ergeben die Breite des Y. Die Diagonalen treffen in der Höhe der geometrischen Mitte zusammen. Der Binnenraum ist also größer als der obere Teil des X.

(Z) Für das Z sind 8 Einheiten angemessen. Die Waagrechten werden halb so dick gezeichnet wie die Diagonale. Die untere Serife verläuft schräger als die obere.

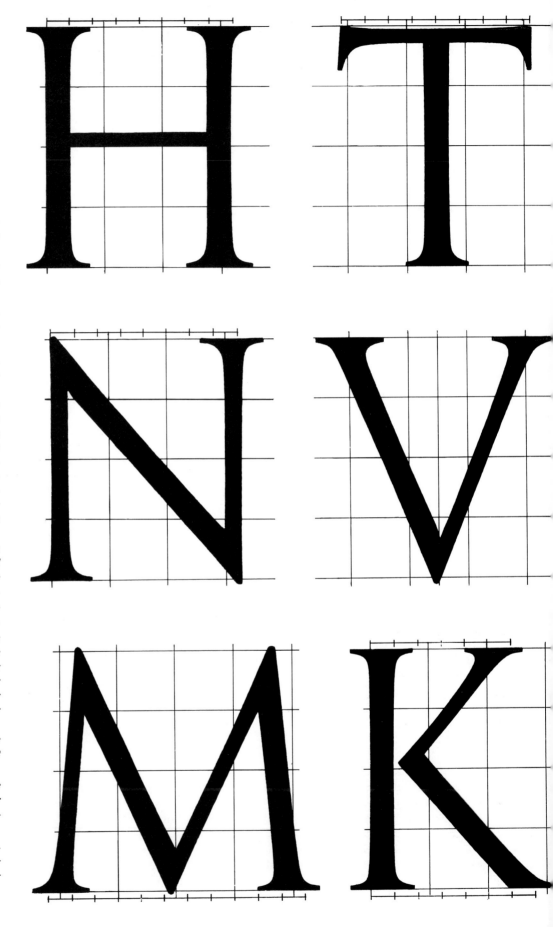

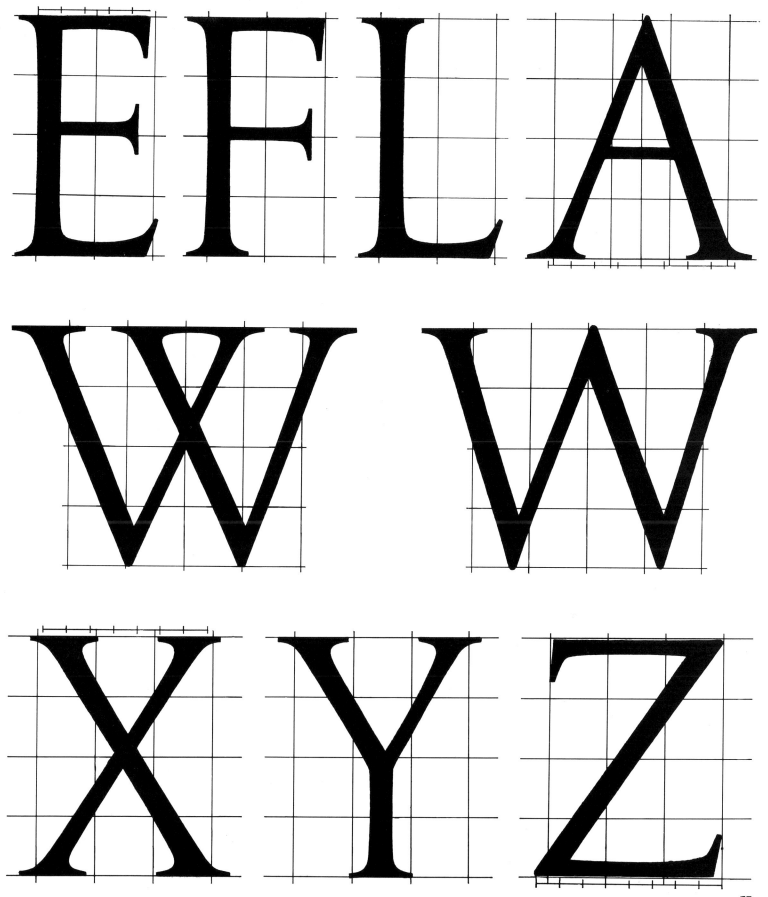

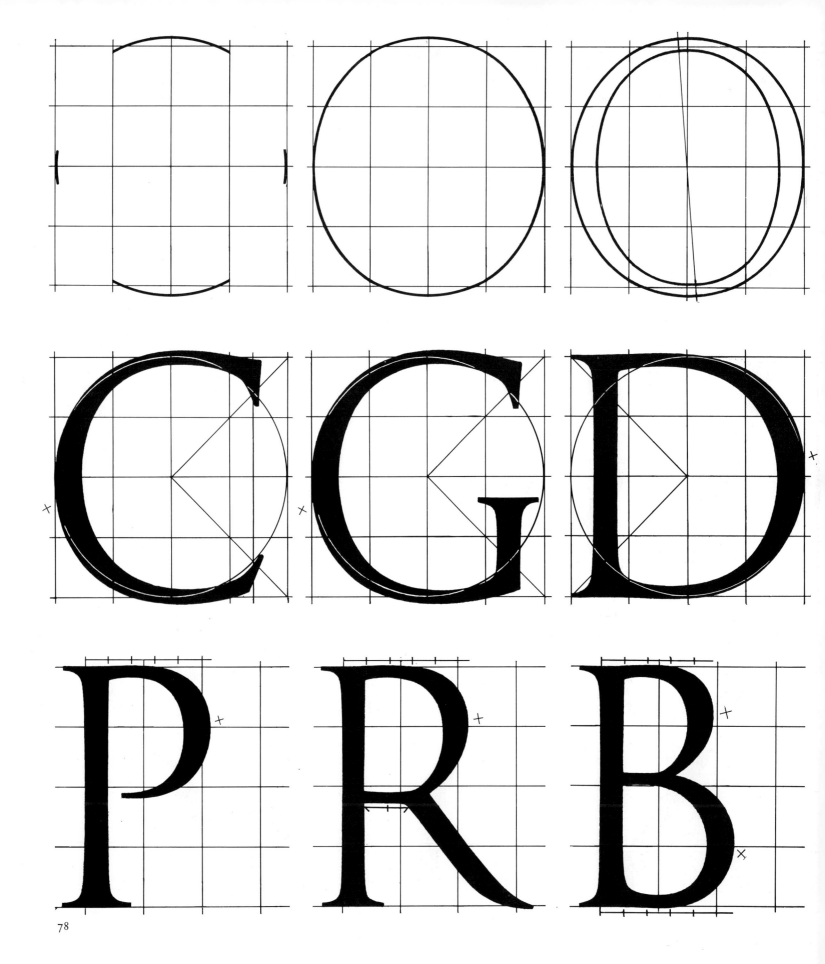

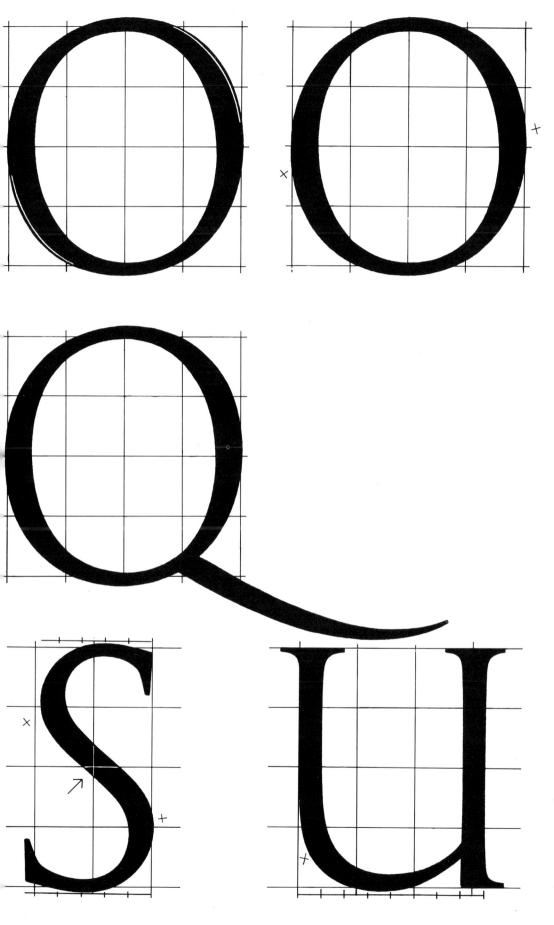

(O) Damit das O genau so groß wirkt wie die anderen Buchstaben, wird die Rundung oben und unten etwas über die Linien hinausgeführt. Die äußere Kontur entspricht fast einem Kreis. Das Oval der inneren Rundung liegt auf einer schrägen Achse. An den mit x gekennzeichneten Stellen ist die Anschwellung des Bogens am breitesten. In diesem Bereich muß der Bogen wesentlich fetter als ein Grundstrich gehalten werden. Die dünnste Stelle entspricht ungefähr einem halben Grundstrich.

(C, G, D) Diese Buchstaben sind ungefähr 9 Einheiten breit. Man kann die Breite auch aus dem Schnittpunkt von Diagonalen und Kreis ermitteln. Die Formen werden vom O abgeleitet, oben und unten verlaufen die Rundungen jedoch etwas flacher. Der Schaft des G ist im Alphabet der Trajanssäule 4 1/2 Einheiten hoch; man kann ihn aber auch kürzer halten. Beim C ist zu beachten, daß die untere Serife kleiner ist als die obere und schräg verläuft.

(P) Das P mißt an der breitesten Stelle des Bogens ungefähr 5 1/2 Einheiten. Der Bogen reicht unter die geometrische Mitte und bleibt unten offen. Damit die Strichdicke der Rundung optisch die gleiche Wertigkeit wie der Grundstrich erhält, muß sie im Bereich der mit x bezeichneten Stelle fetter als der Schaft gezeichnet werden. Das trifft auch für die Bogen von R und B zu.

(R) Der obere Teil des R mißt an seiner breitesten Stelle 5 1/2 Einheiten. Die mittlere Horizontale liegt unterhalb der geometrischen Mitte. Sie ist ein wenig magerer zu halten als die obere Horizontale. Der Abstand zwischen der Senkrechten und dem Ansatz des Abstriches beträgt ungefähr 1 3/4 Einheiten. Damit der Abstrich nicht kürzer als der Schaft wirkt, muß der Auslauf etwas unter die Linie geführt werden.

(B) Im oberen Teil des B entspricht die breiteste Ausdehnung 4 3/4, im unteren Teil etwas weniger als 6 Einheiten. Die Teilung erfolgt in der optischen Mitte. Die horizontalen Striche sind weniger als halb so dick wie der senkrechte Schaft. Die mittlere Horizontale ist magerer zu zeichnen als die obere, die untere muß dagegen ein wenig fetter gehalten werden.

(S) Das S ist im oberen Teil 4 3/4, im unteren Teil 5 1/2 Einheiten breit. Es wird aus zwei halbkreisförmigen Bewegungen gebildet, oben und unten bleiben die Rundungen jedoch relativ flach. In den besten Inschriften macht das S den Eindruck, als fiele es etwas vornüber.

(U) Das U ist ungefähr 8 Einheiten breit. Der Bogen muß aus optischen Gründen etwas unter die Linie geführt werden. An der mit x bezeichneten Stelle hat der Bogen seine stärkste Anschwellung.

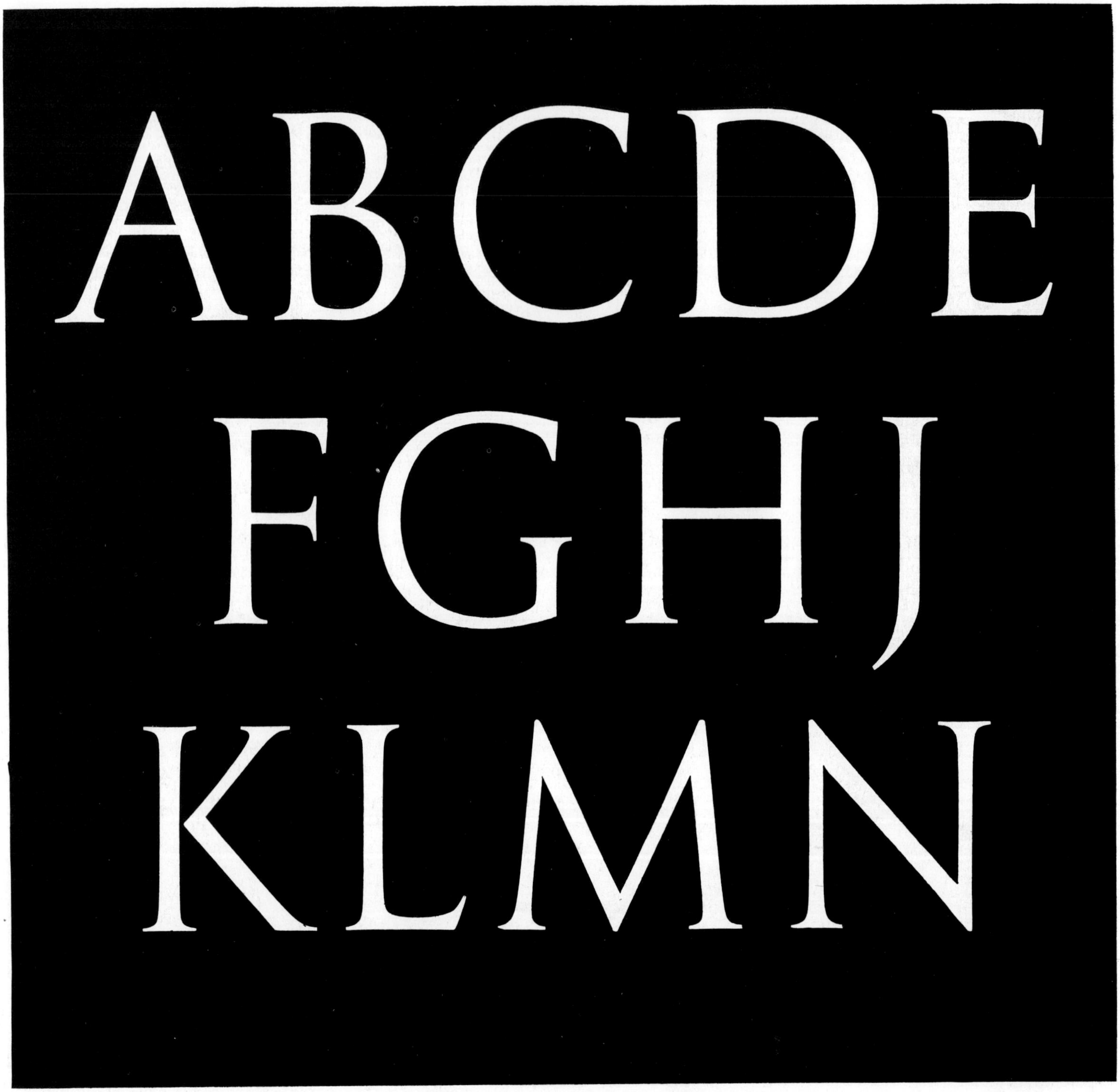

Bild 189. Gezeichnete römische Kapitalschrift.
Studie der Autorin

OPQRS

TUV

WXYZ

AMN I →|← 1:9

→|← 1:10

→|← 1:9

3.1.2. Die Rustika

Der Terminus für diesen Schriftcharakter wird hier beibehalten, obwohl er innerhalb der Fachliteratur umstritten ist.

Die Rustika stellt eine kalligraphische Modifikation der römischen Monumentalis dar. In ihr wurden Wahlaufrufe, offizielle Bekanntmachungen, Mitteilungen über historische Begebenheiten u. a. in schwarzer oder roter Farbe an Hauswände geschrieben. Es sind auch Ausführungen in Stein und Bronze erhalten geblieben. Häufig kommen in ein und derselben Inschrift Monumentalis und Rustika gemeinsam vor. Grundformen sind nicht mehr Quadrat und Kreis, sondern Rechteck und Oval. Die Rustika trat zunächst in breiteren, später in schmaleren Varianten auf. Der Flachpinsel ergibt eine Differenzierung der Striche, wobei die Vertikalen ziemlich dünn, die Horizontalen einschließlich der Serifen aber fett ausfallen. Die Richtung der Schattenachse ist zumeist schräg.

Als Buchschrift hat die Rustika ähnliche Formmerkmale. Dadurch, daß die Federkante fast senkrecht gehalten wird, entstehen sehr dünne senkrechte Schäfte und breite waagrechte Züge. Bis ins 6. Jahrhundert wurden in der Rustika ganze Bücher geschrieben, im 11. Jahrhundert verwendete man sie nur noch für Kapitelüberschriften. Geeignete Werkzeuge für die Übungen sind Rohrfeder, Stahlfeder, evtl. auch der Flachpinsel.

Bild 192. Pompejanische Wandinschrift (Foto von Albert Kapr)

Bild 193. Rustika, Handschrift aus dem 5. Jahrhundert. Aus: Chatelain, Paléographie des classiques latins (Ausschnitt)

JONAS KAPITOL HEBRON
MIDIAS BRASIL CAESAR
DAVID RUSTIKA URBAN
NASE ORNAT QUINTUS
LOTOS WACHTEL XAVER
YSOP ZASTER PHÖNIX

ICH HALTE DIEJENIGEN FÜR GLÜCK-
LICH, DENEN ES VON DEN GÖTTERN
VERGÖNNT WORDEN IST, ETWAS ZU
LEISTEN, WAS AUFGESCHRIEBEN ZU
WERDEN, ODER ETWAS ZU SCHREIBEN,
WAS GELESEN ZU WERDEN VERDIENT.

Bild 194. Federhaltung

Bild 195. Rustika, Studie der Autorin (Ausschnitt)

Bild 196. Rustika, Studie von Harald Brödel (Ausschnitt)

3.1.3. Die Quadrata

In der älteren Schriftforschung gilt die Quadrata als zweite Buchschrift der Antike. Deshalb soll sie auch hier erwähnt sein. Muzika bezeichnet sie jedoch auf Grund neuer Untersuchungsergebnisse als „späte zeichnerische Paraphrase der römischen Monumentalschrift". Die erhaltenen Pergamentfragmente werden auf das 4. bis 5. Jahrhundert datiert. Bis ins 11. Jahrhundert ist sie noch für Kapitelüberschriften in Gebrauch.

Die Quadrata soll hier nicht gezeichnet, sondern geschrieben werden. Das Erlernen dürfte keine Schwierigkeiten bereiten, da ihr Formprinzip mit dem im Abschnitt 2.2.3. gelehrten Alphabet im wesentlichen identisch ist. Die Federhaltung muß aber etwas flacher sein.

3.1.4. Die ältere und die jüngere römische Kursiv

Epigraphische Schriften und Buchschriften bezeichnet man als formale Schriften. Fast eine jede formale Schrift wird von mehr oder weniger handschriftlichen Modifikationen begleitet. Für die Entwicklung der Schrift sind diese von großer Bedeutung. In die Kategorie handschriftlicher Abwandlungen gehören auch viele Kursivschriften. Sie entstanden aus der Notwendigkeit, schneller zu schreiben. Ihre Merkmale bildeten sich durch die gesteigerte Schreibgeschwindigkeit heraus: starke Abschleifung der Grundformen, Verbindung der Buchstaben miteinander, Ligaturen. Mitunter ist eine Verengung des Buchstabenbildes und sehr oft auch eine leichte Schräglage festzustellen. Da die Angleichung der Buchstaben aneinander einer guten Lesbarkeit abträglich war, sollten Ober- und Unterlängen bzw. aus der Mittelzone nach oben und unten ragende Züge das Wortbild differenzieren.

In der Antike war die ältere römische Kursiv die Handschrift für den täglichen Gebrauch. Die durch das schnellere Schreiben vereinfachten Buchstaben der Kapitalis wurden entweder mit dem Stilus in Wachstafeln geritzt oder mit dem Calamus auf Papyrus, später auch auf Pergament geschrieben. Bis zum 4. Jahrhundert u. Z. hatte sich die römische Kursiv zu einem Minuskelalphabet mit Mittel-, Ober- und Unterlängen ausgebildet. Diese Entwicklungsstufe wird als jüngere römische Kursiv bezeichnet. In vielen Variationen und national bedingten Abwandlungen existiert sie bis in die späte Karolingerzeit.

Bild 197. Quadrata (historisch). Aus: Arndt/Tangl, Schrifttafeln zur Erlernung der lateinischen Paläographie, Berlin, 1904

Bild 198. Ältere römische Kursiv (historisch). Aus: Brückner/Marichal, Chartae latinae Antiquiores, Olten und Lausanne 1963

Bild 199. Jüngere römische Kursiv (historisch). Aus: Brückner/Marichal, Chartae latinae Antiquiores, Olten und Lausanne 1963

Bild 200. Federhaltung

Bild 201. Quadrata. Studie der Autorin

Bild 197

Bild 198

Bild 199

Bild 200

Bild 201

ABCDEF
NOPQRST
GHIJKLM
UVWXYZ

UNCIAL
ABCDE
FGCHIJ
KLMN
OPQR
STTUV
· VXYZ ·

Bild 202. Unziale. Aus: Erik Lindegren, Våra bokstäver. Göteborg 1959/60

3.1.5. Die römische Unziale und die Halbunziale

Die Unziale stellt eine Weiterentwicklung und Veredlung der älteren römischen Kursiv zur Buchschrift dar. Sie enthält Elemente der Kursiv und der klassischen Kapitalis. Bei manchen Handschriften ist auch die griechische Unziale als Vorbild denkbar, zumal das a und das runde m unmittelbar aus der griechischen Unziale stammen. Bei Buchstaben wie D, F, H, L, P, R ragen die Schäfte zumeist in den Bereich der Ober- bzw. Unterlängen. Die Vorliebe für Rundungen in der Schrift anstelle von geraden Zügen ist wohl auf den Einfluß der byzantinischen Kultur bzw. der byzantinischen Bauweise zurückzuführen. An der Durchbildung der Formen hatten das Pergament, das den Papyrus und die Kielfeder, die den Calamus ablösten, großen Anteil. Fast allen Unzialehandschriften ist ein relativ starker Fett-Fein-Kontrast eigen. Zuerst wurde die Unziale mit schräger Federhaltung und schräger Schattenachse geschrieben. Im 6. Jahrhundert erzielte man mit flacherer Federhaltung oder anderem Federzuschnitt eine fast vertikale Schattenachse. Die Schäfte begannen anfangs stumpf; später erhielten sie schräge und schließlich waagrechte Ansätze und Abschlüsse. Zu Beginn des Frühmittelalters schrieb man Kapitelüberschriften und Anfangsbuchstaben von Zeilen oder Absätzen mit zusammengesetzten Formen, d. h., man schrieb nur die Konturen und füllte diese dann mit Farbe aus.

Neben der Unziale war bis ins 9. Jahrhundert die Halbunziale in Gebrauch, eine Buchschrift, die sich ebenfalls aus Elementen der Kapitalis sowie der älteren und der jüngeren römischen Kursiv entwickelt hat, wobei aus letzterer eine ganze Anzahl von Figuren übernommen wurden. Auch auf die Ausbildung der Ober- und Unterlängen hatte die jüngere Kursiv großen Einfluß. Typisch für die Formung der Oberlängen bei der Halbunziale sind die zumeist keulenartigen Schäfte. Der Unziale ähnlich sind vor allem der relativ starke Fett-Fein-Kontrast und die Betonung der Rundungen, deren Schattenachse jedoch immer zur Diagonalen tendiert.

Auf den Formelementen vorwiegend der jüngeren römischen Kursiv basieren auch die Kurialschrift und die altitalischen Buchschriften. Bei den kontinentalen Nationalschriften, wie der westgotischen und der merowingischen, sind außerdem Einflüsse der Halbunziale festzustellen, während es sich bei der irisch-angelsächsischen Form wohl ausschließlich um eine Abwandlung der Halbunziale handelt. Diese Schriften hatten jedoch entweder die Flüchtigkeitsmerkmale oder die Dekorativität so stark ausgeprägt, daß sie nicht mehr entwicklungsfähig waren.

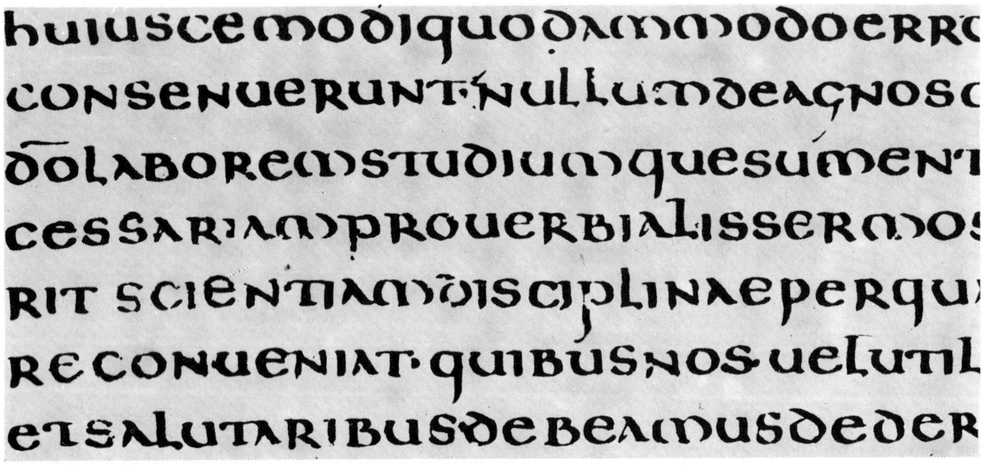

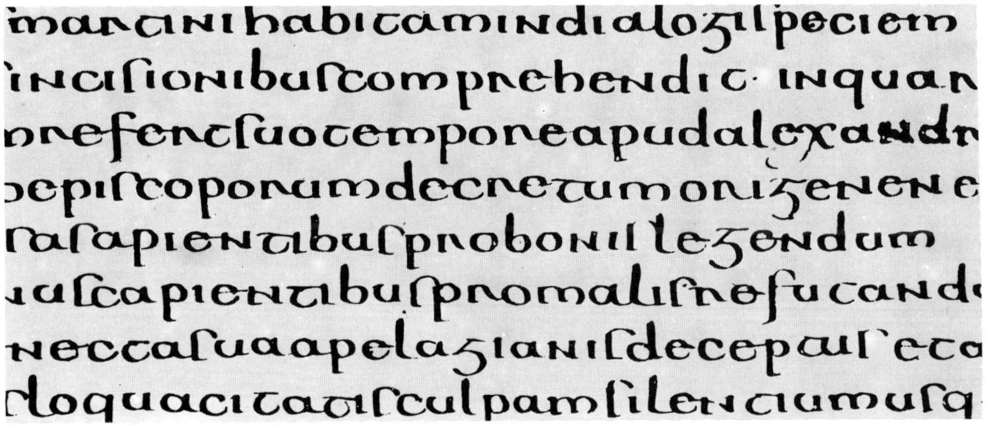

Bild 203. Unziale (historisch)

Bild 204. Halbunziale (historisch)

Bild 203

Bild 204

Auf Seite 87:

Bild 205. Unziale. Studie von Harro Schneider (Ausschnitt)

Bild 206. Unziale. Studie von Albert Kapr

Bild 207. Halbunziale. Studie der Autorin (Ausschnitt)

Bild 208. Halbunziale. Studie von Harro Schneider (Ausschnitt)

Bild 209. Bewegungsablauf

Bild 210. Unziale. Abwandlung. Studie der Autorin

Bild 211. Unziale. Abwandlung. Studie der Autorin

Bild 212. Halbunziale. Studie der Autorin

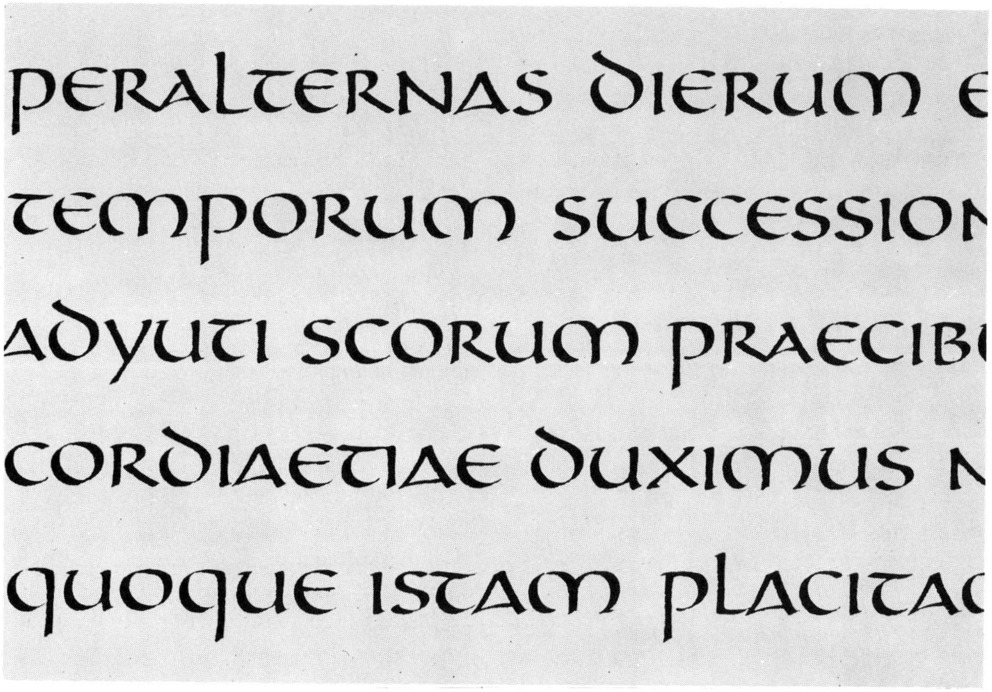

PERALTERNAS DIERUM E

TEMPORUM SUCCESSION

ADYUTI SCORUM PRAECIBV

CORDIAETIAE DUXIMUS N

QUOQUE ISTAM PLACITAC

AbcDEFGhiklmNOPQRts

einstige stürme verstreut
lasst uns alles lebendige
korn zusammentragen. ich

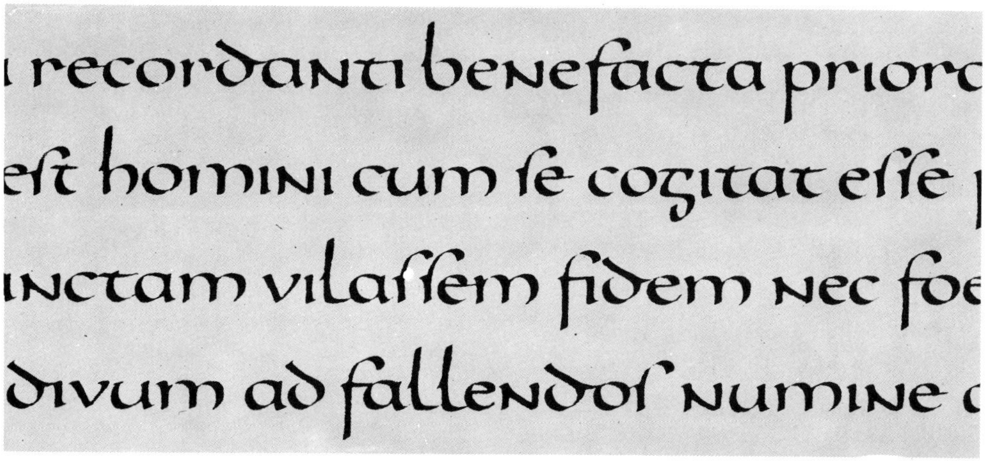

recordanti benefacta priorc

est homini cum se cogitat esse

inctam vilassem fidem nec foe

divum ad fallendos numine c

OMEB

Bild 209

ABC
DEFG
HIJK
LMNO
PQS

Bild 210

ABCDEF
GHKL
MNOPTQ
RSU

Bild 211
Bild 212

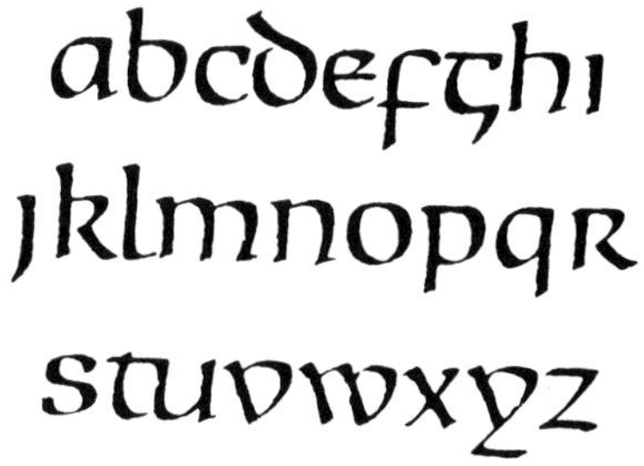

abcdefghi
jklmnopqr
stuvwxyz

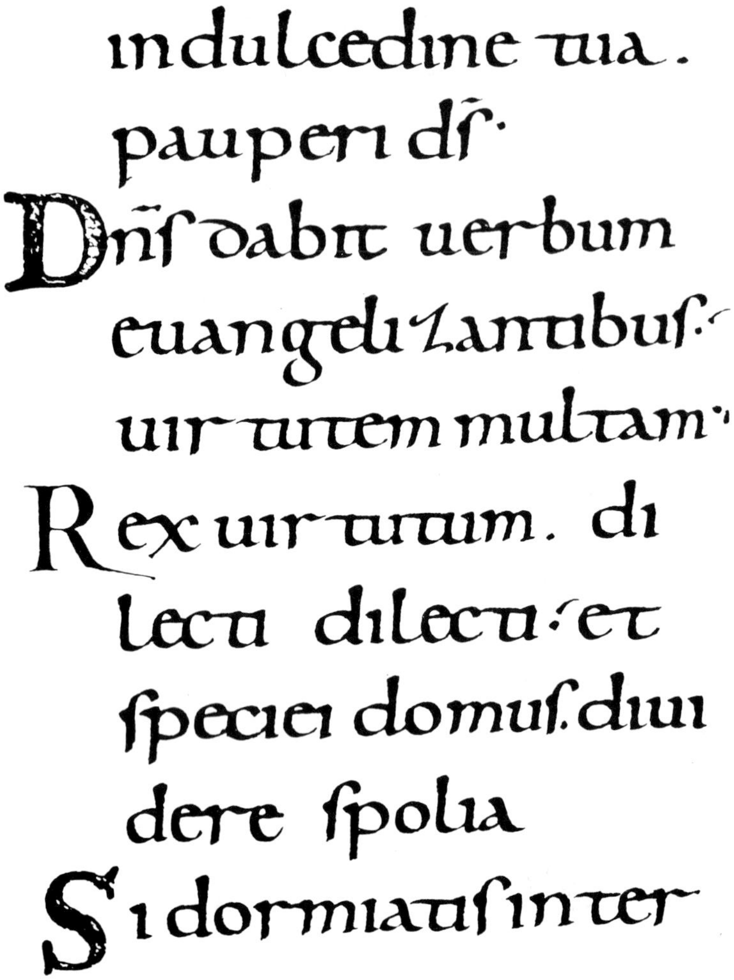

indulcedine tua .

pauperi dſ·

Dnſ dabit uerbum

euangelizantibuſ·

uir tutem multam·

Rex uir tutum. di

lecti dilecti· et

speciei domuſ. diui

dere ſpolia

Si dormiatiſ inter

Bild 213

Bild 214

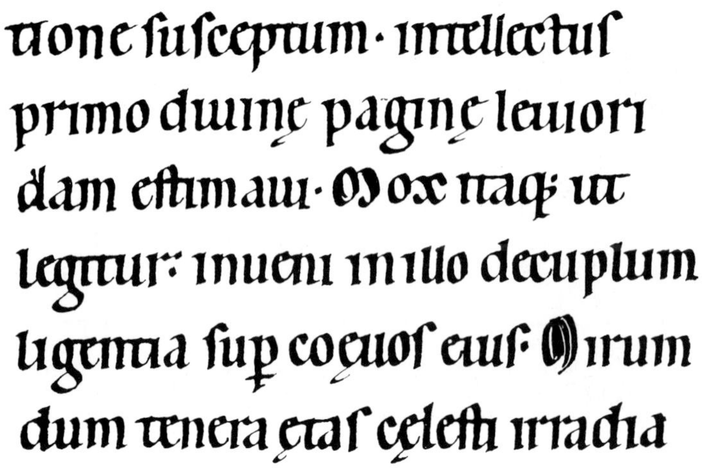

tione ſuſceptum· intellectuſ

primo diuine pagine leuiori

dam eſtimaui· Ꝋ ox itaꝗ ut

legitur· inueni in illo decuplum

ligentia ſup coeuoſ euſ· Ꝋirum

dum tenera etaſ celeſti irradia

88

Mit der karolingischen Minuskel ist die Entwicklung von der Majuskel- zur Minuskelschrift nahezu abgeschlossen. Sie bildete sich unter Anlehnung an die Halbunziale und die entwicklungsfähigsten Elemente der zeitgenössischen Kursiv- und Buchschriften in verschiedenen fränkischen Schreiberschulen aus und wurde um 800 unter Karl dem Großen endgültig eingeführt. Aber auch außerhalb seines Reiches zeigte die Schriftentwicklung ähnliche Tendenzen. Die Schriftreform diente Bestrebungen mit dem Ziel, die christliche Lehre in Europa zu verbreiten und zu stabilisieren und das gesamte Bildungsniveau zu erhöhen. Sie war undenkbar ohne das Studium der antiken Kultur (Muzika). Trotz seiner Vorteile konnte das neue Alphabet die komplizierten westeuropäischen Nationalschriften nur allmählich verdrängen.

Die karolingische Minuskel zeichnet sich durch klare Formen aus. Die gut ausgebildeten Ober- und Unterlängen, die Ansätze und Endstriche der Schäfte und nicht zuletzt der günstige Fett-Fein-Kontrast der Striche ermöglichten fließendes Schreiben und gute Lesbarkeit. Ihre Hochform blieb für Jahrhunderte konstant: breite Mittelgrößen mit flachen Arkaden bzw. fast kreisförmigen Rundungen, schräge Schattenachse, lange, durch keulenartige Verdickungen betonte Oberlängen, mitunter eine leichte Schräglage. So ist sie uns in einer großen Anzahl von Abschriften antiker Literatur erhalten. Im 9. und 10. Jahrhundert erfuhren einige graphische Details noch eine gewisse Verfeinerung, z. B. erhielten die Oberlängen serifenartige Ansätze, der Schaft des a wurde aufgerichtet. Ende des 10. und besonders im 11. Jahrhundert existierte noch eine schmale Abart der Minuskel.

Als Auszeichnungsschrift dienten die Unziale, die Rustika und die Kapitalis. Schreibwerkzeug war der Kiel.

Bild 213. Karolingische Minuskel (historisch).
Aus: Anton Chroust, Monumenta Palaeographica,
Leipzig 1915

Bild 214. Karolingische Minuskel des 12. Jahrhunderts (historisch). Aus: Anton Chroust, Monumenta Palaeographica, Leipzig 1915

abcdefghij
klmnopqr
sstuvwxyz

uns hat eine ros' ergetzet im garten mittenan. die hat
sehr schön geblühet. haben sie im märz gesetzet und
nicht umsonst gemühet, wohl denen die ein' garten han

Bild 216
Bild 217

Bild 215. Karolingische Minuskel. Geschrieben von
der Autorin

Bild 216. Karolingische Minuskel. Geschrieben von
der Autorin

Bild 217. Späte karolingische Minuskel. Geschrieben
von der Autorin

abcdefghijk
lmnopqrsf
tuvwxyz
incrateremeo

3.2. Schriften der Gotik und ihre Modifikationen in der deutschen Renaissance

3.2.1. Die frühgotische Buchschrift und die Textur

Im 12. Jahrhundert wurde die Mittelzone der karolingischen Minuskel unter dem Stileinfluß der Gotik höher und enger, die Bögen, Ansätze und Endstriche der Schäfte zeigen Tendenzen zu einer Brechung. Wir sprechen nun von der frühgotischen Buchschrift. Aus ihr entwickelte sich durch konsequente Brechung der Rundungen die Textur. Ihre Formmerkmale bildeten sich bereits Ende des 12. Jahrhunderts in den nordfranzösischen Klöstern heraus. Sehr bald wurde sie auch in den übrigen westeuropäischen Klöstern geschrieben. Im deutschen Sprachraum erhielt sie vor allem als Missalschrift Bedeutung.

Die Buchstaben der Textur zeigen ein enges Schriftbild. Werkzeug war eine sehr breit zugeschnittene Feder. Damit entstand ein starker Fett-Fein-Kontrast. Die Senkrechten wurden mit rautenförmigen Ansätzen und Endungen aneinandergebunden. Der Binnenraum der Buchstaben ist bei den Spätformen häufig etwas schmaler als die Balkendicke. Zeilen- und Wortabstände sind äußerst gering gehalten. Das a ist zweiteilig, als d wird eine gebrochene Unzialform verwendet. Das f und das lange s reichen nur bis an die Fußlinie der Mittelhöhen. Das dichte Schriftbild, die geringe Höhe der Ober- und Unterlängen und die Vielzahl der Ligaturen erschweren die Lesbarkeit sehr.

Nach Art der Schaftendungen unterscheidet man folgende Varianten:

1. Textur mit gerundeten Endungen (14. Jahrhundert),
2. Textur mit gebrochenen Endungen (14. Jahrhundert),
3. Textur mit geraden Endungen (14. bis 15. Jahrhundert).
4. Textur mit rautenförmigen Endungen. Sie ist eine Spätform, die im 15. Jahrhundert zum Vorbild der Bibeltype Gutenbergs wurde.

Die dritte Art kommt vor allem in französischen Handschriften vor. Schreibtechnisch sind die horizontalen Abschlüsse durch eine geschickte Federdrehung im unteren Bereich des Schaftes zu erreichen. Da das Prinzip der Brechung nur für die Schulterverbindungen gilt, in der Fußlinie jedoch nicht wiederholt wird, wirkt diese Abwandlung graphisch sehr reizvoll.

Im Charakter der vierten Variante wurden auch Inschriften in Stein, Bronze oder Holz ausgeführt, wobei man die Schrift zumeist nicht vertieft gebracht, sondern erhaben herausgearbeitet hat. Das Malen war ebenfalls eine beliebte Ausführungstechnik für Inschriften. Sehr zahlreich sind auch die zu Druckzwecken in Holz geschnittenen Beispiele der Textur. Die Schnittechnik bewirkte, daß die Ansätze und Endungen immer schärfer wurden und schließlich dornenartige Spitzen erhielten. Auch diese Abart erschien bei den Drucktypen wieder.

Als Auszeichnungsschrift gebrauchte man Formen der Kapitalis und der Unziale sowie eine dem gotischen Schreibduktus angeglichene Rustika. Aus gotisierten Elementen dieser Schriften und der Hinzunahme von Elementen aus den Minuskeln entwickelte sich die Textur später ein eigenständiges, sehr ornamentales Versalalphabet. Häufig fanden auch die sogenannten „Lombardischen Versalien" Verwendung. Sie wurden mit dem Pinsel gezeichnet und bilden einen reizvollen Gegensatz zu den schmalen Gemeinen.

3.2.2. Die Rotunda

In Italien und Spanien konnte sich die Textur nicht lange behaupten. Sie verschmolz Ende des 14. Jahrhunderts mit der lateinischen Formtradition zur Rotunda. Diese hat ähnlich wie die Textur fette vertikale Striche und kurze Ober- und Unterlängen. Sie wirkt jedoch breiter und runder und hat trotz der vielen Ligaturen und der häufigen Zusammenziehung von Buchstaben ein helleres und leserlicheres Gesamtbild als diese. Später entwickelten sich unter dem Einfluß der humanistischen Minuskel Zwischenformen.

Im Charakter der Rotunda und der späteren Zwischenformen (Gotico-Antiqua) wurden viele Druckschriften geschaffen, die sich wegen ihrer guten typographischen Verwendbarkeit auch außerhalb Italiens großer Beliebtheit erfreuten. Heute existiert in dieser Art lediglich die Wallau von Koch.

Bild 218. Mittelalterliche Initiale. Aus „Graphik" mit freundlicher Genehmigung des Verlages Karl Thiemig KG, München

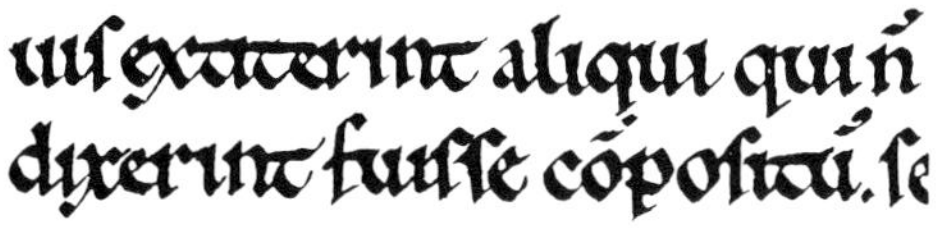

ul exterure aliqui qui n̄
dixerint fuisse cōpositū. se

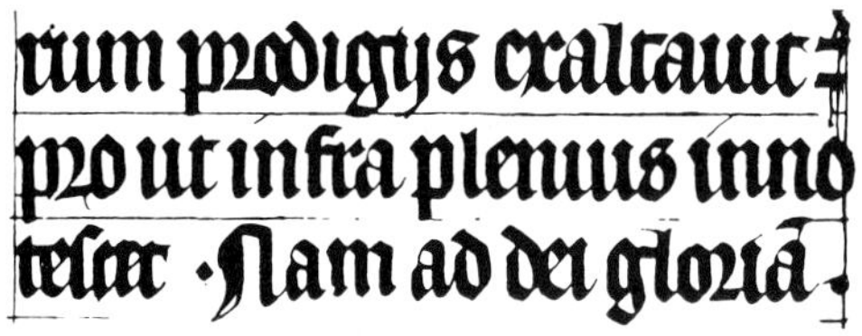

Bild 219

agmūbʒ exprobrantē. ſper
mus ꝓcedentē adolescentuli

Bild 220

rum prodigijs exaltauit
pro ut infra plenius inno
tescet · ſlam ad dei gloria

Bild 221

quoniam intrauerū
queꝫ uſqꝫ ad anima

Bild 222

sitatibʒ: ſuꝑ quibul
aniqꝫ: unibʒ: gratu
canunitatibʒ: q̄ ſiuetu
dinibʒ: ſeu reb: altis
eciam.ꝓprio motu ſe
ll altas ꝙ nobis vel
resolent de memorie
diuis voluntaior in
tetatoribʒ: ꝓdeceſſori
bʒ: nuis ſub quibʒ: cū
q: ulo: num tenonibʒ:
excella ꝫ ꝫcesse ſen a
nobis vel ſucceſſori
bʒ: nuis voluntaii imꝑ

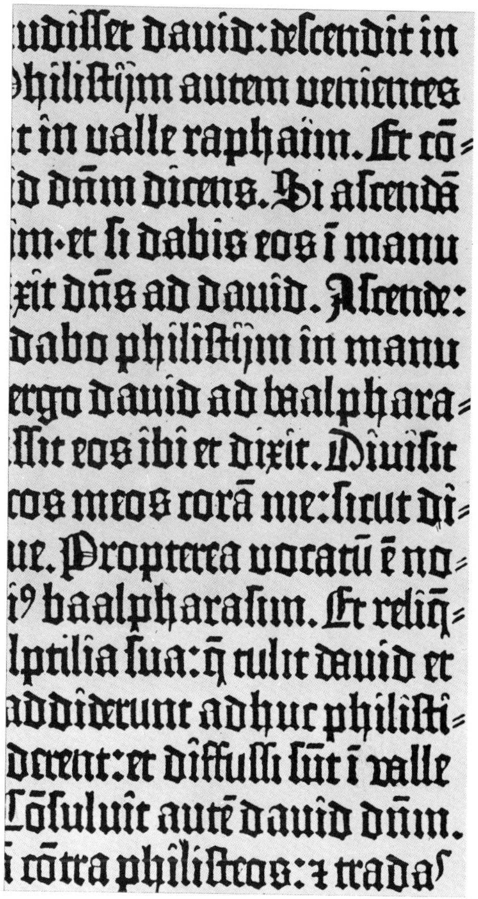

Bild 223

udisset dauid: descendit in
philistijm autem venientes
t in valle raphaim. Et cō
ud dūm dicens. Si ascendā
im·et ſi dabis eos ī manu
xit dūs ad dauid. Aſcende:
dabo philistijm in manu
ergo dauid ad baalꝑara
ſit eos ibi et dixit.Diuiſit
eos meos corā me: ſicut di
ue.Propterea vocatū ē no
iꝰ baalꝑaraſim. Et reliꝙ
lptilia ſua:ꝗ tulit dauid et
addiderunt adhuc philiſti
deerent:et diffuſſi ſūt ī valle
Cōſuluit autē dauid dūm.
i cōtra philiſteos: ꝫ tradaſ

Bild 224

Bild 225

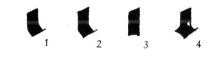

Bild 226

egiſter Des
buchs der Cro
niken vnd geſchichten
mit figuren vnd pildniſ
ſen von anbegin der welt
bis auf diſe vnſere zeit

Bild 227

Bild 228

ſtrauit ſe in tram ꝓtinus
ꝫtum potat clamans. Do
im ut ſim dignus, ꝙ ſub i
untres: Meruit hoc ꝑecōr
nō ſum dignus. Numqꝺ
n ꝙ oīs patres mei: Tu
i uno ictu oculi te mōſtrā
huihas ut patiaris ad hoi
publicanū ꝫ ꝑecōre. mon
handucare uis.ſiꝫ te iꝑm
ullo uibes. Cumqꝫ ꝓꝫ ul
os erigens ſe uir glōſus i
nm cunctis tenentibus.ma
ꝫ ſuſpirijs. et ꝙ plies pau
uum dicit. Tu es deus

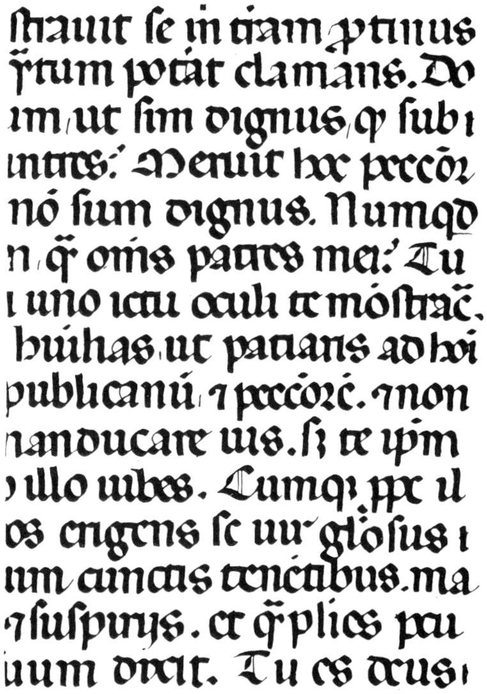

abcdefghijklmnopqrstuvwxyz

Bild 229

Adam bertil cæsar david elbe faust
medok niklas ornat jonas tagor
pech quintus sebald thüringen vogesen
urban wodka xerxes ysop za Hamburg

Bild 230

A B K D I S L T N O X E

Bild 231

Das Schwere ist der Kampf, aber der Kampf ist das Vergnügen. Romain Rolland

Bild 232

Rose, o reiner Widerspruch, Lust, niemandes
Schlaf zu sein unter soviel Lidern.

Bild 233

Bild 234

abcdefghijklmnopqrsstußvwxyz

Bild 235
Bild 236

93

Bild 237

Zum Beſten
der geſamten
Menſchheit
kann niemand
beitragen
der nicht
aus ſich ſelbſt
macht,
was aus ihm
werden kann
und ſoll.

Bild 238

Bild 239

ABCDEFGHIKLMNOPQR
STUVWXYZ 1234567890
abcdefghijklmnopqrsſtuvwxyz

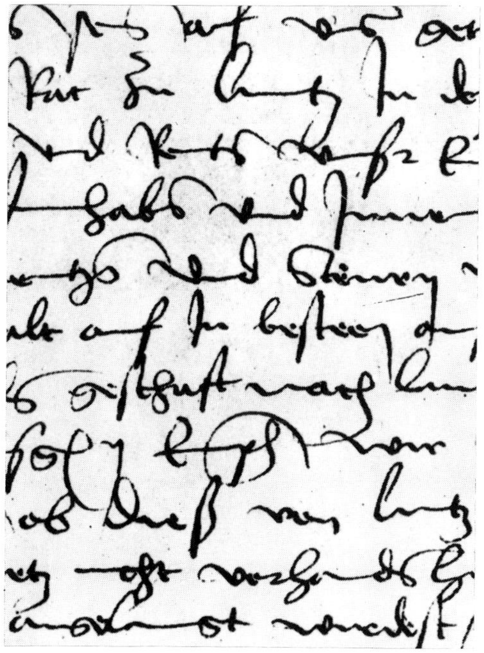

Bild 240. Spätmittelalterliche Kursiv (1469). Aus:
Chroust, Monumenta Palaeographica, München 1915

Bild 241. Französische Bastarda, 15. Jahrhundert.
Aus: Crous/Kirchner, Die gotischen Schriftarten,
Leipzig 1928

Bild 242. Schreibformen des sogenannten Elefanten-
rüssels. Studie der Autorin

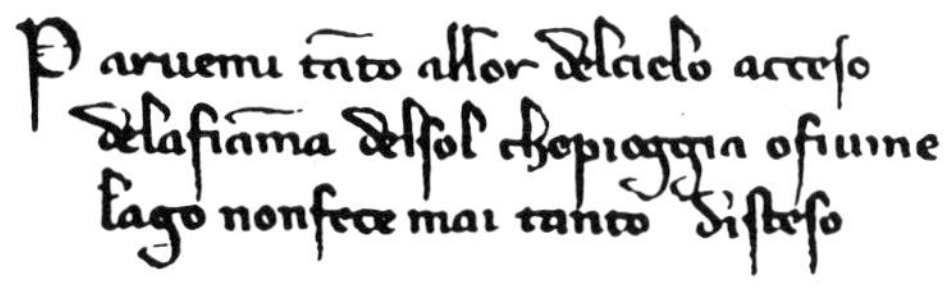

Bild 243. Italienische Bastarda (historisch). Aus:
Crous/Kirchner, Die gotischen Schriftarten, Leipzig
1928

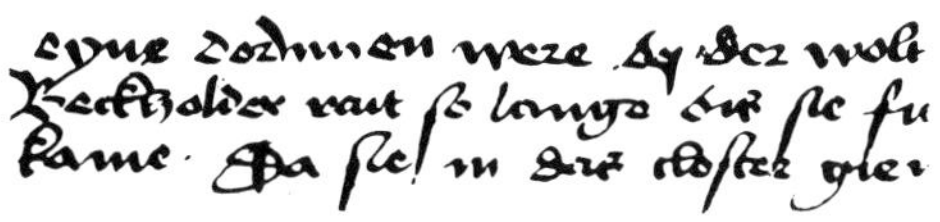

Bild 244. Fränkische Bastarda (historisch). Aus
Crous/Kirchner, Die gotischen Schriftarten, Leipzig
1928

Bild 245. Übungsanleitung

Die gotische Kursiv und ihre formalen Modifikationen   3.2.3.

Die gotische Kursiv

Wegen ihrer schweren Lesbarkeit und schreibtechnischen Kompliziertheit blieb die Textur vorwiegend liturgischen Zwecken vorbehalten. Die Gebrauchsschrift dieser Epoche war die gotische Kursiv, die sich über verschiedene Zwischenformen aus der karolingischen Minuskel entwickelt hatte. Kennzeichnend ist ein hoher Verbundenheitsgrad der Züge. Das Bemühen um schnelles, flüssiges Schreiben gab den Rundungen ein anderes, nicht so konsequentes Prinzip der Brechung wie bei der Textur. Die Mittelhöhen wurden niedrig gehalten. Ober- und Unterlängen dagegen sind stark ausgeprägt. Die Oberlängen erhielten Bögen oder Schleifen. Man schrieb mit relativ breit zugeschnittenen Kielfedern. Wie bei allen Handschriften war die Formbildung stark von der Individualität der Schreiber bestimmt.

Die Bastarda

Als Bastarden wurden im 15. Jahrhundert eine Gruppe von Schriften bezeichnet, die formal weder eine reine Kursiv noch eine reine Buchhandschrift darstellten (nach Muzika). Von Frankreich, dem Ursprungsland, und den Schreibstuben der königlich böhmischen Kanzlei aus drangen sie in den ganzen deutschen Sprachraum und darüber hinaus bis nach England, Polen und den Niederlanden vor. Dabei erfuhren sie viele individuell und landschaftlich bedingte Abwandlungen. Sie waren die Schriften der Volkssprachen und der nationalen Literatur. Nach dem Vorbild von handschriftlichen Buchbastarden wurden deshalb sehr bald und in großer Anzahl Drucktypen geschaffen. Dazu verwendete man häufig Versalien aus der Textur, es entwickelten sich aber auch eigenständige Versalalphabete. An dieser Stelle können nur die wichtigsten nationalen Abwandlungen aufgezählt werden.

Die französische Bastarda hat ein sehr dekoratives, elegantes Schriftbild. Von großer Schönheit sind die Stundenbücher aus der flämischen Schule der Buchmalerei und -kalligraphie. Die bekannte Civilité, eine Drucktype des 16. Jahrhunderts, hat ebenfalls ihren Ursprung in der fanzösischen Bastarda (Bild 241).

Die formale Besonderheit der böhmischen Bastarda ist der sogenannte Elefantenrüssel (Bild 242). Weiterhin ist bemerkenswert, daß in Büchern die Buchstaben getrennt geschrieben sind. Muzika unterscheidet innerhalb der böhmischen Bastarda drei verschiedene Schreibweisen: Rundbastarda (14. bis 15. Jahrhundert), gebrochene Bastarda (15. bis 16. Jahrhundert), dornenspitzige Bastarda (15. bis 16. Jahrhundert). Die böhmische Bastarda war für die Entwicklung der Fraktur von großer Bedeutung.

Schöne Beispiele der italienischen Bastarda sind in den Schriftmusterbüchern von Tagliente und Palatino zu finden. Die italienische Modifikation hatte auf die spanische und von dort aus auch auf die niederländische Bastarda einen gewissen Einfluß. Von den deutschen Bastarden sind die oberrheinische und die fränkische besonders erwähnenswert. Die oberrheinische zeigt formale Verwandtschaft mit der französischen Bastarda, die fränkische hat ein reif ausgebildetes, kräftiges Bild und stellt den Prototyp der deutschen Schriften dieser Art dar (Bild 244).

Den der Bastarda eigenen fließenden Rhythmus erreicht man am besten, indem man erst die m-n-u-Gruppe übt und dann einen Buchstaben nach dem andern in sie einbezieht (Bild 245). Bevor man die Grundschrift abwandelt, sollte man historische Vorlagen genau studieren. Das Kopieren kann dabei sehr nützlich sein. Wichtig ist, daß man sich aus dem historischen Material ein umfangreiches Repertoire an Formen und Möglichkeiten erarbeitet.

Bild 246. Bastarda. Studie der Autorin
Bild 247. Versalten zur Bastarda. Studie der Autorin
Bild 248. Französische Bastarda. Studie der Autorin
Bild 249. Bastarda. Studie der Autorin

Bild 250. Bastarda. Studie von Albert Kapr
Bild 251. Bastarda. Studie von Albert Kapr
Bild 252. Bastarda. Studie von Albert Kapr
Bild 253. Bastarda. Studie der Autorin

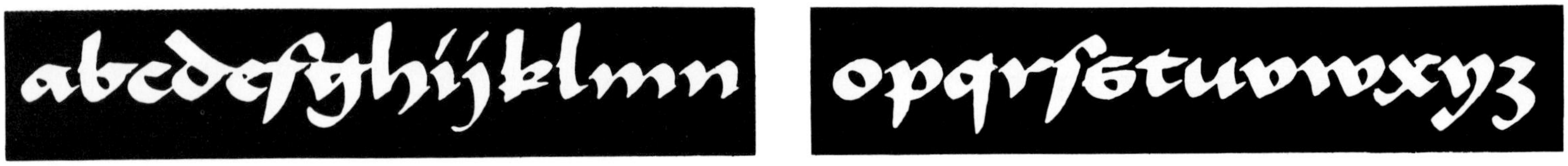

Bild 246

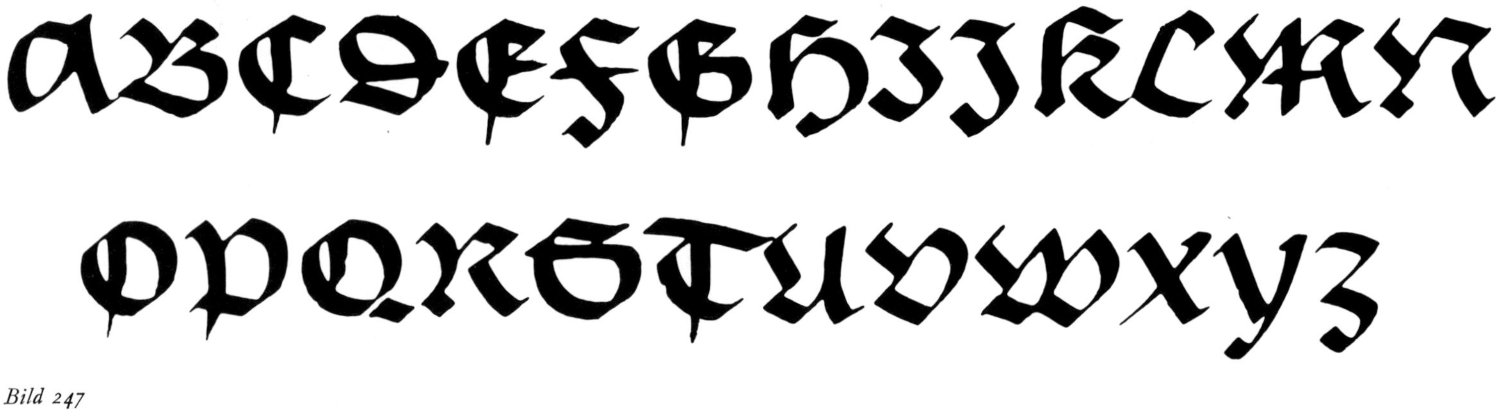

Bild 247

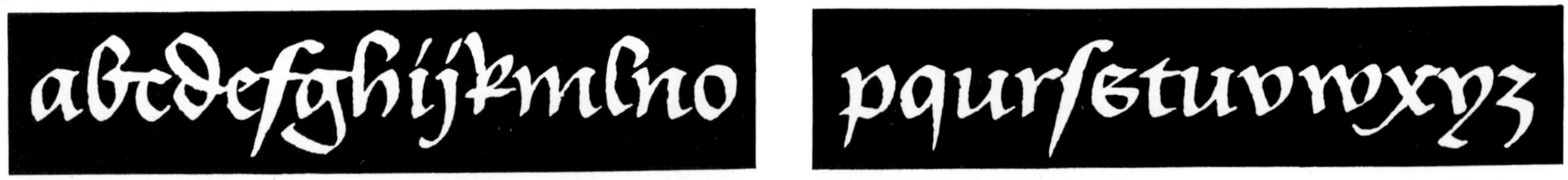

Bild 248

Bild 249

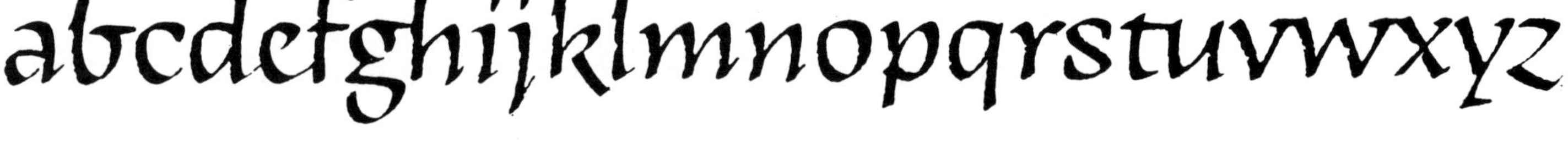

96

körper und stimme verleiht die Schrift

dem stummen Gedanken

durch der Jahrhunderte Strom trägt ihn

das redende Blatt

Bild 250

Bild 251

und die echte Sehnsucht muß stets produktiv sein, ein neues besseres erschaffen.

Bild 252

Bild 253

meine tinte ist gefroren und ausgeloschen der kamin

Sehr früh wurden die deutschen Bastarden für den Buchdruck in Holz geschnitten (Blockbücher), von der Mitte des 15. Jahrhunderts ab erschienen sie auch als Satzschriften. Die Schwabacher war die Schrift der Bauernbewegung und der Reformation.

Die Schwabacher ging aus der fränkischen Bastarda hervor; die Herkunft vom Holzschnitt ist ihr noch deutlich anzumerken. Kraftvolle Züge und der Wechsel von runden und geraden Formen lassen sie besonders reizvoll wirken. Das Schriftbild ist klar und gut lesbar. Dazu tragen auch die gut ausgeprägten Ober- und Unterlängen und die Reduzierung der Ligaturen bei. Sehr originell ist das Versalalphabet.

Zum Schreiben ist eine breit zugeschnittene Rohr- oder Kielfeder am besten geeignet. Formal orientieren wir uns zwar an der Druckschrift, doch ergeben sich durch den Federzug im Detail andere Lösungen.

Der Schwabacher verwandt, aber längst nicht so ausdrucksstark wie sie, sind die aus der Oberrheinischen Bastarda entstandene Oberrheinische Type und die Wittenberger Type.

Die Fraktur

Sie ist ein Ergebnis des wechselseitigen Einflusses von Buchtextur, Bastarda und Schwabacher und zeichnet sich durch eine sehr dekorative Gestaltung aus. An ihrer Formbildung hatten die Schreiber der böhmischen Kanzleien besonderen Anteil. Das Schriftbild der Minuskeln ist enger, es wirkt

in der Zeichnung schärfer und differenzierter als das der Schwabacher. Typisch sind die gegabelten Oberlängen. Das Versalalphabet hat die Großbuchstaben der Schwabacher zum Vorbild, jedoch sind diese bereichert (Elefantenrüssel) und verfeinert.

Die großen Schreibmeister der Fraktur waren Leonhard Wagner (1454 bis 1522) und Johann Neudörffer (1497 bis 1563).

Als Schrift für Buchtitel wurde sie vielfach in Holz geschnitten.

Von den zur Zeit der Renaissance existierenden Fraktur-Satzschriften, die zunächst hauptsächlich als Auszeichnungsschriften und später in großem Maße als Textschriften Verwendung fanden, können hier nur die wichtigsten genannt werden: Die

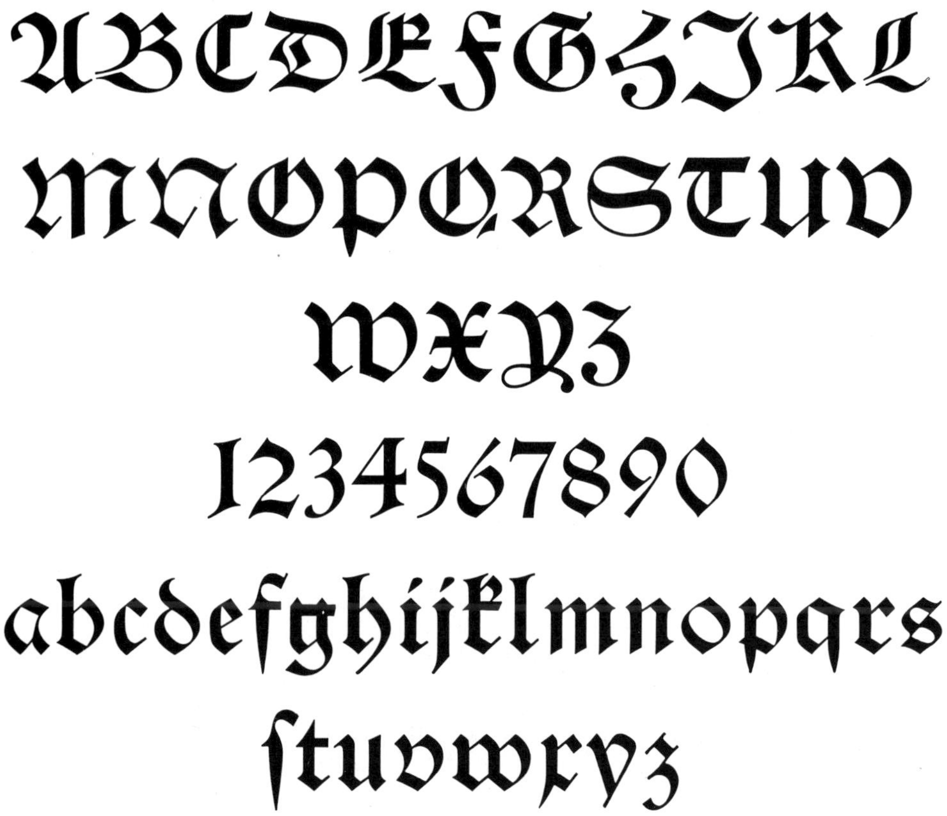

ABCDEFGHIJKL MNOPQRSTUV WXYZ 1234567890 abcdefghijklmnopqrs stuvwxyz

Bild 254. Alte Schwabacher (36 Punkt). Genzsch & Heyse, Hamburg. Satz: VEB Offizin Andersen Nexö, Leipzig

Bild 255. Abwandlung der Civilité von Hermann
Zapf. Aus: „Feder und Stichel". (Verkleinerung)

Bild 256. Schwabacher, Bewegungsablauf

Bild 257. Schwabacher, Studie der Autorin

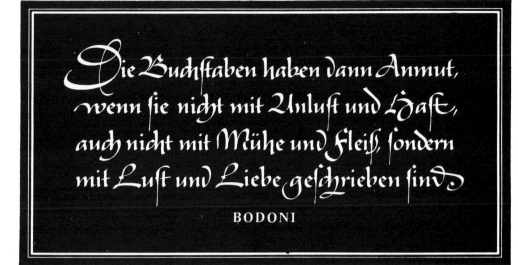

Die Buchstaben haben dann Anmut,
wenn sie nicht mit Unlust und Hast,
auch nicht mit Mühe und Fleiß, sondern
mit Lust und Liebe geschrieben sind.

BODONI

Bild 255

Bild 256

Bild 257

99

Scte̅ Mihael archange
fende me in p̄lio:vt non

Bild 258

Clariss̄. Pictoris et G
Alberti Dureri/ de va

Bild 259

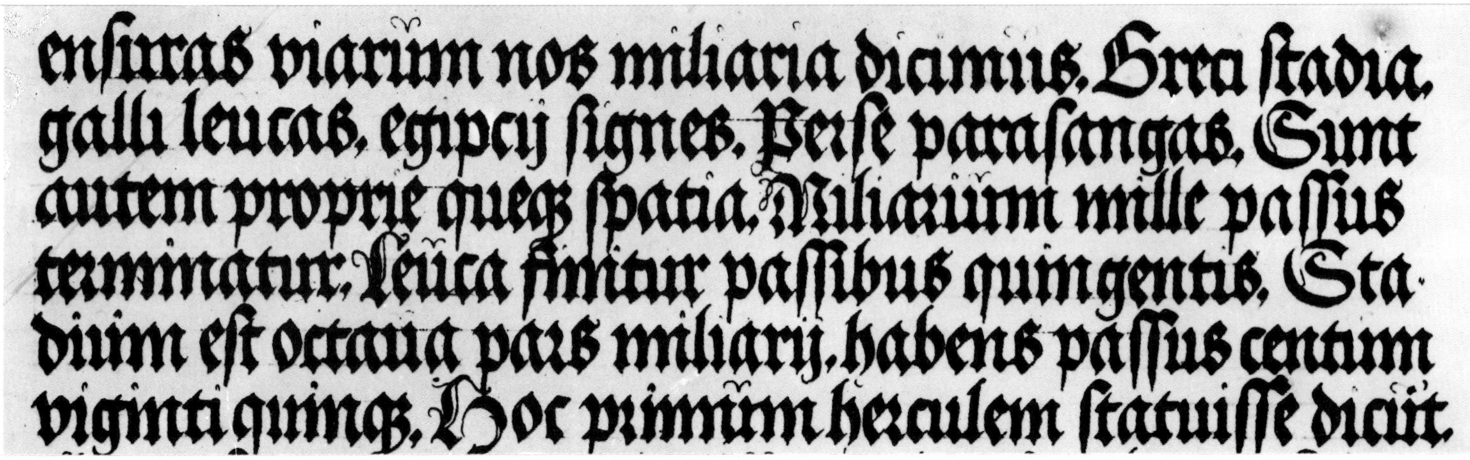

ensitras viarum nos miliaria dicimus. Grea stadia.
galli leucas, egiptcij signes. Perse parasangas. Sunt
autem proprie quecz spatia. Miliarium mille passus
terminatur. leuca finitur passibus quingentis. Stadium est octaua pars miliarij. habens passus centum
viginti quincz. Hoc primum herculem statuisse dicit

Bild 260

Ich will mich hinfür hütten wol
Das Ich nicht leicht mer khomen sol
In ein schifflein auf das wasser

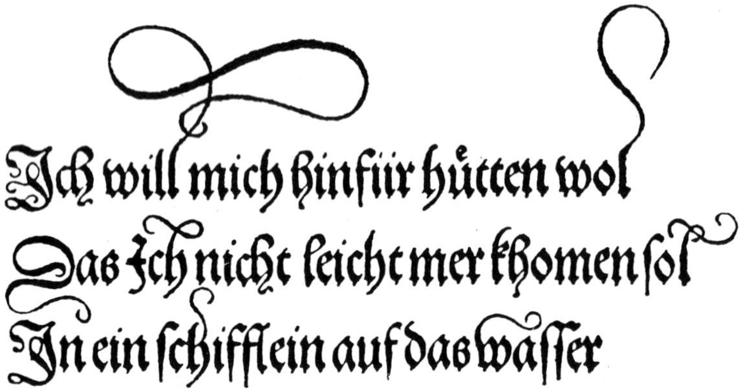

Bild 261

Bild 262

Bild 258. Type aus dem Gebetbuch Kaiser Maxi-
milians. 1515, Aus: Albert Kapr, Johann Neudörffer
d. Ä., Leipzig 1956

Bild 259. Type aus Dürers Proportionslehre, Auszeichnungsschrift, 1534. Aus: Albert Kapr, Johann
Neudörffer d. Ä., Leipzig 1956

Bild 260. Fraktur. Clipalicana maior (Ausschnitt)
aus dem Schriftmusterbuch „Proba centum scrip-
turarum" von Leonhard Wagner (16. Jahrhundert).
Faksimile-Ausgabe des Insel-Verlages, Leipzig 1963

Bild 261. Type aus dem Theuerdank, 1517. Aus:
Albert Kapr, Johann Neudörffer d. Ä., Leipzig 1956

Bild 262. Bewegungsablauf

Auf Seite 101:

Bild 263. Fraktur. Studie der Autorin

Bild 264. Fraktur. Studie der Autorin

Bild 265. Fraktur. Studie der Autorin

Bild 266. Oberrheinische Schrift, Studie der Autorin

Bild 267. Oberrheinische Schrift (Die Versalien
sind nicht stilgerecht). Studie der Autorin

Bild 268. Fraktur, Abwandlung. Studie der Autorin

Auf den Seiten 102 und 103:

Bild 269. Fraktur-Initialen der Renaissance von
Paul Frank, Nürnberg 1601.
Aus: Petzendorfer, Schriften-Atlas,
Verlag Julius Hoffmann, Stuttgart o. J.

Bild 263 abcdefghijklmnopqurſstuvwxyz

Zum Beſten der geſamten Menſchheit
kann niemand beitragen,
der nicht aus ſich ſelbſt macht,
was aus ihm
werden kann und ſoll.

Bild 264

Brandenburgiſche Konzerte

Bild 265

abcdefgßijkmn lopqurſstuvwxyz

Bild 266

Alte Tänze

Bild 267

Bild 268 abcdefghijklmnopqrſstuvwxyz

Type für das Gebetbuch des Kaisers Maximilian erschien 1513 bei Schönsperger. Ihre Formen sind wohl von Leonhard Wagner und Vincenz Rockner beeinflußt worden (Bild 258). Ebenfalls bei Schönsperger erschien 1517 die Type für den Theuerdank (Bild 261). Für die Typen zu Dürers Proportionslehre (1522 und 1534) schuf Neudörffer die kalligraphische Vorlage, während Hieronymus Andreä Formschneider den Schnitt besorgte (Bild 259).

Während des Barocks entfernte sich die Zeichnung der Fraktur immer mehr von ihren kalligraphischen Vorbildern. Sie wurde verschnörkelter und verspielter.

Die zur Zeit des Klassizismus unter dem Einfluß des Kupferstichs entstandenen Formen erscheinen uns heute als zu zart, farblos, spröde und gekünstelt. Bis ins 19. Jahrhundert war die Fraktur die wichtigste Schrift in Deutschland. Heute gibt es für die ganze Gruppe der gebrochenen Schriften wenige Anwendungsmöglichkeiten, da sich die Antiqua als Satz- und Handschrift endgültig durchgesetzt hat. Unter den noch verwendeten Typen ragen die Alte Luther-

sche Fraktur (1708), die Breitkopf-Fraktur (18. Jahrhundert) und die Zentenar von Ernst Schneidler (1936) hervor.

Beim Schreiben ist vor allem auf die Bindungsformen der Gruppe m, n, u, h zu achten. Es empfiehlt sich, den Gegensatz zwischen schmalen Gemeinen und breiten Versalien im Interesse der dekorativen Wirkung zu betonen. Bei den Versalien sollte man versuchen, kleine und große Teilformen eines Buchstabens in ein Spannungsverhältnis zu bringen.

ABCDIEGHN
KSMDUWIRL
VTDFPXYZ

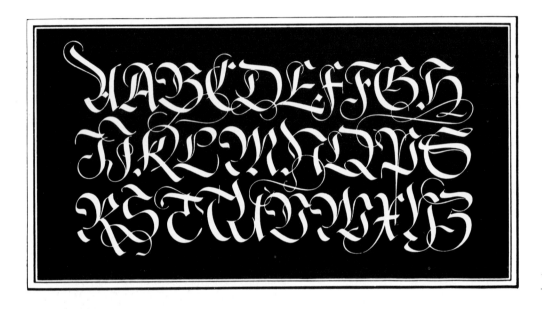

ABCDEFGHIKLMN
OPQRSTUVWXYZ
1234567890
abcdefghijklmnopqrsßst
uvwxyz

Die Kanzleischrift und die Kurrent

Im 16. Jahrhundert bildete sich als Abwandlung der Fraktur, bereichert durch Elemente der gotischen Kursiv, die deutsche Kanzleischrift aus. Die Schäfte der Mittelhöhen wurden entweder senkrecht stehend, gelegt (nach links geneigt) oder geschoben (nach rechts geneigt) geschrieben. Hinsichtlich der Bindungsform unterschied man einen spitzen, gewundenen, gewölbten und gebrochenen Duktus. Es entstanden auch eine große Anzahl von Mischformen.

Die spitz zugeschnittene Kielfeder als Werkzeug und der Kupferstich als Mittel der Reproduktion ließen das Schriftbild im 17. Jahrhundert zarter und schärfer werden; die Mittelhöhen verkürzten sich zugunsten der Ober- und Unterlängen und der Versalien. Die Rechtsneigung der Schäfte wurde konstant. Diese Tendenzen verstärkten sich im 18. Jahrhundert immer mehr, bis die Kanzleischrift schließlich mit der Kurrent, der gewöhnlichen Handschrift, identisch war.

Diese, im 16. Jahrhundert in ähnlicher Weise wie die Kanzleischrift geschrieben und von ihr nur durch die von einem flüssigeren Bewegungsablauf bedingte Abschleifung und Variabilität der Formen unterschieden, hatte nämlich bis zum 18. Jahrhundert eine ähnliche Entwicklung erlebt. Im 19. Jahrhundert gaben ihr die Stahlfeder und sicher auch der Einfluß der englischen Schreibschrift das Aussehen, das sie als deutsche Schulausgangsschrift bis in den Anfang des 20. Jahrhunderts behalten sollte.

Bild 273. Kanzlei-Kurrent (historisch). Aus: Wolfgang Fuggers Schreibbüchlein, Faksimile-Ausgabe, Leipzig 1958

Bild 274. Schriftblatt von Rudo Spemann

3.3. Die Antiqua und die Kursiv der Renaissance

3.3.1. Die Renaissance-Antiqua

Die sich im 15. Jahrhundert in Italien vollziehende Neuorientierung der Schriftentwicklung stellte nur einen Teil einer umfassenden geistigen und kulturellen Bewegung, der Renaissance, dar. Da die italienischen Humanisten den größten Teil der antiken Literatur in der karolingischen Minuskel aufgezeichnet fanden, übernahmen sie diese als neue Buchschrift (lettere antiche nuove — nach Muzika). Dabei verschwand aus dem Schriftcharakter alles Archaische; der Bewegungsablauf wurde bewußter. Einige Buchstaben, wie a, g, r, veränderten ihre Form. Außerdem veränderte sich das Schriftbild durch Hinzufügen von Versalien der Kapitalis Quadrata. Um eine Angleichung an das Versalalphabet zu erreichen, wurden die Ansätze und Endstriche der Minuskeln serifenartig umgebildet. Es gab viele Zwischenstufen, bis die gotische Schrifttradition völlig überwunden war. Im 15. Jahrhundert erschienen erstmals die arabischen Ziffern.

Im 16. Jahrhundert wurde die geschriebene Schrift endgültig aus der Buchproduktion verdrängt. Von nun an ist die Schriftgeschichte im wesentlichen eine Geschichte der Entwicklung der Satzschriften, wobei die Anregungen aber auch später immer wieder von der geschriebenen Schrift kommen. Bis zum Ende des 19. Jahrhunderts hatten sich die Formen jedoch immer mehr von den handschriftlichen Ausgangsformen der Zeit Gutenbergs gelöst.

Bei den ersten venezianischen Drucktypen ist noch deutlich das Bemühen um eine getreue Nachahmung der Handschrift zu erkennen (Jenson-Antiqua, 1470). Charakteristisch für die frühe venezianische Form ist das schräge e-Köpfchen, das auch bei der Centaur, dem modernen Nachschnitt der Jenson-Antiqua, beibehalten wurde. Doch begann bereits der Stecher der Schriften des Aldus Manutius (Bembo-Antiqua, 1495, und Poliphilus-Type, 1499) den Stichel nicht mehr nur als reproduktionstechnisches, sondern auch als formbildendes Werkzeug einzusetzen. Der Fett-Fein-Kontrast sowie die Gestaltung der Serifen wurden differenzierter. Die Versalien wurden nach dem Vorbild der klassischen römischen Kapitalis geformt.

Ausgehend von der Schrift des Poliphilus, entstand der Typus der französischen Renaissance-Antiqua. Die von und nach Garamond (1544) geschaffenen Schriften verbreiteten sich bald in ganz Europa.

Als moderne Nachschnitte des aldinischen Typus der Renaissance-Antiqua (nach Aldus Manutius genannt) sind heute die Bembo und die Poliphilus im Gebrauch. Zum französischen Typus zählt man die historisierenden Nachschnitte der Garamond und Jannon; moderne Schöpfungen, wie die Weiß-Antiqua, die Palatino, die Trump-Mediäval oder die Tschörtner-Antiqua, gehen teils auf die französische, teils auf die venezianische Form zurück.

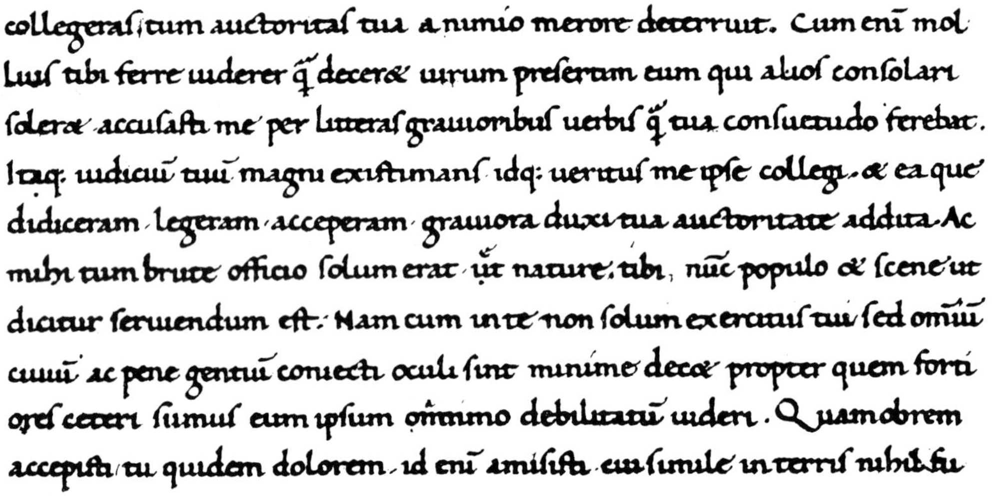

Bild 275

Bild 276

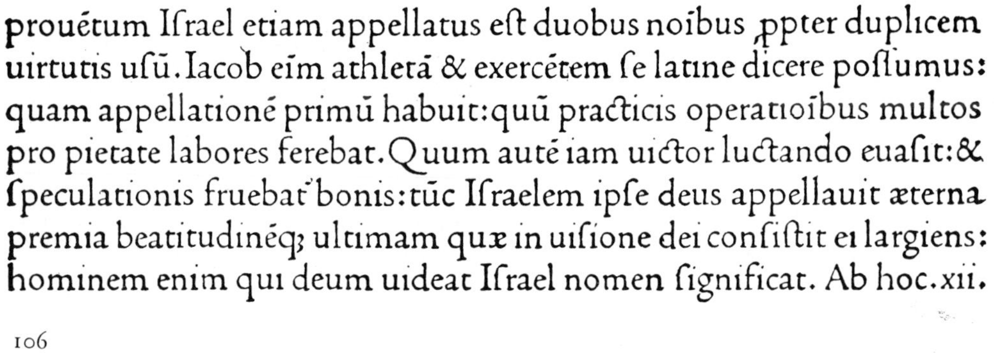

Bild 277

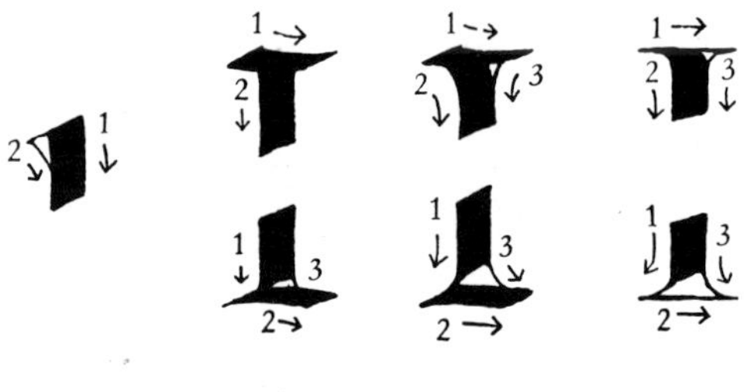

Bild 275. Humanistische Minuskel (historisch). Aus Arndt/Tangl, Schrifttafeln zur Erlernung der lateinischen Paläographie, Berlin 1904

Bild 276. Antiqua des Nicolaus Jenson, Venedig 1470. Aus: D. B. Updike, Printing types, 3. Auflage, London 1962

Bild 277. Schreibweise von Ansätzen und Serifen

Bild 278. Renaissance-Antiqua. Studie der Autorin

ABDEGHJKLMNOPRSTUVWXYZ

abcdefghijklmnopqrstuvwxyz

Über die Nachahmung. Der nur Nach-
ahmende, der nichts zu sagen hat zu
dem, was er da nachahmt, gleicht einem
armen Schimpansen, der das Rauchen
seines Bändigers nachahmt und dabei
nicht raucht. Niemals nämlich wird die
gedankenlose Nachahmung eine wirk-

abcdefghijklmnopqrstuvwxyzß

ABCDEGHIJKLMNOPRSTUVWXYZ

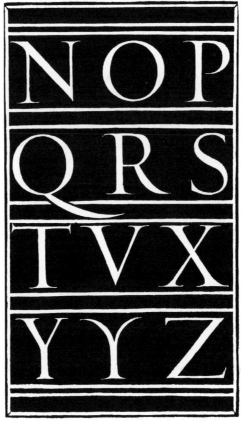

ABCDEFGHIJKLMNOPQRSTUV
WXYZ   1234567890
abcdefghijklmnopqrstuvwxyz

ABCDEFGHIJKLMNOPQRSTU
VWXYZ   1234567890
abcdefghijklmnopqrstuvwxyz

ABCDEFGHIJKLMNOPQRSTUVWXYZ
1234567890
abcdefghijklmnopqrstuvwxyz

Bild 281. Bembo-Antiqua (36 Punkt), The Mono-type Corporation Limited, Satz: Offizin Andersen Nexö, Leipzig

Bild 282. Garamond-Antiqua (36 Punkt). Typoart Dresden. Satz: Typoart Dresden

Bild 283. Chinesische Antiqua von Yü Bing-nan. Typoart Dresden / Institut für Buchgestaltung Leipzig. Satz: Hochschule für Grafik und Buch-kunst Leipzig

ABCDEFGH
IJKLM
NOPQRSTU
VWXYZ
abcdefghijk
lmnop
qurstvwxyz
ß & .,!?
1234567890

Bild 284. Leipziger Antiqua, Entwurf von Albert Kapr. Typoart Dresden / Institut für Buchgestaltung Leipzig.

Bild 285. Monument, Antiqua-Versalien von Oldřich Menhart. Grafotechna

Auf den Seiten 112 und 113:

Bild 286. Humanistenhandschrift. Aus: v. Larisch, Beispiele künstlerischer Schriften aus vergangenen Jahrhunderten, Wien, MCMX

Bild 287. Renaissance-Kursiv aus dem Schreibbüchlein des Ludovico Vicentino, Rom 1523

Bild 288. Spanische Modifikation der Kursiv von Francisco Lucas, Madrid 1577. Aus Jan Tschichold, Meisterbuch der Schrift, 1. Auflage, Ravensburg 1952. Nachdruck mit freundlicher Genehmigung des Autors und des Otto Maier Verlages

Bild 289. Renaissance-Kursiv. Studie von Harald Brödel

ABCDEFGH

IJKLMNOPQR

STUVWXYZ

:{&}:

1234567890

BÁSNĚ

JANA

NERUDY

·

O. MENHART

3.3.2. Die humanistische Kursiv

Die Verkehrsschrift der Renaissance bildete sich stilistisch aus einer Vereinigung von Elementen der neokarolingischen Minuskel und der gotischen Kursiv. In den Handschriften der italienischen Humanisten spiegeln sich die Kraft und die Kühnheit, die geistige und die künstlerische Potenz ihrer Schreiber wider. Italienische Schreibmeister wie Ludovico Vicentino (Arrighi), Giovanni Antonio Tagliente und Giambattista Palatino sowie der Spanier Francisco Lucas veredelten und verbreiteten die Kursiv unter dem Namen Cancellaresca als formale künstlerische Handschrift.

Die gebundene Variante, bei der vor allem die Oberlängen mit Schwüngen ausgestattet sind, hat senkrecht stehende Versalien. Bei der getrennt geschriebenen Abwandlung sind die Versalien geneigt und die Oberlängen kürzer und mit serifenartigen Ansätzen versehen. Es gibt auch Mischformen. Der Gestaltung von Zierversalien widmete man sich mit zunehmender Aufmerksamkeit. Bei den spanischen Schriften ist der Duktus weicher gerundet als bei den italienischen.

Kursive Druckschriften, in der Fachsprache Italiken genannt, wurden ab 1500 hergestellt. Die erste schuf Francesco Griffo im Auftrag des venezianischen Druckers und Verlegers Aldus Manutius. Von großem Einfluß auf den Schriftcharakter und die Ausbildung der Formen im Detail war das Wirken Vicentinos, dessen Typen zwischen 1524 und 1526 entstanden. Der französische Charakter der Renaissance-Italika basiert auf beiden Varianten, der aldinischen und der des Vicentino. Von den französischen Schriftschneidern der Italika ist besonders Granjon mit seiner Type aus dem Jahre 1543 erwähnenswert.

War die Italika zunächst als selbständige Buchschrift im Interesse einer platzsparenden Typographie geschaffen worden, so kam ihr Ende des 16. Jahrhunderts nur noch die Aufgabe einer Ergänzungs- und Auszeichnungsschrift zum lateinischen Alphabet zu — ein Rang, den sie bis heute behalten hat.

Bild 286

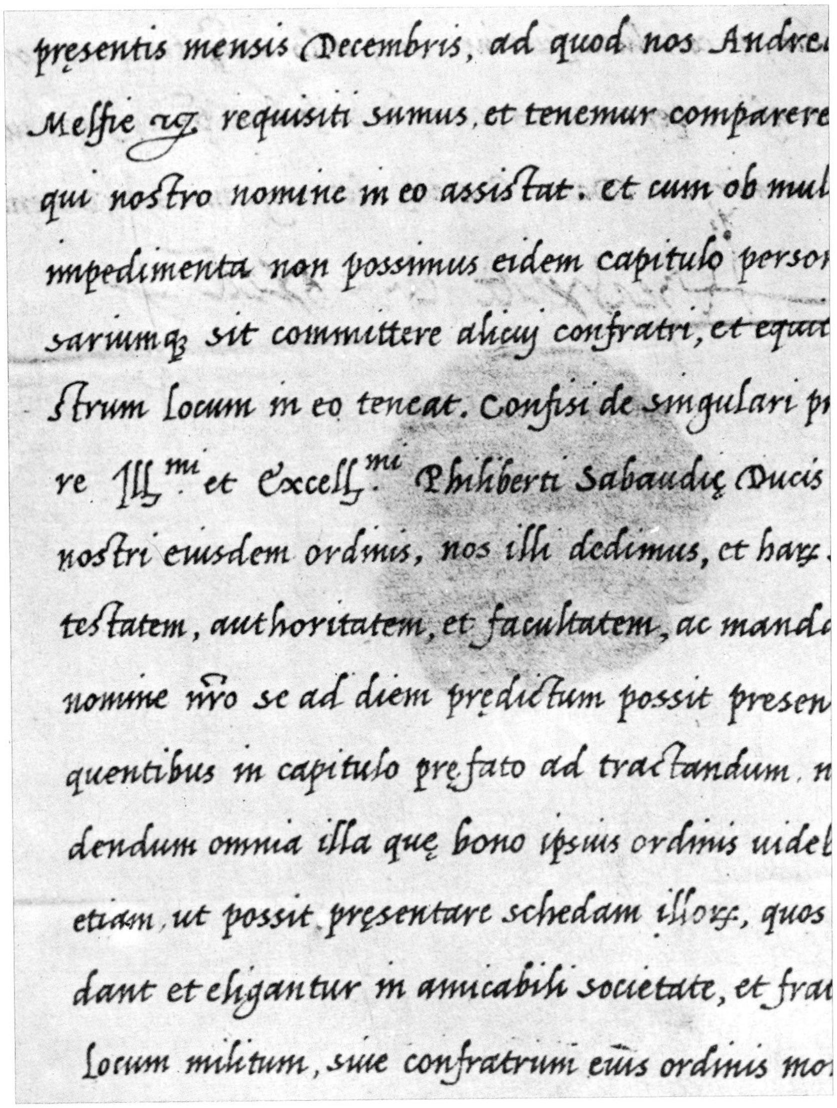

Bild 287

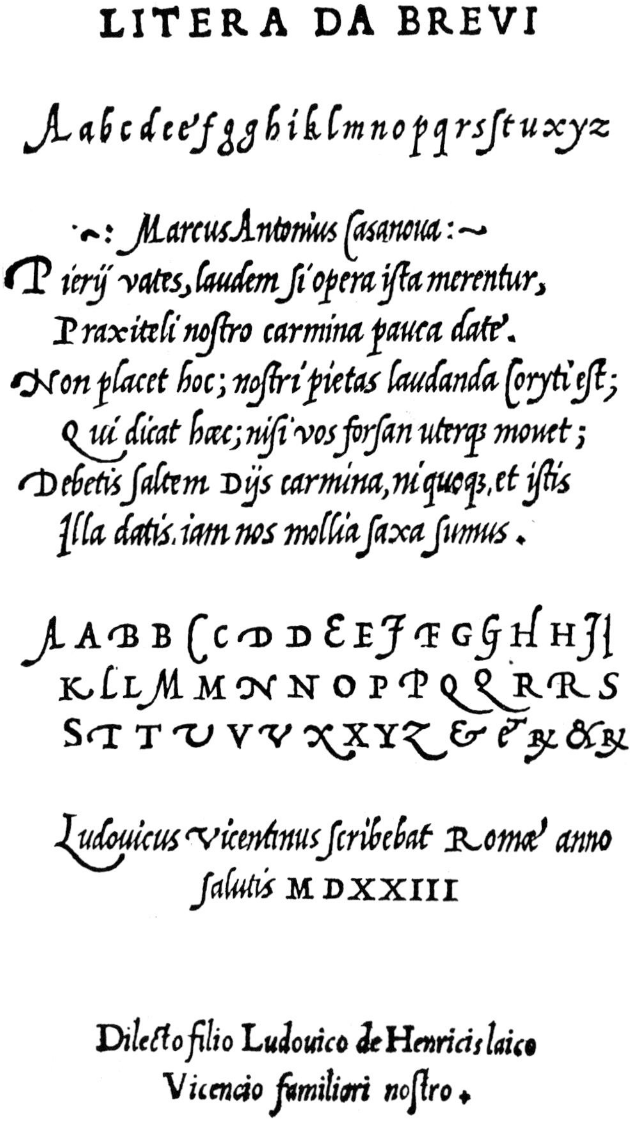

-: abc con sus principios

A co a ʃʃb · rc rod · rrc

ʃʃ f rcogʋopϱ g ʃfhh

rr ᴣᴣ iiʃʃʃʃ irnrm

rn ᴜᴜoo ʃʃʃ ppp coq ir

rr rᴣ rᴣ ᴣᴣ ʃlt ivu x

vv y y ᴣ ᴣᴣ ᴣy

Fraⁿᶜᵒ Lucas me escre

uia en madrid año. 570

Bild 288

-: Bastarda grande llana :-

Obsecrote domina sancta

Maria mater Dei pietate

plenißima, summi regis fi

lia, mater gloriosißima, mᵃ

ter orphanorum, consola

tio desolatorum, via erran

Fraⁿᶜᵒ Lucas lo escreuia en tiuz

Madrid año de M D I X X

Bild 289

abcdefghijklmnopqurʃstuʋvxyz

113

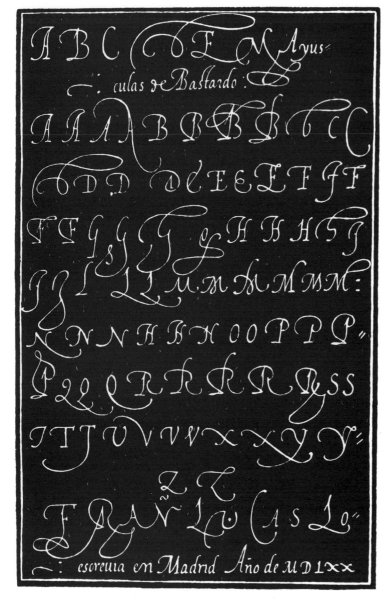

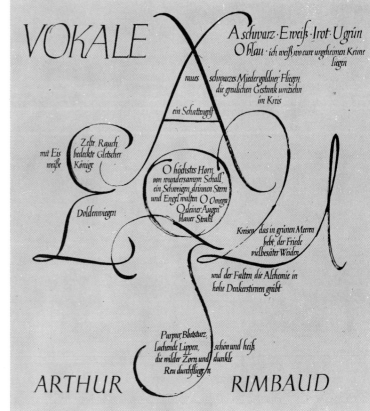

Bild 291

Bild 292

Bild 290. Spanische Modifikation der Kursiv. Versalien von Francisco Lucas, Madrid 1577. Aus Jan Tschichold, Meisterbuch der Schrift, 1. Auflage, Ravensburg 1952. Nachdruck mit freundlicher Genehmigung des Autors und des Otto Maier Verlages

Bild 291. Renaissance-Kursiv mit Elementen gotischer Kursiv. Kalligraphie von Albert Kapr.

Bild 292. Renaissance-Kursiv. Kalligraphie von Irmgard Horlbeck-Kappler

ABCDEFGHIJK
LMNOPQR
TSUVWXYZ
DEZ

abcdefghijklmnopqu
rstuvwxyzßgvw

Und die ungenaueste Wolke, das alltäglichste Wort,
das geringste Ding - Zwinge sie die Flügel zu schlagen.
Mache sie deinem Herzen ähnlich.

Man muß geradezu verschwenderisch sein in der
Lust am Lernen. Sparsamkeit in dieser Richtung
und Geiz sind das Schlimmste, was einem Künstler
geschehen kann Denn bald wird er aufhören, wenn

ABCDEFG
HIJKLMN
OPQRSTU
VWXYZ

abcdefghijklmno

pqrstuvwxyzääöü

chckfffffiflflflaßbttz

1234567890

ABCDEFGHIJKLMNOP
QRSTUVWXYZ
abcdefghijklmnopqrstuvwxyz
1234567890

Bild 297. Kursiv zur Bembo-Antiqua (36 Punkt).
The Monotype Corporation Limited. Satz: Offizin
Andersen Nexö, Leipzig

ABCDEFGHIJKLMNO
PQRSTUVWXYZ
abcdefghijklmnopqrstuvwxyz
1234567890

Bild 298. Kursiv zur Garamond-Antiqua
(36 Punkt) Typoart Dresden. Satz: Typoart
Dresden.

ABCDEFGHIJKLMOPQRST
UVWXYZ
abcdefghijklmnopqrstuv
wxyz   1234567890

Bild 299. Kursiv zur Faust-Antiqua (28 Punkt).
Entworfen von Albert Kapr. Typoart Dresden/
Institut für Buchgestaltung Leipzig. Satz: Hoch-
schule für Grafik und Buchkunst Leipzig

3.4. Einige Tendenzen vom Barock bis zum 19. Jahrhundert

3.4.1. Die Barock-Antiqua

Der Formcharakter der Barock-Antiqua steht zwischen dem der Renaissance- und der klassizistischen Antiqua. Mit den üblichen Vorstellungen von barocken Stilelementen hat er wenig zu tun.

Praktische, d. h. drucktechnische Gründe und der formbildende Einfluß des Stichels haben das Gesicht der Renaissance-Antiqua im 17. Jahrhundert verändert. Die Drucktypen der Niederländer van Dyck, Janson und Fleischmann wirken nüchterner und weniger elegant als ihre französischen Vorbilder, jedoch zeichnen sie sich durch gute Lesbarkeit und gute typographische Verwendbarkeit aus. Ober- und Unterlängen sind zugunsten der Mittelhöhen reduziert, der Fett-Fein-Kontrast ist stärker ausgebildet, die ausgerundeten Serifen sind begradigt und die Spitzen vergröbert. Auch die Schattenachse der Rundungen ist steiler. Die englische Modifikation dieses Schriftcharakters entstand Anfang des 18. Jahrhunderts bei Caslon und Baskerville, die französische wurde Ende des 18. Jahrhunderts von Grandjean in der Schrift für die Imprimerie Royale und von Fournier geschaffen. Als Übergangsschrift zum klassizistischen Typus kommt besonders Grandjeans Romain du Roi Bedeutung zu. Von den modernen Schnitten sind die Times und die Imprimatur erwähnenswert.

Bild 300. Baskerville-Antiqua und Kursiv (36 Punkt). D. Stempel AG Frankfurt/M. Satz: Offizin Andersen Nexö, Leipzig

ABCDEFGHIJKLMNOPQRSTUV
WXYZ 1234567890
abcdefghijklmnopqrstuvwxyz

ABCDEFGHIJKLMNOPQRSTUVW
XYZ 1234567890
abcdefghijklmnopqrstuvwxyz

3.4.2. Die klassizistische Antiqua

In den Drucktypen Didots (Frankreich), Bodonis (Italien) und Walbaums (Deutschland) ist etwas von den ästhetischen Anschauungen und der rationalistischen Denkweise des Klassizismus verkörpert. Sie bestechen durch ihre Exaktheit, Schärfe und Strenge, wirken aber weniger vital als die Renaissance- und Barock-Antiqua. Die jenen Schriften noch anhaftenden geschriebenen Elemente hat der Stichel vollständig getilgt. Formale Kennzeichen der klassizistischen Antiqua sind starke Kontraste zwischen Haar- und Schattenstrichen, die Tendenz zu einer einheitlichen Breite der Versalien, die vertikale Schattenachse der Rundungen. Die Serifen haben sich zu waagrechten Haarstrichen verändert; auch bei den Gemeinen sind sie zumeist nicht gekehlt.

Voraussetzung zu dieser Entwicklung war die Verbesserung der Drucktechnik und die Produktion von geglättetem Papier.

Moderne Modifikationen der klassizistischen Antiqua sind u. a. die Amati, die Corvinus, die Figura, die Pergamon und die Tiemann-Antiqua. Bei der Diotima und der Athenaeum wurde offensichtlich versucht, durch Annäherung an die Breitenproportionen der Renaissance-Antiqua und Vorschreiben mit fast waagrecht gehaltener Feder neue Aspekte für die Gestaltung klassizistischer Schriften zu gewinnen. Das gleiche gilt auch für die in Bild 302 gezeigte Barock-Antiqua.

Bild 301. Versalien der Didot-Antiqua

Bild 302. Versalalphabet im Stile der Barock-Antiqua. Studie von Harald Brödel

Bild 303. Kalligraphisches Blatt mit klassizistischen Versalien, geschrieben von Irmgard Horlbeck Kappler

Auf den Seiten 122 und 123:

Bild 304. Bodoni-Antiqua und Kursiv (36 Punkt). Satz: Offizin Andersen Nexö, Leipzig

Bild 305. Walbaum-Antiqua und Kursiv (36 Punkt). Satz: Offizin Andersen Nexö, Leipzig

Bild 306. Verzierte Antiqua des 18. Jahrhunderts. Caslon, Fry & Steele, Stephenson, Blake & Co., Sheffield

Bild 301

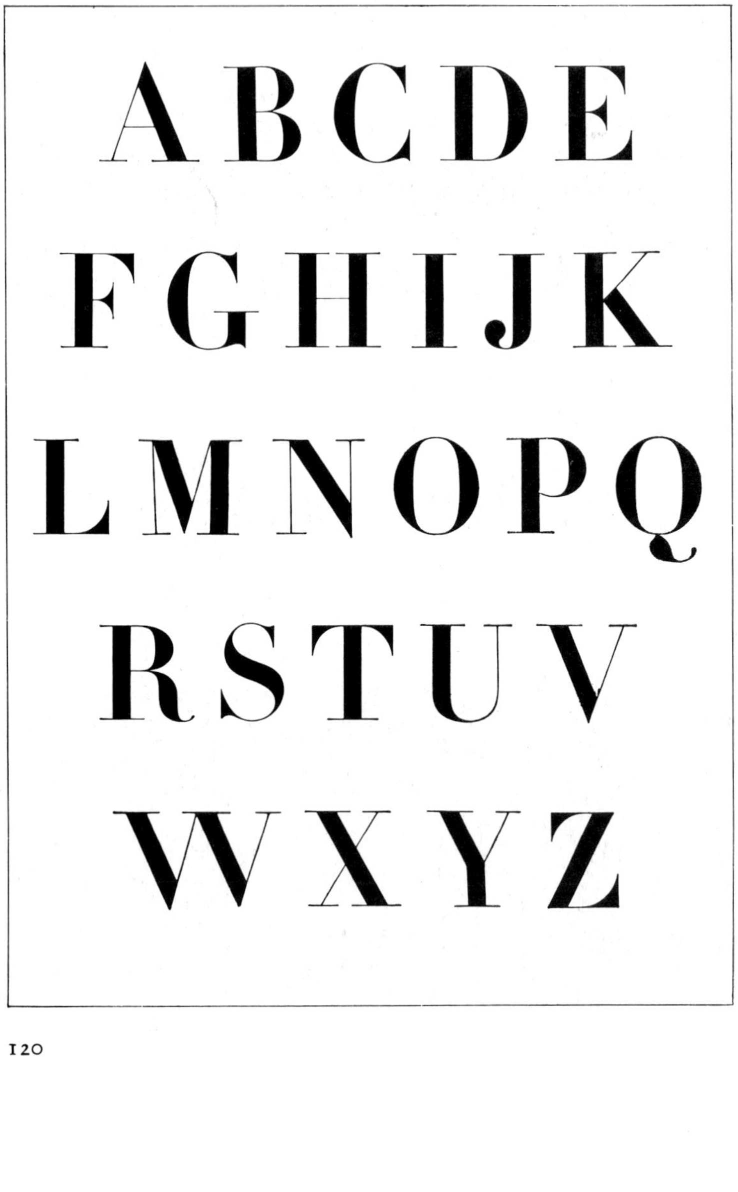

Bild 302

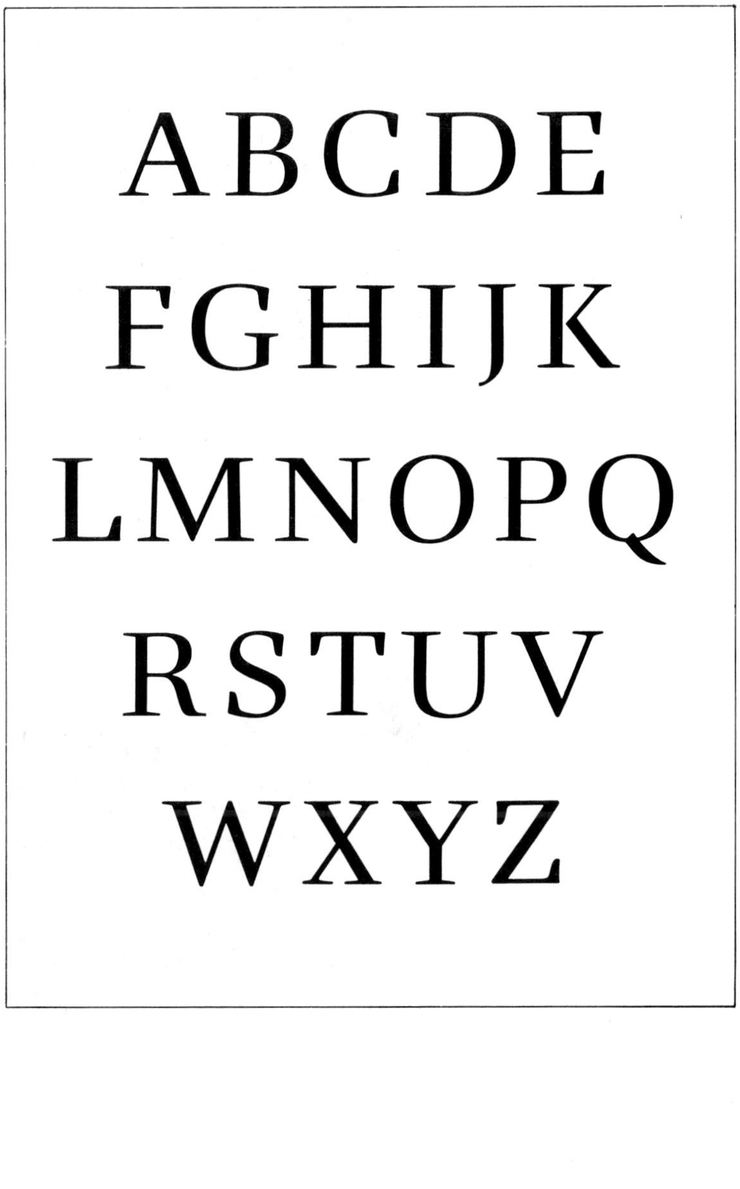

ICH SCHWŒRE BEI APOLLON · DEM ARZT · UND BEI ASKLEPIOS · BEI HYGIEIA UND

PANAKEIA UND BEI ALLEN GŒTTERN UND GŒTTINNEN
DIE ICH ZU ZEUGEN ANRUFE · DASS ICH NACH BESTEM VERMŒGEN UND URTEIL
DIESEN EID UND DIESE VERPFLICHTUNG ERFUELLEN WERDE

ICH WERDE DEN · DER MICH DIESE KUNST LEHRTE · MEINEN ELTERN GLEICHACHTEN
MIT IHM DEN LEBENSUNTERHALT TEILEN UND IHN · WENN ER NOT LEIDET
MITVERSORGEN · SEINE NACHKOMMEN MEINEN EIGENEN BRUEDERN GLEICHSTELLEN
UND SIE DIE HEILKUNST LEHREN · WENN SIE DIESE ERLERNEN WOLLEN · OHNE ENTGELT
UND OHNE VERTRAG · RATSCHLAG UND VORLESUNG UND ALLE UEBRIGE BELEHRUNG
WILL ICH AN MEINE EIGENEN SŒHNE UND AN DIE MEINES LEHRERS
WEITERGEBEN · SONST ABER NUR AN SOLCHE SCHUELER · DIE NACH ÆRZTLICHEM
BRAUCH DURCH DEN VERTRAG GEBUNDEN UND DURCH DEN EID
VERPFLICHTET SIND
MEINE VERORDNUNGEN WERDE ICH TREFFEN ZU NUTZ UND FROMMEN
DER KRANKEN · NACH BESTEM VERMŒGEN UND URTEIL UND
VON IHNEN SCHÆDIGUNG UND UNRECHT FERNHALTEN · ICH
WERDE NIEMANDEM · AUCH NICHT AUF SEINE BITTE HIN · EIN
TŒDLICHES GIFT VERABREICHEN ODER AUCH NUR
EINEN SOLCHEN RAT ERTEILEN · AUCH WERDE ICH NIE
EINER FRAU EIN MITTEL ZUR VERNICHTUNG
KEIMENENDEN LEBENS GEBEN.
HEILIG UND REIN WILL ICH MEIN LEBEN
UND MEINE KUNST BEWAHREN · WELCHE
HÆUSER ICH BETRETEN WERDE · IMMER WILL
ICH EINTRETEN ZUM HEILE DER KRANKEN
MICH ENTHALTEN JEDER VORSÆTZLICHEN
UND VERDERBLICHEN SCHÆDIGUNG · AUCH
ALLER WERKE DER WOLLUST AN DEN LEIBERN VON
FRAUEN UND MÆNNERN · FREIEN UND SKLAVEN ·
WAS ICH BEI DER BEHANDLUNG ODER AUCH AUSSERHALB
DER BEHANDLUNG IM LEBEN DER MENSCHEN SEHE ODER
HŒRE · WERDE ICH · SOWEIT MAN ES NICHT AUSPLAUDERN DARF
VERSCHWEIGEN UND SOLCHES ALS GEHEIMNIS BETRACHTEN

WENN ICH DIESEN EID ERFUELLE UND NICHT VERLETZE · MOEGE MIR
IM LEBEN UND IN DER KUNST ERFOLG ZUTEIL WERDEN UND
RUHM BEI ALLEN MENSCHEN FUER EWIGE ZEITEN
WENN ICH IHN ABER UEBERTRETE UND MEINEIDIG WERDE
SO GESCHEHE MIR DAS GEGENTEIL

ABCDEFGHIJKLMNOPQRSTUVW
XYZ   1234567890
abcdefghijklmnopqrstuvwxyz

ABCDEFGHIJKLMNOPQRSTUVW
XYZ   1234567890
abcdefghijklmnopqrstuvwxyz

Bild 304

Bild 305

ABCDEFGHIJKLMNOPQRSTU
WXYZ   1234567890
abcdefghijklmnopqrstuvwxyz

ABCDEFGHIJKLMNOPQRST
UVWXYZ   1234567890
abcdefghijklmnopqrstuvwxyz

A B C D E

G H I J K L

M N O P Q

R S T U

V W X Y Z

LPYJR

TADN

JFQBI

POVM

FZXR

Zur Zeit des Hochbarock schrieb man die Kursiv nicht mehr mit breit, sondern mit spitz zugeschnittener Feder. Ober- und Unterlängen wurden der dekorativen Wirkung wegen mit viel Phantasie und Virtuosität bereichert, während die Mittelhöhen verkümmerten. Hervorragende Kalligraphen dieser Zeit sind u. a. der Holländer Jan van den Velde, die Franzosen François Desmoulins und Louis Barbedor und der Spanier Juan de Polanco. Der Kupferstich als Reproduktionstechnik verführte die Schreiber jedoch zu einer immer perfekteren Artistik.

Im 18. und 19. Jahrhundert verlor die lateinische Kursiv zunehmend an Lebendigkeit und Individualität. Die spitz zugeschnittene Feder und später die Stahlfeder ergaben ein zartes, scharfes Schriftbild. Die Formen glichen sich einander immer stärker an. Man schrieb „wie gestochen". In England brachte diese Entwicklung ihre Höchstform hervor. Die englische Schreibschrift beeinflußte die Entwicklung der Handschrift in ganz Europa und wirkte sich trotz einer Reihe von Reformen bis in die Gegenwart auch auf die meisten Schulausgangsschriften ungünstig aus. Im Charakter der englischen Schreibschrift entstanden auch eine Reihe von Schreibdruckschriften zur Bereicherung der Akzidenztypographie.

Bild 307. Oben: Verzierte Kursiv-Versalien. P. S. Fournier, Paris 1766. Unten: Verzierte klassizistische Antiqua-Versalien, um 1800. Aus: Alphabets for Signwriters, Artists and Illuminators, London 1956

Bild 308. Oben: Kalligraphische Schreibschrift. Kupferstich aus dem Schreibbüchlein des van den Velde, Haarlem 1649. Mitte: Schreibschrift von Bourgoin. Um 1810. Unten: Kalligraphische Schreibschrift. Kupferstich aus dem Schreibbüchlein des de la Chambre, Haarlem 1649

Bild 308

Bild 309. Dekoratives Versal-Alphabet von Andrade, Lissabon 1722

Andrade

A B C D E

F G H I J

K L M N O P

1 2 3 4 5

abcdefghijklmnop

Bild 310. Englische Schreibschrift. Studie von Harald Brödel, 1969

128

N O Q R S T
V W X Y Z
G U & (.,;:!?-»«')
67890
qurstuvwxyzäöüßtr

3.4.4. Akzidenzschriften des 19. Jahrhunderts

Die englische Industrierevolution brachte als Begleiterscheinung die Reklame mit sich. Für Inserate, Plakate, Geschäfts- und Privatdrucksachen, sogenannte Akzidenzen, wuchs ein immer größerer Bedarf an kräftigen, effektvollen, die Aufmerksamkeit erregenden Typen, auch in größeren Graden, als es bisher für die Buchtypographie üblich war. Zunächst kamen fette Antiquaschriften des klassizistischen Typs auf den Markt; es folgten Egyptienne-, Italienne-, Tuscan- und Groteskschriften in vielen Abwandlungen. Die Namen dieser Schriften entstanden zumeist aus kommerziellen Absichten. So ist z. B. die Bezeichnung „Egyptienne" vermutlich auf ein allgemeines Interesse an „altägyptischer Kunst" zurückzuführen, das „in England nach dem mißglückten napoleonischen Feldzug nach Ägypten aufgekommen war" (Kapr). Sehr schnell wurden die englischen Schriften von den übrigen europäischen Firmen übernommen und weiterentwickelt.

Auch die Typenproduktion war in die Industrialisierung einbezogen worden. Der Konkurrenzkampf zwischen den Schriftgießereien, der sich zunächst noch durchaus fördernd auswirkte, zeigte von der Mitte des Jahrhunderts ab geradezu verheerende Folgen für die künstlerische Qualität der Schriften. Die Schriftkataloge der Gießereien boten eine ganze Reihe gut gestalteter, mitunter graphisch außerordentlich reizvoller Alphabete, daneben aber eine Vielzahl unkünstlerisch verformter oder mit Zierat geschmacklos überhäufter Produkte. Sie waren das Ergebnis einer Entwicklung, die die Typengestaltung immer mehr zu einer mechanischen Fertigkeit, zu einer technischen Artistik werden ließ.

In der Gebrauchsgraphik der Gegenwart spielen die Akzidenzschriften des 19. Jahrhunderts wieder eine große Rolle, doch nur wenige Druckereien verfügen bei uns z. Z. über geeignetes Typenmaterial. So ist der Graphiker gezwungen, mit Hilfe von Vorlagen zu arbeiten. In diesem Abschnitt soll versucht werden, eine Übersicht über die wichtigsten und in der Praxis brauchbarsten Akzidenzschriften des 19. Jahrhunderts zu geben. Dem Gestalter wird es leicht möglich sein, die Grundformen hinsichtlich der Breitenverhältnisse und Strichdicken entsprechend der Spezifik der Aufgabe in geringem Maße zeichnerisch abzuwandeln.

Die fette Antiqua klassizistischen Typs

Die Grundform hat die gleichen Merkmale wie die klassizistische Antiqua, jedoch ist der Fett-Fein-Kontrast extrem stark ausgebildet. Trotzdem können diese Schriften sehr elegant wirken. Beim Zeichnen der schmalen Modifikation ist darauf zu achten, daß die Binnenräume schmaler oder breiter als die Grundstriche sein müssen. Die Bilder 314 bis 325 zeigen Möglichkeiten einer dekorativen Abwandlung.

Egyptienne und Italienne

Die erste Egyptienneschrift entstand möglicherweise bereits vor 1806 in der Schriftgießerei von Robert Thorne (nach Muzika). Bei dieser Schriftart ist der Fett-Fein-Kontrast auf ein Minimum reduziert. Die Schattenachse der Rundungen verläuft vertikal, die Breitenproportionen der Versalien sind einander angeglichen. Die Serifen haben die Form von Rechtecken in der Breite der Querstriche. Bei den frühen Alphabeten waren die Serifen noch gerade, später erhielten sie in der Verbindung zum Schaft eine Kehlung. Diese Schriften werden unter der Sammelbezeichnung „Clarendon" klassifiziert. Beide Grundformen kamen in breiten und schmalen Abwandlungen vor, die in fetten, halbfetten oder mageren Graden ausgeführt waren. In den letzten Jahren haben die Schriftgießereien eine große Anzahl vorzüglicher Nachschnitte herausgebracht, z. B. die Volta (Bauersche Gießerei), die Neutra (Typoart), die Clarendon (Haas), die Egizio (Nebiolo) sowie Schreibmaschinenschriften. Wie die Bildbeispiele beweisen, eignen sich Egyptienneformen ausgezeichnet zu einer dekorativen Gestaltung. Die Bilder 340 bis 342 zeigen eine moderne Abwandlung der Egyptienne.

Von den Italienneschriften sind nur die späteren erwähnenswert. Eine gewisse Ähnlichkeit mit der Egyptienne ist vorhanden, jedoch sind die Waagrechten stärker als die Senkrechten gehalten.

Die Tuscan

Auch die Tuscan soll hier erwähnt werden. 1815 wurde dieser Schriftcharakter durch Vincent Figgins in England neu eingeführt. Die Spaltung von Schaftenden und Serifen, die ihre formale Besonderheit ausmachen, war allerdings bereits in der Antike, später in der Renaissance und im Barock ein beliebtes Mittel, Versalien dekorativ zu gestalten. Tuscanschriften können die Antiqua, die Egyptienne oder die Italienne als Grundform haben.

Die Grotesk

Über den Erstschnitt der Grotesk, in England „Sans serif" genannt, existieren offensichtlich unterschiedliche Meinungen, denn Albert Kapr gibt in seiner Klassifizierung der Satzschriften[1] als Entstehungsjahr 1803 und als Autoren die Firma Thorne an, während František Muzika 1816 als Entstehungsjahr eines ersten Versalalphabets bei der Schriftgießerei Caslon bezeichnet. Nach seiner Darstellung wurde 1834 erstmals ein Groteskalphabet mit Kleinbuchstaben geschnitten. „Die ersten Groteskschriften waren Egyptienneschriften mit beseitigten Serifen" (Muzika). Die Waagrechten sind nur wenig schmaler gehalten als die Senkrechten. Die Schattenachse der Rundungen verläuft vertikal. Die Breitenproportionen der Versalien sind einander angeglichen. Durch Veränderung der Buchstabenbreite und der Strichdicke entstand eine große Anzahl von Abwandlungen. Zu den brauchbarsten gehört die schmale halbfette Grotesk.

Die historischen Groteskschriften, besonders die Kleinbuchstaben, entbehren nicht einer gewissen Lebendigkeit und Anmut. So ist es verständlich, daß die Schriftgestalter, nachdem sie in den zwanziger und dreißiger Jahren unseres Jahrhunderts alle Möglichkeiten einer konstruktiven, ja konstruktivistischen Auffassung demonstriert hatten, sich mit den modernen Schnitten der Folio, Helvetica und Univers wieder der historischen Ausgangsform näherten. Besonders interessant ist die Univers, denn bei ihr hat man die Stärke der vertikalen und diagonalen Balken in Analogie zum Prinzip des Strichdickenwechsels der Antiqua differenziert, um den an der Antiqua orientierten Sehgewohnheiten entgegenzukommen. Auch die Breiten der Versalien sind weniger uniform gehalten als bei anderen Groteskschriften.

---

1 Albert Kapr, Die Klassifikation der Druckschriften. In: Schriftmusterkartei, VEB Fachbuchverlag, Leipzig 1967

ABCDEFG
HIJKLMN
OPQRSTU
VWXYZ
abcdefghij
klmnopqrs
tuvwxyz
1234567890

Bild 311. Breite, fette Antiqua des klassizistischen Typs. Thorowgood. Stephenson, Blake & Co.

AABCDEF
GHJKLMY
MNOPQRS
TUVVWW
abcdefghijk
lmnopqrstuv
wxyz

*Bild 312. Breite, fette Antiqua-Kursiv des
klassizistischen Typs. Thorowgood Italic, Stephenson,
Blake & Co., Sheffield*

ABCDE
FGHIJKL
MNOPQRST
UVWXYZ
12345

Bild 313. Schmale, halbfette Antiqua des klassizistischen Typs. American Type Founders

ABCDEFG
abcdeffiffflg

Bild 314. Dekorative Abwandlung einer breiten, fetten Antiqua (klassizistischer Typ). Genzsch & Heyse, Hamburg 1834

ABCD

Bild 315. Dekorative Versalien der breiten, fetten Antiqua (klassizistischer Typ). F. A. Brockhaus, Leipzig 1846

AMDEB
BURG

Bild 316. Dekorative Versalien der breiten, fetten Antiqua (klassizistischer Typ). John T. White, New York 1845

Bild 317. Dekorative Versalien der breiten Antiqua (klassizistischer Typ). Joh. Enschedé en Zonen, Haarlem 1841

SCHELLINKHOUT

Bild 318. Versalien einer extrem breiten, fetten Antiqua (klassizistischer Typ). Joh. Enschedé en Zonen. Haarlem um 1850

LECTUR
SLYONA

Bild 319. Dekorative Versalien einer extrem breiten Antiqua-Egyptienne. Frankreich, 19. Jahrhundert

Bild 320. Dekorative Versalien der breiten, fetten Antiqua (klassizistischer Typ). R. Thorne, London 1810

ABCD
EFGHI
JKLMN
OPQR
STUVW
XYZ

ABCDEFG
HIJKLMN
OPQRSTU
VWXYZÄ

Bild 321. Dekorative Versalien der breiten, fetten Antiqua (klassizistischer Typ). F. A. Brockhaus, Leipzig 1846

BERLIN

Bild 322. Dekorative Versalien der schmalen, fetten Antiqua (klassizistischer Typ). F. A. Brockhaus, Leipzig 1846

RICHES

Bild 323. Dekorative Versalien der breiten, fetten Antiqua (klassizistischer Typ). John T. White, New York 1845

ELDON

Bild 324. Dekorative Versalien der breiten, fetten Antiqua (klassizistischer Typ). John T. White, New York 1845

Bild 325. Dekorative Versalien der schmalen, fetten Antiqua (klassizistischer Typ). Gillé, Paris 1828. Deberny & Peignot

ABCDEFG
HIJKLMN
OPQRSTU
VWXYZ12
3456789

137

ABCDEFG
HIJKLMN
OPQRSTU
VWXYZÇ&

abcdefghij
klmnopqrs
tuvwxyzch
ßckäöü

1234567890

Bild 326. Egyptienne „Neutra". Entworfen von Albert Kapr. Typoart Dresden

Bild 327. Schmale, halbfette Egyptienne. J. G. Schelter & Giesecke, Leipzig 1897

Auf den Seiten 140 und 141:

Bild 328. Dekorative Versalien der breiten, fetten Egyptienne. „Lettres ombrées ornées". J. Gillé. Paris 1810. Deberny & Peignot, Paris (Verkleinerung). Aus Jan Tschichold, Meisterbuch der Schrift, 2. Aufl. Ravensburg 1965. Nachdruck mit freundlicher Genehmigung des Autors und des Otto Maier Verlages

Bild 329. Dekorative Versalien einer breiten, fetten Egyptienne-Tuscan (Mischform) „Romantiques". Paris, um 1830. Fonderie Typographique Française, Paris XV. Aus: Jan Tschichold, Meisterbuch der Schrift, 2. Aufl. Ravensburg 1965. Nachdruck mit freundlicher Genehmigung des Autors und des Otto Maier Verlages

ABCDEFG
HIJKLMN
OPQRSTU
VWXYZ
1234567 80

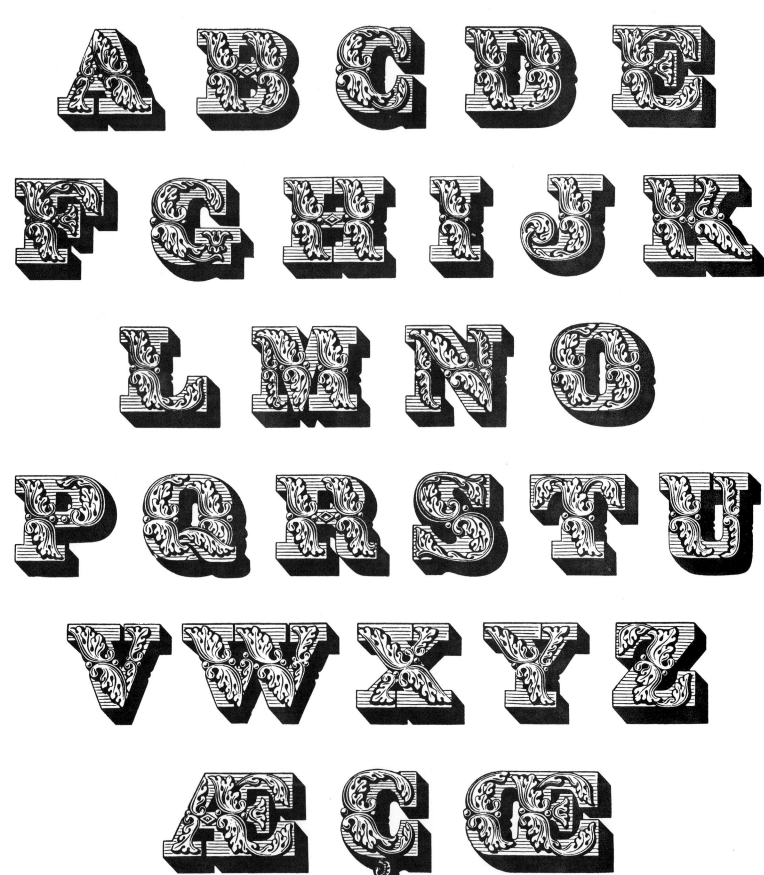

Bild 328

A B C D E
F G H I J K
L M N O
P Q R S T U
V W X Y Z
1 2 3 4 5 6 7 8 9 0

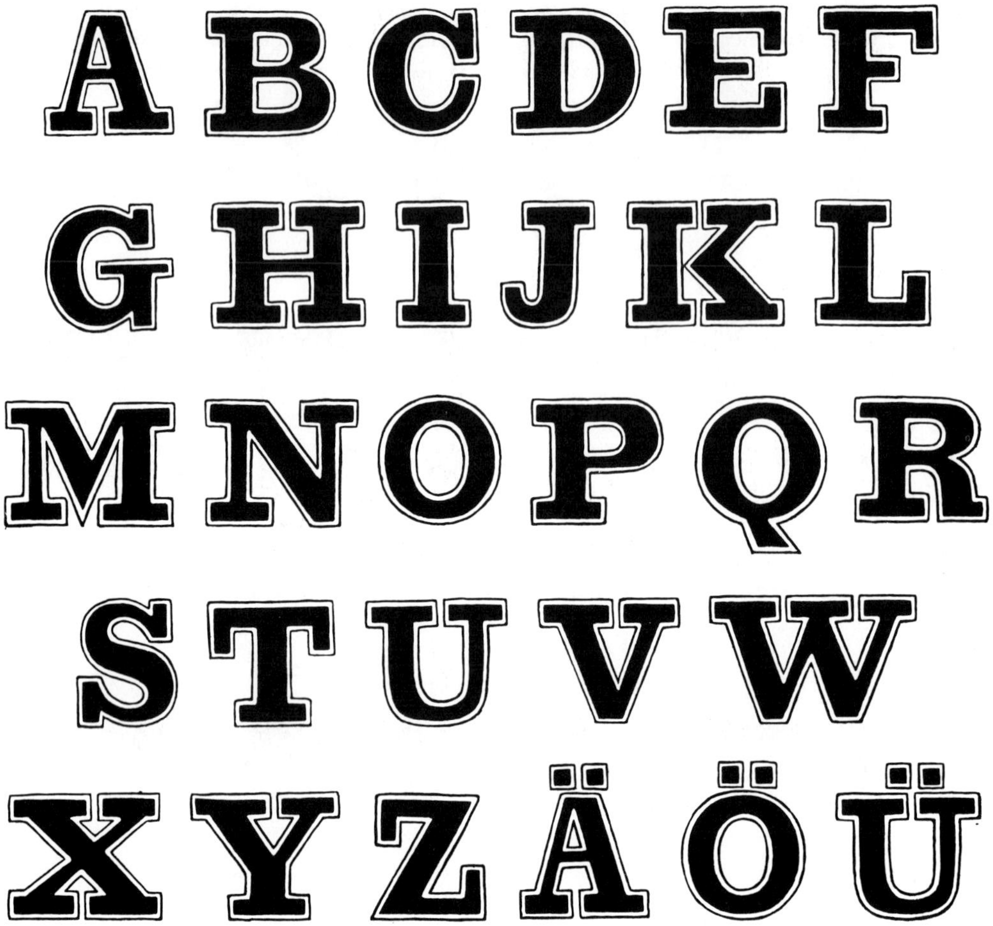

ABCDEF
GHIJKL
MNOPQR
STUVW
XYZÄÖÜ

Bild 330. Dekorative Versalien der breiten, fetten Egyptienne. F. A. Brockhaus, Leipzig 1846

BARSINGEHO

Bild 331. Dekorative Versalien der schmalen, fetten Egyptienne. Joh. Enschedé en Zonen. Haarlem, Mitte 19. Jahrhundert

ZEIST

Bild 332. Dekorative Versalien der fetten Egyptienne. Joh. Enschedé en Zonen. Haarlem, Mitte 19. Jahrhundert

APLEXMONDRCHT

THIERY

AMERIC

HAMBURG

WEIMT

GENMUIDJSP

WYMING

HAARLEM

ABCDE
FGHIK

Bild 340. Tuscan. Genzsch & Heyse, Hamburg 1834

REINES

Bild 341. Dekorative Tuscan. Frankreich, 19. Jahrhundert

CHATEAU
GONTIER

Bild 342. Dekorative Tuscan. Frankreich, 19. Jahrhundert

HUMAN

Bild 343. Dekorative Tuscan. John T. White, New York, 19. Jahrhundert

Bild 344. Tuscan. Dekorative Ziffern. Aus: Alphabets for Signwriters, Artists and Illuminators, London 1956

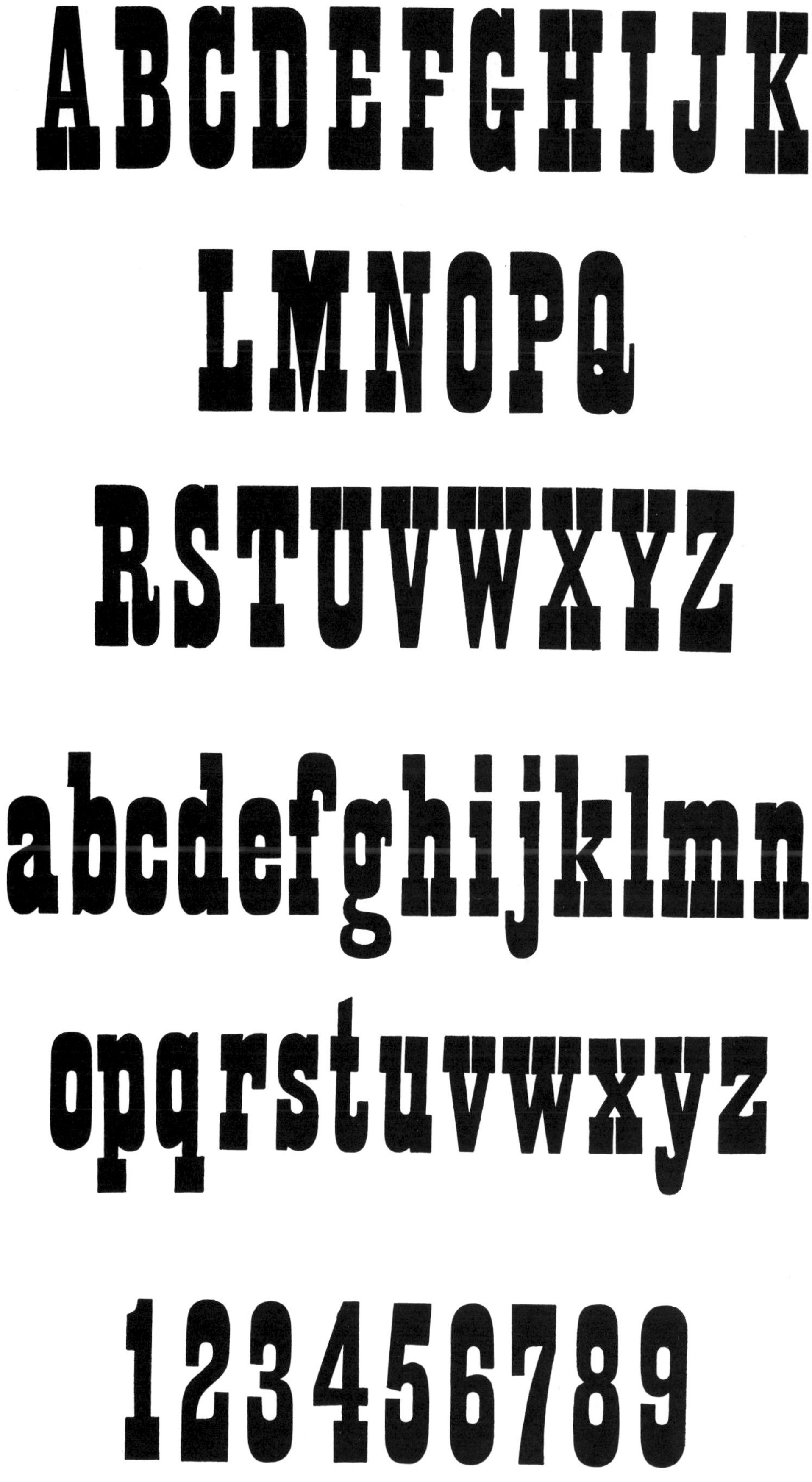

ABCDEFGHIJK
LMNOPQ
RSTUVWXYZ
abcdefghijklmn
opqrstuvwxyz
1234567890

Bild 345. Schmale Italienne des 19. Jahrhunderts

ABCDEFGHI
KLMNOPQU
RSTVWXYZ
1234567890

Bild 346. Alphabet im Charakter einer Egyptienne-Kursiv. Entworfen von Volker Küster, 1966

abcdefghijk
lmnopqrstu
vwxyzßäöü
&.,:;-'()!?»«-*J

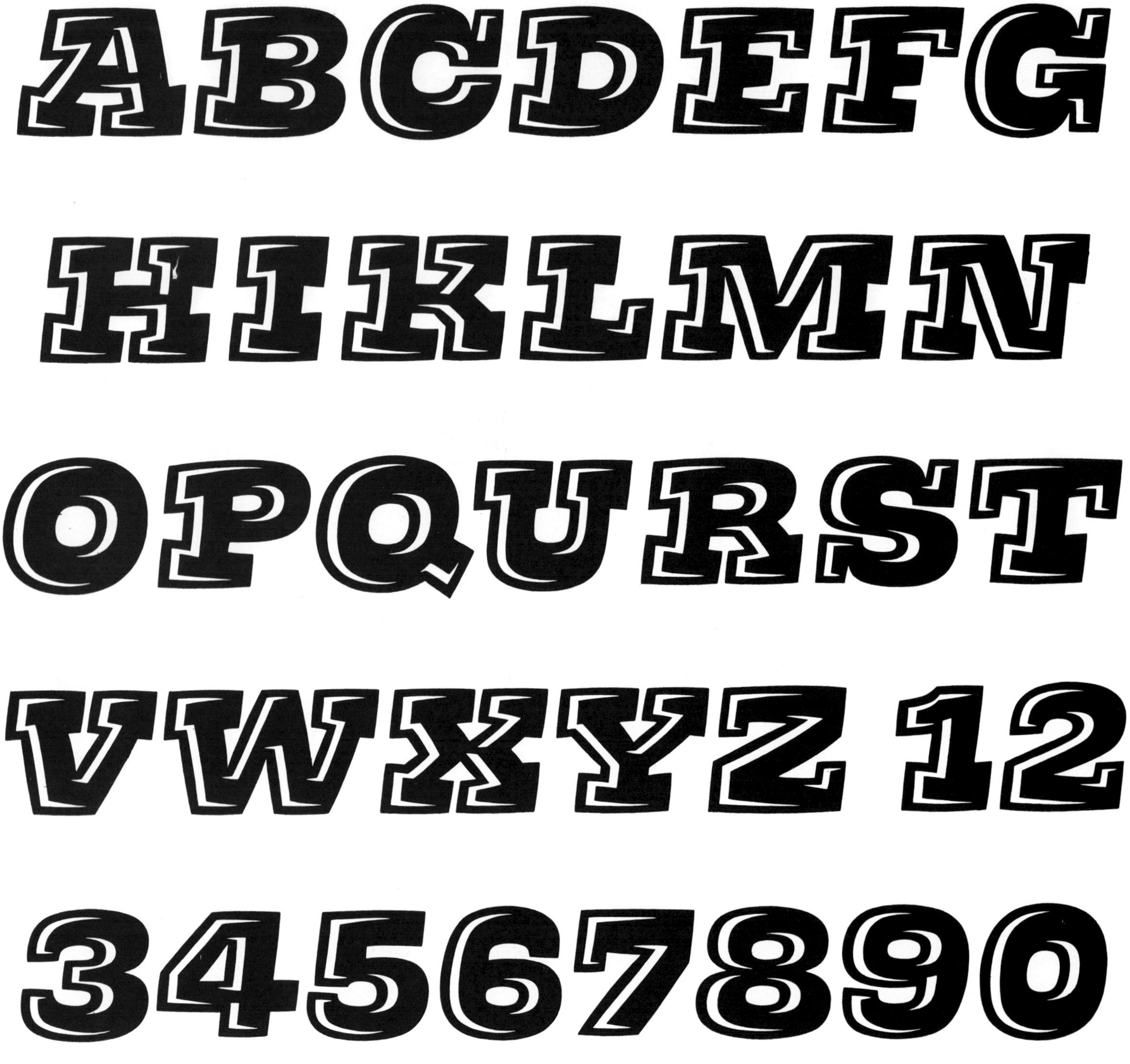

ABCDEFG

HIKLMN

OPQURST

VWXYZ 12

34567890

Bild 347

Bild 348

ABCDEFG

148

ABCDEFG
HIJKLMNOP
QRST
UVWXYZ
1234567890

abcdefg
hijklmnopqrst
uvwxyz&äöü

ABCDEFGHIJKLMNOPQRSTUVWXYZ

ABC
DEFGHIJKL
MNOPQRST
UVWXYZ

abcdefghijkl
mnopqrsſtu
vwxyz

1234567890

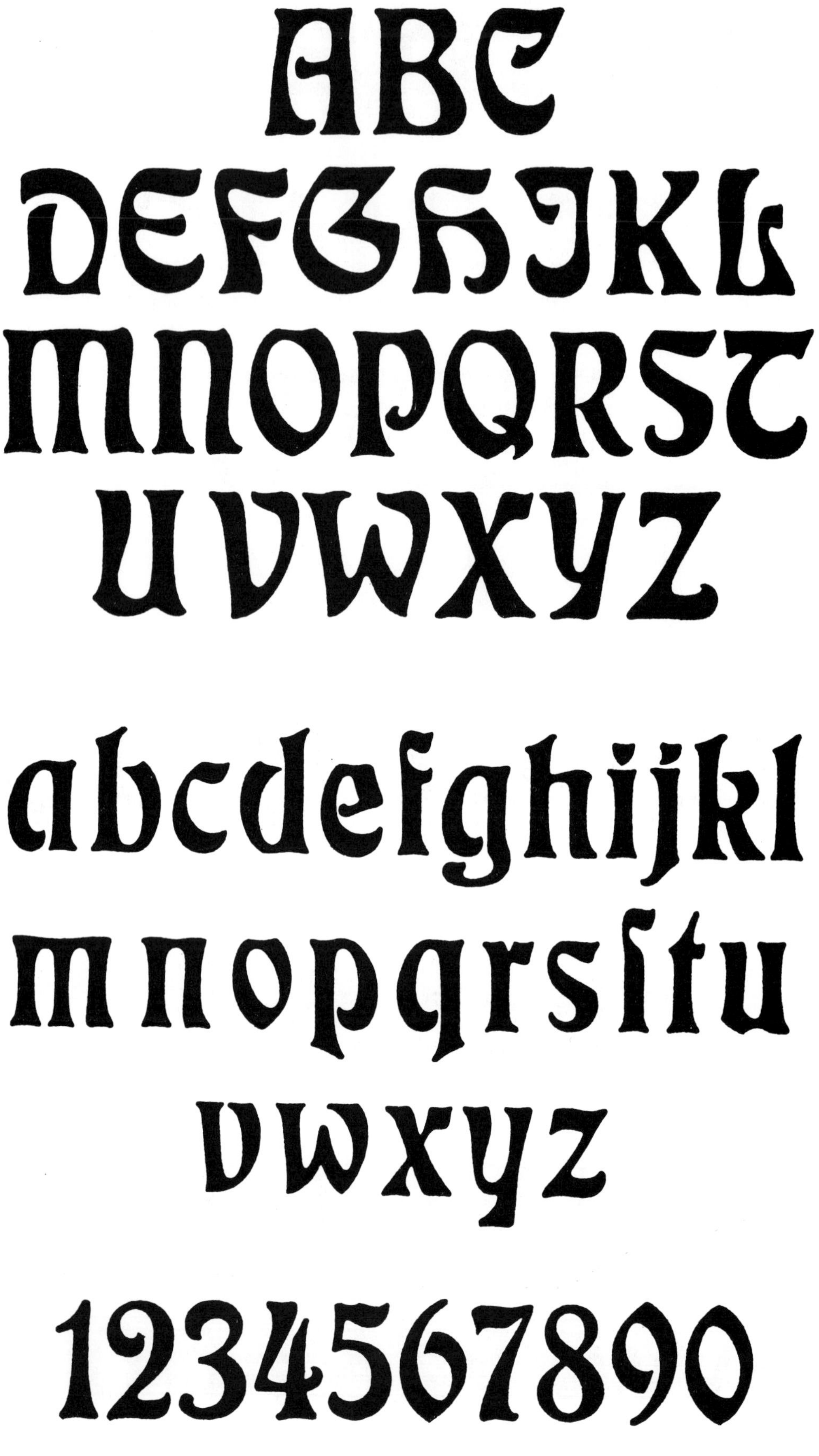

Bild 350. Eckmann-Schrift (Jugendstil). Gebrüder Klingspor. Offenbach am Main, um 1900

Bild 351. Futura, Grotesk von Paul Renner. Bauersche Gießerei, Frankfurt/Main 1932. (Vergrößerung)

Auf den Seiten 152 und 153:

Bild 352. Akzidenz-Grotesk. H. Berthold AG Berlin-Stuttgart. Erstschnitt um 1898. Reproduktion von „diatype", 1961—67

ABCDEFG
HIJKLMNOP
QRSTU
VWXYZ
1234567890
abcdefg
hijklmnopqrst
uvwxyz

ABCDEFGHIJKLMNOPQRSTUVWXŽ
YZÄÖÜÈÕŠ1234567890»«„;:–!?"§&()[]
abcdefghijklmnopqrstuvwxyzß äöü ãéž

ABCDEFGHIJKLMNOPQRSTUVW
XYZÄÖÜØÅÇ1234567890(;:!?'–§&]
abcdefghijklmnopqrstuvwxyzßäöüåç

ABCDEFGHIJKLMNOPQRSTUVW
XYZÄÖÜĞË1234567890›‹;!?""§&)[
abcdefghijklmnopqrstuvwxyzß äöü

ABCDEFGHIJKLMNOPQRSTUV
WXYZÄÖÜ1234567890,;:!?äöü
abcdefghijklmnopqrstuvwxyzßí

ABCDEFGHIJKLMNOP
QRSTUVWXYZÄÖÜÅÉŠ
1234567890%;!?§&([›/
abcdefghijklmnopqrst
uvwxyzßäöüåéçš

АБВГДЕЖЗИЙКЛМНОПРСТУФХ
ЦЧШЩЭЮЯЁЪЫЬабвгдежзийкл
мнопрстуфхцчшщэюяёъыь

АБВГДЕЖЗИЙКЛМНОПРСТУФХ
ЦЧШЩЭЮЯЁЪЫЬабвгдежзийк
лмнопрстуфхцчшщэюяёъыь

ABCDEFGH
JKLMNOP
QRSTUVW
XYZJ ÄÖÜ
123
4567890

abcdefghijkl
mnopqrstuv
wxyzßäöü
&&%*†
(.:!?,;–—»„"/'ˊˇ)

Bild 353. Grotesk. Entworfen von Harald Brödel, 1968

155

ABCDEFGH
JKLMNOP
QRSTUVW
XYZJÄÖÜ
123
4567890

abcdefghijkl
mnopqrstuv
wxyzßäöü
&&%*†
(.:!?;-—„""»/´˝˘)

Bild 354. Grotesk. Entworfen von Harald Brödel, 1968

157

ABCDEFG
HIJKLMNO
PQRSTUV
WXYZJ
ÄÖÜ123
4567890

abcdefghij
klmnopqrst
uvwxyzß
äöü &&%*†
(:!?;-—„"»'''/

Bild 355. Grotesk. Entworfen von Harald Brödel, 1968

ABCDEFGHI
JKLMNOPQ
RSTU
VWXYZÄÖÜ
&123
4567890

Bild 356. Schmale Grotesk. Entworfen von Harald Brödel. 1968

abcdefghijkl
mnopqr
stuvwxyzß
äöü
&%*†»«[]§
(:!?,;.--/.„""´)

ABCDEFGHIJK
LMNOPQRSTU
VWXYZ

1234567890

Bild 357. Schmale Grotesk. Arbeit der Autorin, 1967

abcdefghijklmn
opqrstuvwxyz
Variante

(. , : ; ! ? & % ' » « *)

Auf den Seiten 164 und 165

Bild 358. Grotesk, mit der Redisfeder geschrieben und dann überzeichnet. Arbeit der Autorin, 1965

ABCDEF
GHIJK
LMOPR
STUV
WXYZ

Bild 358a

БГДЖЗ
ЙИЛОП
ФХЦЧ
ШЩЦЬЬ
ЭЮЯ

Die russische Sprache findet in der Gegenwart immer größeres Interesse. Deshalb sollen diesem Kapitel auch einige kyrillische Schriftbeispiele beigefügt sein.

Über die Entstehungsgeschichte der Kyrilliza gibt es in Fachkreisen sehr stark voneinander abweichende Meinungen, die im Rahmen dieser Arbeit nicht dargelegt werden können. Hier sei nur so viel gesagt:

Die frühesten Dokumente der kyrillischen Schrift stammen aus dem 9. Jahrhundert. Im 13. Jahrhundert hatte sie sich im ostslawischen Sprachgebiet endgültig durchgesetzt. Der größte Teil ihrer Figuren kam aus der griechischen Majuskel-Unziale des 9. bis 11. Jahrhunderts, die übrigen sind Ligaturen des Griechischen oder Ableitungen aus dem glagolitischen Alphabet. Die älteste Form der Kyrilliza wird Ustav genannt. Sehr früh entstand ein weiterer Duktus, die Poluustav, deren Formen nicht mehr so konsequent geometrisch gehalten sind wie bei der Ustav. Die späte Poluustav diente im 16. Jahrhundert als Vorlage für die ersten Druckschriften. Im 15. Jahrhundert entwickelte sich auch eine Kursiv mit Ansätzen zu Ober- und Unterlängen. Die Kyrilliza wurde vorwiegend mit flacher Federhaltung in starkem Fett-Fein-Kontrast geschrieben. Peter I. veranlaßte 1708 eine Reform der Kyrilliza unter Anlehnung an die holländischen Barockschriften. Auch die Schreibschrift wurde unter maßgeblichem Anteil des Stichels geformt. Diese sogenannte bürgerliche Schrift hat sich bis heute, von geringen, durch orthographische Reformen bedingten Kürzungen und Vereinfachungen abgesehen, fast unverändert erhalten.

Den hier gezeigten Versuchen (Bilder 359 und 360) lag das Bemühen zugrunde, die kyrillische Schrift im Gegensatz zu der bisher üblichen, historisch überlieferten Schreibweise mit der der lateinischen Schrift der Renaissance eigenen Federführung zu schreiben.

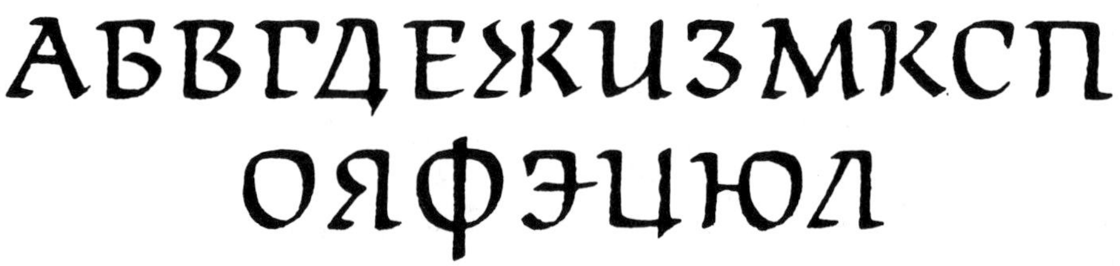

Bild 359. Kyrillische Versalien. Studie der Autorin

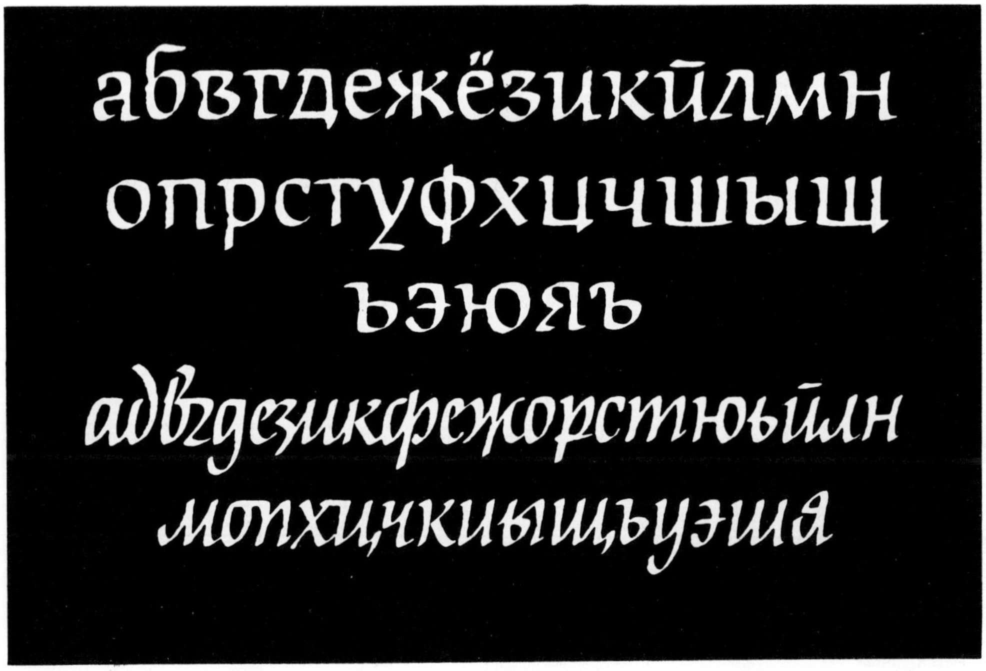

Bild 360. Kyrillische Kleinbuchstaben. Studie der Autorin

Auf Seite 167:

Bild 361a.Kyrillische Grotesk, entworfen von Wassil Barakow. Aus: Wassil Jontschew, Die Schrift durch die Jahrhunderte, Sofia 1964

Bild 361b.Kyrillisches Versalalphabet im Charakter einer mit der Feder geschriebenen Antiqua. S. B. Telingater, Moskau 1958

АБВГДЕЖЗИЙКЛМ
НОПРСТУФХЦЧШ
ЩЪЬЮЯ
абвгдежзийклмноп
рстуфхцчшщъьюя
1234567890

Bild 361 a

Bild 361 b

АБВГДЕЖЗИЙКЛМФ
ХЦЧШЭНОПРСТУ
ЩЮЯЫЪ

De	Fr	Sa	So	Di	Mo	Di	Mi	Do	Je	Fr	Sa	So	Di	Mo	Di	Mi	Do	Fr	Sa	So	Di	Mo	Di	Mi	Do	Fr
Je	Ve	Sa	Di	Lu	Ma	Me	Me	Je	Th	Ve	Sa	Su	Lu	Mo	Ma	Me	Th	Ve	Sa	Su	Lu	Mo	Ma	Me	Th	Ve
Th	Fr	Sa	Su	Lu	Lu	Tu	Me	Th	Th	Fr	Sa	Do	Lu	Mo	Ma	We	Gi	Fr	Sa	Do	Lu	Mo	Ma	We	Gi	Fr
Gi	Ve	Sa	Do	Su	Lu	Ma	We	Gi	Th	Ve	Sa	Do	Su	Lu	Ma	We	Gi	Fr	Sa	Do	Su	Lu	Ma	We	Gi	Fr

1 2 3 4 5 6 7 8 9 10 11 12 13 14 15 16 17 18 19 20 21 22 23 24 25 26 27 28 29 30

Juni
Juin
June
Giugno

l m n

Bild 362. Walter Breker. Blatt aus einem Kalender

4. Die Schrift in der Praxis

170

Die Möglichkeiten der Schriftanwendung sind in der Praxis außerordentlich vielfältig. Sie erstrecken sich nicht nur auf die verschiedenen Bereiche der Gebrauchsgraphik, sondern auch auf das Straßenbild, die Architektur und das Kunsthandwerk. Dann steht der Gestalter jedesmal vor der Entscheidung, welches Material, welche Technik, welche Schrift, welche Anordnung er im konkreten Falle wählen soll. Diese Entscheidung kann ihm niemand abnehmen; er wird sie nach seinem Können, nach seinen Erfahrungen, nach seinem Geschmack, nach den ihm zur Verfügung stehenden Mitteln und so zweckentsprechend wie möglich zu fällen haben. Der folgende Teil soll, wie auch die vorhergehenden, Grundregeln und Erfahrungswerte vermitteln. Es sei nachdrücklich darauf verwiesen, daß diese Regeln nicht mechanisch angewendet werden dürfen. „Eine simple Erfahrung ist die Klugheit der Dummen", lautet ein Sprichwort. Der zur Verfügung stehende Raum gestattet es auch nicht, auf alle vorkommenden Fälle einzugehen.

Das Buch ist weder ein Lehrbuch der Gebrauchsgraphik noch der Typographie. Die Anwendungsmöglichkeiten der Schrift innerhalb der Gebrauchsgraphik sind viel umfangreicher, als hier dargestellt werden kann. Sie reichen von der Briefmarke bis zur Großflächenwerbung, von der Glückwunschkarte bis zur Ausstellungsbeschriftung, und auch die Ausstattung typographischer Bücher mit kalligraphischen Elementen gehört dazu. Darum ist Abschnitt 4.4. keineswegs vollständig. Er behandelt nur solche Gebiete, bei denen die geschriebene und gezeichnete Schrift nicht nur ein Lesbarmachen der Aussage ist, sondern zu einem dominierenden Gestaltungsmittel werden kann, und er beschreibt die Marke, das Plakat, die Verpackung, den Buchumschlag nur in dem Maße, wie das für den Einsatz der Schrift notwendig ist. Das Buch kann und will auch nicht das für jeden Schriftgestalter notwendige Studium typographischen Gestaltens ersetzen. Auf handwerkliche Spezialtechniken, wie z. B. Putzbeschriftungen, wird nur so weit eingegangen, als die Bedingungen der Technik bei Entwürfen berücksichtigt werden müssen oder der Graphiker in der Lage ist, die Techniken selbst auszuführen.

Bild 363. Fritz Kühn, Türgitter mit dem Buchstaben A. Stadtbibliothek Berlin (Foto Fritz Kühn)

4.1. Grundsätzliches über Auswahl und Mischen von Schriften

4.1.1. Die Auswahl [1]

Ganz gleich, ob die Schrift in der Anwendung als alleiniges oder ergänzendes Gestaltungsmittel eingesetzt wird, ob man sie zeichnet oder schreibt, setzt oder von Vorlagen reproduziert, Stempel oder Klebebuchstaben verwendet oder sie aus geeignetem Material plastisch formt — Ziel der Schriftwahl ist es, ein zweckmäßiges, harmonisches und lebendiges Verhältnis zwischen Text und Schrift, Inhalt und Form herzustellen. Es sei aber ausdrücklich gesagt, daß dieses Ziel nicht ausschließlich mit der Auswahl einer Schrift zu erreichen ist. Vielmehr wirken hierbei auch andere Gestaltungselemente, wie Größe und Proportionen des Formats, Randverhältnisse, Zeilenzwischenräume, Untergrund- und Auszeichnungsfarbe, mit. Allein durch die verschiedenen Möglichkeiten der Anordnung kann sich — selbst wenn eine ganz neutrale Schrift, etwa eine Grotesk, verwendet wird — eine reiche Skala von Ausdrucksmöglichkeiten ergeben.

Ob es dem Gestalter gelingt, eine zur Aufgabe passende und sich in die graphische Gesamtkonzeption einfügende Schrift zu finden, hängt nicht zuletzt davon ab, in welchem Umfang er die Möglichkeiten ihrer formalen Abwandlung und ihre Ausdrucksfähigkeit kennt und beherrscht und ob er sie stilistisch, technisch und materialmäßig richtig einzusetzen vermag. Rezepte zu geben ist auch hier nicht möglich. Die Hinweise sollen dem Lernenden lediglich helfen, grobe Fehler zu vermeiden. Im übrigen ist es notwendig, das eigene Stilempfinden immer wieder zu schulen, bis man zu ästhetisch befriedigenden Leistungen kommt.

Alle für die Wahl einer Schrift in Frage kommenden Faktoren sind in ihrer Gesamtheit zu berücksichtigen.

1. Die Schrift muß sich materialgerecht ausführen lassen. Werkzeug und Material sind bekanntlich in nicht geringem Maße an der Bildung der Form beteiligt. Umgekehrt darf man aber auch eine bestimmte Form nicht in ein Material zwingen wollen, wenn dieses und das damit verbundene Arbeitsverfahren zu den Vorgängen, die an der Bildung des Schriftcharakters ursprünglich beteiligt waren, keine Beziehung haben. Auch ist manches Werkzeug nur in einer bestimmten Größe brauchbar. Deshalb kann man z.B. manche Breitfederschriftzüge nicht ohne weiteres über ein gewisses Maß hinaus vergrößern oder einen flotten Pinselzug als Reliefkörper formen wollen.

2. Ein weiterer Faktor ist der Aufmerksamkeitswert. Hier geht es um die Größe, die Lesbarkeit und den Ausdruckswert einer Schrift. Diese Probleme sind bereits in anderen Zusammenhängen erläutert worden. Ob Lesbarkeit, Größe und Ausdruck gleichrangig zu behandeln sind oder ob einer der Faktoren im gegebenen Fall vor den anderen Vorrang haben kann, hängt ab vom Zweck der Aufgabe, z. B. der werblichen Konzeption, und auch davon, in welchem Maße das Schriftbild zum optischen Träger einer Aussage gemacht werden soll.

Wo es die Aufgabe erfordert, muß die Schrift nicht nur im notwendigen Maße wahrnehmbar und lesbar sein, sondern sollte darüber hinaus so originell gestaltet werden, daß sich das Schriftbild dem Betrachter einprägt oder von ihm im Wiederholungsfalle wiedererkannt wird.

3. Bei der Wahl einer Schrift ist auf die graphische Gesamtkonzeption Rücksicht zu nehmen. Wenn diese mehrere Schriften erfordert, müssen die Regeln der Mischung beachtet werden. Größen- und Gewichtsverhältnisse unterliegen Kompositionsgesetzen.

In Verbindung mit Bildmaterial hat die Schrift zumeist eine ergänzende oder untergeordnete Funktion. Hier empfiehlt es sich, Bild und Schrift in ihrer Kontrastwirkung zu steigern, indem man den Graphiken, Illustrationen, Gemäldereproduktionen u.a. Satzschriften gegenüberstellt. In ihrem Ausdruckswert relativ neutrale Schriften wie die Garamond, die Walbaum oder Bodoni oder Groteskschriften, vermögen derartige Aufgaben am besten zu lösen. Zum Foto passen ebenfalls neutrale Schriften am besten. In manchen Fällen ist es aber auch möglich, Schrift und Bild durch das gleiche Material, das gleiche Werkzeug und die gleiche Ausführungstechnik zu einer Einheit zu bringen (z. B. Pinselzeichnung —

---

1 Für diesen Abschnitt erhielt ich wertvolle Hinweise aus dem Buch „Schrift muß passen" von Leopold Nettelhorst, Wirtschaft und Werbung, Verlagsgesellschaft mbH, Essen 1959

Bild 364. Jürgen Förster. Signet für P. N. Stein, Spezialfabrik für Matratzenböden

Pinselschrift). Wird die Beschriftung in solchen Fällen nachträglich von anderer Hand hinzugefügt, so verlangt dies ein außerordentliches künstlerisches Einfühlungsvermögen.

4. Schrift sollte, wo dies angebracht und möglich ist, hinsichtlich ihres Ausdrucks dem Inhalt, dem Geist des Textes entsprechen, denn das optisch-emotionelle Einwirken auf den Leser ist ein Bestandteil ihrer kommunikativen Funktion. Jede Schrift vermittelt Assoziationen, die auch vom Laien unbewußt empfunden werden. Völlig mißverstanden würde diese Forderung allerdings von einem Gestalter, der sich verpflichtet fühlte, für die Firmenbeschriftung einer Brikettfabrik z. B. die Buchstabenteile so zu verformen, daß sie Briketts ähnlich sehen, oder bei einer Marke für einen Kühlanlagenbau mit Buchstabenteilen tropfenden Schnee darzustellen. Buchstaben können die Dinge selbst nicht verbildlichen. Auch historische Beispiele solcher Art stellen Ausnahmeerscheinungen innerhalb der Schriftentwicklung dar. Nur bei Gestaltungen im Markencharakter ist es mitunter möglich, eine Synthese von Schrift- und Bildzeichen herzustellen (Bild 364). Bei der Schriftwahl für Themen aus dem Bereich der Literatur, der bildenden Kunst, der Musik oder der Geschichte u. ä., also wenn eine enge Beziehung zu einer Stilepoche vorhanden ist, werden sich zumeist ohne weiteres historisierende Assoziationen herstellen lassen, denn jede Schrift empfängt bekanntlich ihre Ausdruckskraft auch aus ihrer stilgeschichtlichen Bindung. Dem Lernenden seien deshalb vergleichende Studien zur Kulturgeschichte und Stilkunde empfohlen. Doch ist dies auch bei solchen Texten nicht immer der allein mögliche und der einzig richtige Weg, um zu einer dem Text adäquaten Gestaltung zu kommen. Paul Renner sagt dazu in seinem Aufsatz „mechanisierte grafik", 1931: „Es ist nicht unsere Aufgabe, jedem literarischen Inhalt ein zeitgemäßes Kostüm anzuziehen. Wir haben nur dafür zu sorgen, daß er im Stil unserer Zeit ein passendes Kleid bekommt."[1]

Mindestens ebenso wichtig wie die histori-

sierenden sind jene Assoziationen, die von der graphischen Beschaffenheit der Buchstaben ausgehen und ihren formalen und psychologischen Ausdruckswert bilden. Material und Werkzeug ergeben Eigentümlichkeiten, wie z. B. glatt, exakt, gerissen, scharf, teigig, rauh. Je nach der Breite der Grundstriche, ihrem Verhältnis zum Binnenraum und dem Verhältnis von Balkendicke zu Buchstabenhöhe wirkt das Schriftbild schmal und mager, schmal und fett oder breit und mager oder breit und fett (Bild 365). Diese Grundproportionen sowie der Fett-Fein-Kontrast vermitteln Werte, wie mager, hell, leicht, dünn, zart, blaß oder fett, dunkel, schwer. Aus der Art, wie die Grundstriche verlaufen und miteinander verbunden sind, ergeben sich Eindrücke, wie z. B. rund, weich, geschwungen, straff, oder spitz, eckig, hart, spröde. Hinsichtlich ihres rhythmischen Ablaufs kann eine Schrift geschmeidig, fließend, drängend' schwingend, straff oder starr, unlebendig, monoton wirken. Hinsichtlich der Dynamik kann man sie als kraftvoll, zügig, frisch oder verhalten, gezügelt, gehemmt, gebremst empfinden. In ihrem Ausdruck kann sie u. a. zurückhaltend, intensiv, individuell, differenziert oder maniert und affektiert sein. Selbstverständlich ist es nicht möglich, alle Ausdruckswerte aller Schriftcharaktere aufzuzählen, und es braucht auch nicht besonders erläutert zu werden, daß die Bezeichnungen relativ zu verstehen sind. Da sich derartige Wertigkeiten in unserer Vorstellung mit den Eigenschaften bestimmter Dinge verbinden lassen, können eine Reihe von Eigenschaften, die in einem Ding enthalten sind oder die etwas über das Wesen eines Dinges aussagen, mit den Mitteln der Schrift dargestellt werden (nach Nettelhorst).

Natürlich werden bei der Auswahl einer Schrift immer auch die Persönlichkeit des Gestalters, sein Temperament, sein Geschmack, seine Phantasie und seine schöpferische Potenz eine Rolle spielen, vornehmlich dann, wenn er die Schrift selbst entwirft. Ein guter Schriftgraphiker wird jedoch auf gesuchte Originalität verzichten. Besonders dann wenn eine Gestaltung über längere Zeit hin Gültigkeit haben soll (z. B. Warenzeichen, Beschriftungen in der Architektur), muß die Persönlichkeit völlig hinter der Aufgabe zurücktreten.

Bild 365

1 Zitat aus Emil Ruder, Die richtige Schriftwahl. In Hausmitteilungen der Linotype GmbH Berlin und Frankfurt am Main, Heft 56, Nov. 1962

4.1.2. **Das Mischen**

Die Erfahrungswerte für das Mischen typographischer Schriften können sinngemäß auch für kalligraphische Arbeiten angewandt werden. Man sollte es möglichst vermeiden, in einer Arbeit mehr als 3 verschiedene Elemente zu verwenden. Eine Ausnahme bilden rein dekorative Gestaltungen, wie sie gegenwärtig besonders häufig in der Werbegraphik und Werbetypographie auftreten.

Mischungen sind möglich
1. innerhalb einer Schriftgarnitur, also die Mischung von einem kleineren und einem größeren Grad;
2. innerhalb einer Schriftfamilie, also Antiqua mit Kursiv, Versalien mit Gemeinen oder Antiqua mit ihrer halbfetten oder fetten Ausführung;
3. innerhalb einer historischen Stilgruppe, zum Beispiel
a) Renaissance-Antiqua mit -Fraktur,
b) Schwabacher mit Textur,
c) moderne Abwandlungen der Renaissance-Antiqua, z. B. Tschörtner-Antiqua mit modernen Modifikationen der Textur,
d) Egyptienne oder Grotesk mit englischen Schreibschriften,
e) historische Fraktur mit Schwabacher,
f) klassizistische Antiqua mit klassizistischen Formen der Fraktur;
4. bei schmalfetten Groteskschriften, Egyptienneschriften sowie modernen handschriftlichen Formen wie Pinselschriften, die meist zu historisierenden wie auch zu modernen Antiquatypen, zur Grotesk wie zu klassizistischen Schriften passen.
In diesem Zusammenhang soll auch auf die Möglichkeiten der Kontrastmischung hingewiesen werden, z. B. Grotesk mit Garamond oder englische Schreibschrift mit der schmalen Steinschrift.
Bei Zierversalien ist die Grundschrift zu berücksichtigen, z. B. kann man ornamentierte Versalien, die von klassizistischen Formen ausgehen, sehr gut zu einer klassizistischen Grundschrift stellen.

Keinesfalls mischbar sind
1. historische Schriften mit ihren modernen Abwandlungen, z. B. Akzidenz-Grotesk mit Super-Grotesk oder Garamond-Antiqua mit Tschörtner-Antiqua;
2. Frakturschriften verschiedener Art;
3. klassizistische Schriften mit Renaissanceschriften.

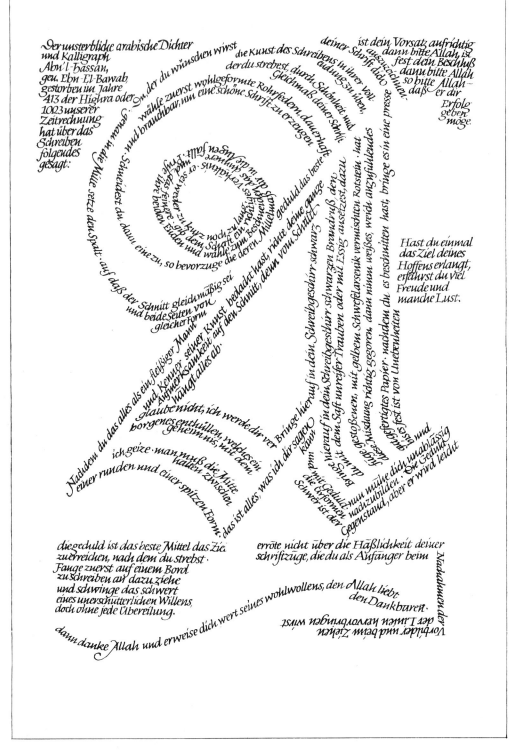

Bild 366. Albert Kapr, Kalligraphische Studie

4.2. Kalligraphie

4.2.1. Schriftzüge

Ein guter Schriftzug soll nicht nur schön und effektvoll aussehen, sondern auch erfüllt sein von der Bewegung, der Vitalität, dem Geist oder dem Witz, der in einer Sache steckt. Voraussetzung dazu ist, daß sich der Schreiber einen genügend großen Formvorrat erarbeitet hat und ein gutes Einfühlungsvermögen besitzt. Schaumschlägerei ergibt noch keinen Schriftzug. Das Wortbild muß komponiert werden. Der Schriftzug lebt aus der interessanten Umrißform, dem Ausspielen der Gegensätze von fetten und feinen Linien, großen und kleinen, geraden und runden, einfachen und komplizierten Formen, senkrechten und waagrechten Zügen und dem Eindruck eines mühelosen Vortrages. Alle Bewegungen sollen organisch aus dem Duktus der Mittelhöhen wachsen, d. h., die Mittelhöhen müssen qualitativ so ausgeführt werden, daß sie die Ober- und Unterlängen tragen können. Beim schnellen Schreiben entstehende interessante Zufälligkeiten und die Besonderheiten des Materials, wie borstige Pinsel, Stahl- und Rohrfedern, Kreide, rauhes Papier usw., sollte man geschickt ausnutzen. Eventuell kann man gelungene Partien ausschneiden und aneinanderkleben. Das Ergebnis muß aber immer so wirken, als ob es in einem Zuge geschrieben sei.

4.2.2. Urkunden und Adressen [1]

Allgemeines
Die Ausführung von Urkunden und Adressen nimmt in der kalligraphischen Praxis einen bedeutenden Platz ein. Vielfältige Gestaltungsmöglichkeiten stehen zur Verfügung: Einzelblätter beschreibt man einseitig und läßt sie rahmen oder bringt sie in eine Mappe oder Kassette. Eine für Einzelblätter besonders attraktive Form der Verarbeitung ist die Pergamentrolle. Doppelseiten legt man ebenfalls in Mappen oder Kassetten ein. Umfangreichere Adressen oder Festschriften wird man am besten in

Form von gebundenen Handschriften, d. h. in Buchform ausführen.

Textteil und Hülle müssen eine gestalterische Einheit bilden. Es ist deshalb in jedem Falle wichtig, sich schon vor der Konzeption des Entwurfs über die Möglichkeiten der buchbinderischen Verarbeitung zu informieren (s. auch Abschnitt 4.2.4.). So ist es z. B. für Falzung und Weiterverarbeitung von Doppelseiten unbedingt notwendig, beim Beschneiden des Formats die Laufrichtung des Papiers zu berücksichtigen. Sollen mit der Arbeit besondere Ansprüche hinsichtlich Qualität und Material befriedigt werden, so empfiehlt es sich, mit einem auf dem Gebiet des künstlerischen Handeinbands tätigen Buchbinder zusammenzuarbeiten. Auch er muß bereits vor Beginn der Arbeit konsultiert werden.

Es ist wohl selbstverständlich, daß jeder Ausführung, insbesondere aber der Pergamentbeschriftung, sorgfältig ausgeführte Entwürfe vorausgehen müssen. Man schreibt den Text erst einmal vollständig in den in Frage kommenden Schriftcharakteren und -größen. Überschriften, Initialen und hervorzuhebende oder unterzuordnende Wörter bzw. Wortgruppen schreibt man gleich in verschiedenen Abwandlungen der Größe und Farbe, damit genügend Elemente zur Auswahl vorhanden sind. Mit Antiqua-Versalien, Gemeinen und Kapitälchen oder einer klaren, zurückhaltenden Kursiv bei sparsamstem Einsatz von Zierformen oder einer Mischung von Antiqua und Kursiv lassen sich viele moderne und entsprechend dem Anlaß mehr oder weniger repräsentative Lösungen finden. Historisierende Formen wie die Fraktur oder die Unziale wirken leicht etwas antiquiert, auch dann, wenn sie nur zur Auszeichnung verwendet werden. Doch ist es durchaus möglich, einen solchen negativen Eindruck durch eine gelungene moderne Anordnung aufzuheben. Die Farbe ist nur als Akzent einzusetzen. Zumeist genügt es, das wichtigste Wort oder die wichtigste Zeile bzw. Textgruppe oder den Anfangsbuchstaben des Textes hervorzuheben. Schwarz und Gold ergeben bei kalligraphischen Arbeiten auf Pergament einen der schönsten Farbkontraste. Aber auch mit Rot oder Türkisblau lassen sich vorzügliche Wirkungen erzielen. Rot mischt man aus Zinnober und Karmin mit etwas Deckweiß. Die Anteile werden je

---

1 Einen großen Teil der in diesem Kapitel gegebenen Hinweise habe ich Edward Johnstons Buch „Schreibschrift, Zierschrift und angewandte Schrift." Verlag Klinkhardt und Biermann, Leipzig 1921, entnommen.

nach der Farbe des Untergrundes so variiert, daß auf einem bläulich weißen Papier ein kaltes Rot und auf einem gelblich getönten Papier oder Pergament ein wärmeres Rot zu stehen kommt. Wappen, Signete oder sonstige Zeichen sehen am besten aus, wenn sie als Blindprägung oder vergoldet ausgeführt sind.

Man schneidet die zur Probe geschriebenen Zeilen aus und ordnet den Text auf dem beabsichtigten Format bzw. auf mehreren möglichen Formaten an. Ob die Gestaltung axial oder anaxial sein kann, ist nicht zuletzt ein Problem des Zeilenfalls, d. h. der Möglichkeiten, die der Text bietet. Umfangreiche Texte wird man zweckmäßigerweise vorn bündig anordnen. Man klebt erst auf, wenn die Gestaltung befriedigt.

Soll eine besonders repräsentative Wirkung erzielt werden und ist größere Haltbarkeit erwünscht, so ist Pergament als Beschreibstoff dem Papier vorzuziehen. Die komplizierte Vergoldetechnik wird man nur anwenden, wenn es sich um eine wertvolle Arbeit handelt, die den Aufwand rechtfertigt. Selbstverständlich dürfen nur echte Materialien verwendet werden. Pergamentimitationen oder Vergoldungen mittels eloxierter Alufolie, Tubengold oder Goldbronzepulver sind auch dann Kitsch, wenn damit nur Urkunden für eine Kreismeisterschaft im Tontaubenschießen ausgeführt werden, ganz abgesehen davon, daß die Goldfarbe nach kurzer Zeit schwarz wird. Die Beschriftung und Vergoldung auf Pergament erfordert jedoch umfangreiche Spezialkenntnisse und viele, nur durch Übung zu erwerbende Erfahrungen.

Das Schreiben auf Pergament
Von den erhältlichen Pergamentsorten ist das reine, weiße Kalbspergament zur Beschriftung besser geeignet als das sogenannte antike Kalbspergament, das eine stärkere und zumeist ungleichmäßige Färbung aufweist, da es nicht von geschlachteten, sondern von verendeten Tieren gewonnen wird. Die Häute, in der Fachsprache Felle genannt, haben eine helle Seite, die ursprüngliche Innenseite, und eine dunklere, zumeist gelbe, die ursprünglich behaarte Außenseite. Die Außenseite wird wegen ihrer interessanteren Oberflächenzeichnung zur Beschriftung vielfach bevorzugt. Muß man bei umfangreicheren Arbeiten mehrere Seiten,

und zwar Vorder- und Rückseiten beschriften, so sind diese so anzuordnen, daß beim Aufschlagen Innenseite neben Innenseite bzw. Außenseite neben Außenseite zu liegen kommt.

Für kalligraphische Arbeiten vorgesehene Pergamenthäute sollen möglichst wenig verhornte Stellen aufweisen. Für Einzelblätter, die gerahmt oder in Mappen oder Kassetten eingelegt werden, kann man relativ starke Häute verwenden. Aber bereits für eine Doppelseite muß das Pergament so dünn und weich wie möglich sein, damit sich das Blatt gut aufschlagen läßt.

Die Firma Conrad in Altenburg stellt neben Buchbinderpergamenten auf besonderen Wunsch auch kleinere Mengen Schreibpergament her. Nach dem Abschleifen erhalten die Häute durch maschinelle Bearbeitung beidseitig eine aufgerauhte, fast samtähnliche Oberfläche. Damit sind sie beschreibfähig. Das Buchbinderpergament dagegen wird nach dem Trocknen poliert und mit einer leichten Appretur aus stark verdünnter Eiweißlösung versehen. Nochmals getrocknet, zeigt es auf der Oberfläche einen matten Glanz. In dieser Beschaffenheit nimmt das Pergament die Schreibfarbe nur schlecht an, stellenweise perlt sie ab; auch beim Aufbringen der Vergoldepaste würden sich Schwierigkeiten ergeben. Steht Schreibpergament aus irgendwelchen Gründen nicht zur Verfügung, so kann man die Oberfläche des Buchbinderpergaments mit Hilfe verschiedener Verfahrensweisen beschreibbar machen. Die Art und Intensität der Behandlung muß man auf Beschnittresten der jeweiligen Haut ausprobieren, da jedes Pergament eine andere Beschaffenheit und einen anderen Fettgehalt aufweist. Hier seien einige Verfahrensweisen genannt: Johnston empfiehlt, fein geschlemmtes Bimssteinpulver, das in großen Drogerien erhältlich ist, mit einem weichen Lederlappen gleichmäßig in das Pergament einzureiben, bis es einen zarten Flaum erhält. Mit einem sehr sauberen Seidentuch oder einem Pinsel wird das Pulver dann lose abgeklopft bzw. vorsichtig abgestäubt.

Die zweite Verfahrensweise ist besonders dann zu empfehlen, wenn Farbe und Zeichnung der Pergamentoberfläche — etwa bei Pergamenteinbänden — erhalten bleiben sollen: Die Fläche wird mit einer leichten Kleesalzlösung oder Alaun abgewaschen.

Bild 367. Falsch

Bild 368. Richtig

Bild 369. Gerät zum Linieren (Zeichnung nach Johnston)

Bild 370. Glättstein (Achat)

Bild 371 (Zeichnung nach Johnston)

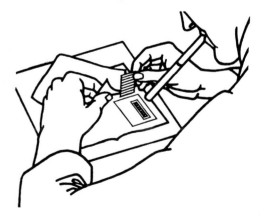

Bild 372 (Zeichnung nach Johnston)

Da das Pergament sehr stark hygroskopisch reagiert, muß es vorher auf einem Reißbrett oder einer anderen geeigneten Unterlage aufgespannt bzw. an den Rändern aufgeklebt werden. Das Format schneidet man deshalb etwas größer als notwendig aus. Liniert wird mit einer abgestumpften oder besser leicht umgebogenen Nadel, die in einem Halter befestigt ist. Die Linien sollen nicht geritzt, sondern nur leicht eingerillt werden. Wenn das Licht von vorn einfällt (Gegenlicht), werden sie deutlich sichtbar. Zum Schreiben bleibt das Pergament nicht aufgespannt, sondern liegt lose auf dem Brett. Als schwarze Farbe eignet sich am besten chinesische Stangentusche, die mit Aquarellfarbe versetzt ist. Buntfarben müssen von bester Qualität sein. Damit sie nicht zu dunkel oder fleckig auftrocknen, erhalten sie, wie bereits erwähnt, einen geringen Zusatz von Deckweiß. Teile, die vergoldet werden sollen, bleiben beim Schreiben zunächst ausgespart, damit sie während der Arbeit nicht beschädigt werden.

Das reliefartige Vergolden von Schrift
Das reliefartige Vergolden der Schrift erfordert zügiges Arbeiten. Alle Werkzeuge und Materialien müssen deshalb griffbereit liegen. Es werden benötigt:
eine harte, unbedingt glatte und saubere Unterlage, Bimssteinpulver und ein weiches Lederläppchen zum nochmaligen Aufrauhen für Pergament, das nach der ersten Verfahrensweise vorbereitet wurde, ein harter Bleistift zum Aufzeichnen der Form, Feder und Pinsel zum Auftragen der Vergoldepaste, Blasröhrchen aus Papier oder Glas zum Anhauchen der Paste (Länge etwa 10 cm, Durchmesser 7,5 bis 10 mm), Blattgold, dazu Vergoldekissen, Vergoldemesser und Auftragerähmchen, eine scharfe Schere, eine Nadel zum Aufstechen von Luftbläschen, die sich in der Paste bilden können, ein Federmesser zum Glätten und Beschneiden trockener Paste, Pergaminpapier zum Glätten der Paste und zum Andrücken des Goldes, Pinsel zum Abstäuben des Bimssteinpulvers und zum Entfernen des überschüssigen Goldes, ein Glättstein (Achat) (Bild 370) oder ein ganz glattes, an der Spitze allseitig weich gerundetes Falzbein zum Andrücken und Polieren des Goldes, ein kleines Tuschnäpfchen zum Anrühren der benötigten Paste, Vergoldepaste.

Für die Herstellung der Vergoldepaste gibt es mehrere Rezepte:
1. Nach Johnston soll die Paste folgende Bestandteile enthalten:

Schlämmkreide,
30 mg Eisenoxid,
240 mg Tischlerleim (gewärmt),
120 mg Gummiarabikum,
3 000 mg Wasser.

Man löst Gummi und Leim zusammen in Wasser auf und setzt so viel Kreide zu, bis das Ganze einen flüssigen Teig bildet. Ein ganz geringer Zusatz von Glyzerin macht die Masse geschmeidiger.

2. Ein anderes Rezept von Johnston schreibt vor:

10 Teile gelöschter Gips,
 3 Teile Bleiweiß,
 1 Teil Fischleim,
   Zuckersirup.

3. Lüers [1] empfiehlt folgende Mischung:

13 Teile gelöschter Alabastergips,
 2 Teile Zinkweiß,
 1 Teil Sirup,
 1 Teil Syndetikon.
Diese Bestandteile werden langsam in Wasser zu einem sahneartigen Brei verrührt.

Am besten eignet sich allerdings die fertige Pelikan-Vergoldepaste. Sie läßt sich leicht mit Wasser verdünnen, trocknet gut und bereitet bei der Verarbeitung keinerlei Schwierigkeiten.
Die Paste wird in eingedicktem Zustand in einem verschließbaren Gläschen aufbewahrt. Es empfiehlt sich, jeweils nur so viel zu entnehmen, wie wirklich benötigt wird. Mit etwas Wasser läßt man sie einige Zeit in einem kleinen Näpfchen weichen und verrührt sie dann, bis sie etwa die Konsistenz von Rahm hat. Während der Arbeit mßu die Masse immer wieder umgerührt werden, damit sich die Binde- und Klebemittel nicht absetzen. Luftblasen, die sich in der Paste während des Rührens oder beim Auftragen bilden, sticht man mit einer Nadel auf.
Hat man das Pergament nach Verfahrensweise 1 vorbehandelt, so wird man die zu

---

1 Heinrich Lüers, Das Fachwissen des Buchbinders, 5. Auflage, Buchbinder-Verlag Max Hettler, Stuttgart o. J.

vergoldenden Stellen vor dem Auftragen der Zeichnung nochmals mit Bimssteinpulver abreiben, damit die Paste einwandfrei haftet. Dann zeichnet man die Schrift mit einem harten Bleistift vor bzw. überträgt die Pause. Besonders fetthaltige Stellen im Bereich der Buchstabenkonturen kann man zusätzlich mit einem Federmesser aufrauhen. Bei Verfahrensweise 2 können Stellen, die beim Vergolden keine Farbe bzw. Paste annehmen, mit einer schwachen Salzsäurelösung (8 bis 10 Tropfen auf 1/10 l Wasser) überpinselt werden.

Zum Auftragen der Paste muß das Pergament flach aufliegen, damit sich die Masse nicht im unteren Bereich der Buchstaben sammelt und das Relief unterschiedliche Höhe erhält. Man schreibt die Formen zunächst mit der Feder und dünnflüssiger Paste vor und trägt dann die dicker angerührte Masse mit dem Pinsel innerhalb der vorgeschriebenen oder vorgezeichneten Kontur nach und nach zu einem Relief auf. Seine Höhe muß in einem guten Verhältnis zur Buchstabengröße und zur Strichbreite stehen. Die Mindesthöhe sollte etwa 1/4 mm betragen, bei breiten Strichen wird 1 mm Höhe ausreichen. Man muß aber berücksichtigen, daß die Paste beim Trocknen zusammenschrumpft. Sollte das Relief nach dem Trocknen nicht mehr hoch genug sein, so kann man die Oberfläche durch Schaben mit dem Federmesser etwas aufrauhen und eine weitere Schicht auftragen.

Es ist nötig, schnell zu arbeiten. Trocknet nämlich eine Partie an, bevor die nächste aufgetragen ist, so wird die Oberfläche ungleichmäßig. Wenn sich das doch einmal nicht vermeiden läßt, kann sie nachträglich glattgeschabt werden. Man darf sie dabei aber nicht polieren, denn dadurch würde die Oberfläche an Klebekraft verlieren. Ist die Paste einmal über die vorgezeichnete Kontur geflossen, so schneidet man sie nach dem Trocknen weg. Auch ein versehentlich auf das Pergament geratener Pastetropfen kann nach dem Trocknen vorsichtig mit dem Messer entfernt werden.

Falls die Paste während des Trocknens brüchig wird, muß man sie abkratzen und der Masse etwas mehr Kleber oder Bindemittel zusetzen. Sehr oft aber liegt die Ursache einfach darin, daß sie während des Arbeitens nicht oft genug umgerührt wurde. Zur Dauer des Trocknungsprozesses kön-

nen keine verbindlichen Angaben gemacht werden. Er ist von der Zusammensetzung der Paste, von der Höhe, Stärke und Breite des Reliefs, von Luftfeuchtigkeit und Temperatur abhängig. Es empfiehlt sich daher, mehrere Proben zum gleichen Zeitpunkt und in der gleichen Art wie die ausgeführte Arbeit herzustellen, um an ihnen zu prüfen, wie weit die Paste getrocknet ist. Dünne Striche müssen um einige Stunden früher vergoldet werden als dicke. Johnston gibt für seine Rezepturen eine Trocknungszeit von 2 bis 24 Stunden an. Pelikan-Vergoldepaste läßt man zunächst 20 bis 30 Minuten antrocknen. Danach glättet man die Oberfläche unter Pergaminpapier. Nach weiteren 10 bis 15 Minuten kann das Vergolden beginnen.

Da das Blattgold sehr häufig auch auf nicht von der Paste bedeckten Stellen haften bleibt, ist es zweckmäßig, aus Seiden- oder Transparentpapier Schablonen anzufertigen, um damit die nicht zu vergoldenden Binnenformen und Zwischenräume der Buchstaben sowie ihre Umgebung abzudecken.

Das Blattgold wird auf das Vergoldekissen gelegt und mit dem Vergoldemesser geschnitten. Man kann es aber auch zusammen mit dem dazugehörigen Papierblatt (jedoch nicht zwischen zwei Papierblättern) mit einer scharfen Schere in entsprechend kleine Stücke schneiden und diese auf der Kante eines Kästchens oder Buches bereitlegen (Bild 371, Seite 176).

Um die Klebefähigkeit der Paste für die Annahme des Goldes zu aktivieren, muß das Relief Abschnitt für Abschnitt durch das Röhrchen angehaucht werden. Dieses wird dabei ganz dicht über der Paste bewegt. Keinesfalls darf sich dabei die Feuchtigkeit im Röhrchen verdichten und als Tropfen auf die Paste fallen. Alle anderen Teile — die, die bereits vergoldet sind, und auch die, die anschließend vergoldet werden sollen — muß man vor der Atemwärme durch eine Auflage von Kartonstreifen schützen, denn das Gold verliert durch die Wärme seinen Glanz, und die angewärmte Paste hält die Atemfeuchtigkeit nicht genügend lange.

Sofort nach dem Anhauchen eines Abschnittes wird das Gold aufgelegt. Hat man es auf dem Vergoldekissen geschnitten, so benutzt man zum Auflegen ein Rähmchen, dessen Holzleisten mit Dederongaze (alter Dederonstrumpf) überspannt sind. Mit ihm

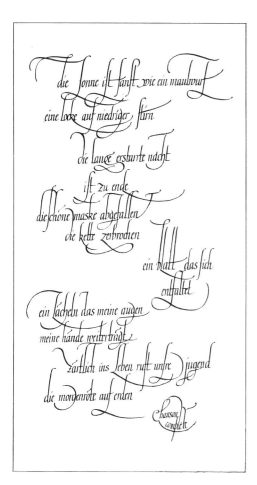

nimmt man das Gold vom Kissen auf — es bleibt auf der Gaze ohne weiteres haften —, bringt es über den zu vergoldenden Abschnitt und drückt es von der Rückseite des Rähmchens aus mit einem Wattebausch an. Diese Handhabung ist bequem und sicher.

Hat man das Gold mit dem Beilageblatt geschnitten, so legt man es zusammen mit diesem nach dem Anhauchen auf die Paste und drückt das Gold unter dem Papier mit dem Finger leicht an (Bild 372, Seite 176).

Nach dem Auflegen hebt man Rähmchen bzw. Papierbeilage ab und ersetzt diese durch Pergaminpapier. Dieses hält man mit der linken Hand so, daß es während des weiteren Drückens und Anreibens nicht verrutscht. Man drückt das Gold unter dem Papier im Winkel von Paste und Pergaminfläche mit der Spitze des Poliersteines fest an und reibt schließlich die Oberfläche mit der flach gerundeten Seite des Achats. Ist man nicht ganz sicher, ob die Paste zu diesem Vorgang bereits fest genug ist, verzichtet man zunächst besser auf das Anreiben mit dem Achat und drückt das Gold unter dem Pergaminpapier mit Hilfe eines festen Wattepfropfens an.

Sollte das Gold nicht haften, so kann dies daran liegen, daß die Paste bereits zu trocken oder durch zufälliges Berühren mit dem Finger fettig geworden ist. Man kratzt sie leicht an und trägt eine dünne Schicht neu auf. Auch durch Aufstreichen von verdünntem Eiweiß läßt sich ein gutes Ergebnis erzielen. Kleine Fehlerstellen in der Goldauflage können ebenfalls mit Hilfe von Eiweiß gut ausgebessert werden.

Man muß so lange Blatt auf Blatt legen, bis das Gold nicht mehr aufeinander haftet. Bei Pelikan-Vergoldepaste ist dies unter Umständen 3- bis 4mal nötig, da bestimmte Bestandteile der Paste durch die unterste Goldauflage dringen, besonders dann, wenn sie noch nicht genügend getrocknet oder das Gold sehr dünn ist.

Mit dem Polieren der Goldauflage beginnt man erst, wenn man sich an Hand der Arbeitsproben überzeugt hat, daß die Paste völlig trocken ist. Bei Pelikan-Vergoldepaste sollte man mindestens 24 Stunden warten. Hat man die Grundiermasse nach einer der Rezepturen hergestellt, so kann evtl. schon wenige Stunden nach dem Auflegen poliert werden. Zunächst führt man den Polierstein leicht in rotierender Be-

wegung, später in geraden Strichen über die Goldfläche. Wird bei der Bewegung der geringste Widerstand spürbar, so muß die Arbeit sofort unterbrochen werden. Zumeist weist dann der Polierstein Klebestellen auf, die man entfernen muß. Schmiert die Paste beim Polieren, so hat sie entweder nicht lange genug getrocknet oder enthält zuviel Klebemittel. Mitunter genügt es schon, noch einige Goldblätter aufzulegen und mit dem Polieren noch einige Zeit zu warten. Gelingt dann immer noch kein einwandfreies Ergebnis, so muß man die Paste abkratzen und mit veränderter Mischung neu grundieren. Kleine Fehler in der Auflage und in der Politur werden besser sichtbar, wenn man ein Stück weißes Papier so hält, daß es auf dem Gold reflektiert. Während der Arbeit muß die Goldauflage vor dem Atemhauch geschützt werden; man darf sie auch nicht mit den Fingern berühren.

Das überschüssige Gold wird zweckmäßigerweise erst nach dem Polieren entfernt. Zumeist läßt es sich mit einem Pinsel abstreifen. Fester haftende Stellen entfernt man am besten vorsichtig mit einem Messer. Nach 8 bis 10 Tagen kann das Gold aufpoliert werden. Es ist vorteilhaft, dies nach weiteren 14 Tagen nochmals zu tun.

Das handgeschriebene Buch   4.2.3.

Allgemeines

Mit der Erfindung und Verbreitung des Buchdrucks hat das handgeschriebene Buch seine Bedeutung als Mittel der Massenkommunikation, Bildung und Unterhaltung verloren. Seine Berechtigung liegt heute im Bereich der Bibliophilie. Es wird als Einzelstück hergestellt, was aber nicht ausschließt, daß es ausnahmsweise auch einmal mittels Lithographie oder Kleinoffset als Reproduktionsverfahren in einer kleinen Auflage gedruckt werden kann.

Als Festschrift, Grußadresse, Betriebschronik u. ä. dient es zu mehr oder weniger offiziellen Anlässen, etwa als Geschenk an eine bedeutende Persönlichkeit oder als repräsentative Dokumentation. Kalligraphisch gut gestaltet, könnte es diesen Anforderungen besser gerecht werden als ein mit der Maschine getipptes Buch. Das Setzen und Drucken derartiger Aufträge würde in den meisten Fällen mit ungerechtfertigtem Zeit- und Kostenaufwand verbunden sein.

Auch im privaten Bereich der Bibliophilie sollte das handgeschriebene Buch nicht unterschätzt werden. Als persönliches Geschenk stellt es durch seine Einmaligkeit etwas Besonderes dar. Es sollte auch nicht vergessen werden, daß es viele Menschen gibt, die sich außerhalb ihres Berufes zu ihrem eigenen Vergnügen literarisch betätigen (z. B. in den Zirkeln schreibender Arbeiter). Da sich für diese Arbeiten nicht ohne weiteres ein Verleger findet, wäre es denkbar, solche Texte für Werkbibliotheken oder persönliche Zwecke in Form kleiner handgeschriebener Bücher zu gestalten. Goethes Vater z. B. sammelte die frühen Gedichte seines Sohnes in dieser Form.

Eine dritte Gruppe handgeschriebener Bücher sind jene, die von Malern und Graphikern gestaltet sind. Bei diesen steht weniger irgendein offizieller oder privater Anlaß als vielmehr der Wunsch, einen Text künstlerisch zu interpretieren, im Vordergrund. Dies geschieht entweder nur mit den Mitteln der Schrift, häufiger aber in der Verbindung von Bild und Schrift, wobei es sich als ideale Lösung erweist, wenn die Schrift in demselben Charakter wie die Bildgraphik ausgeführt ist. Beispiele dafür geben u. a. Arbeiten von Matisse und Picasso (s. Bilder 473 und 474).

Im Mittelalter war das gedruckte Buch zuerst eine Nachahmung des geschriebenen Buches. Heute sollte das geschriebene Buch keine bloße Nachahmung des gedruckten sein, wenn wir auch, wie bereits in anderem Zusammenhang erwähnt wurde, gewisse Regeln und Erfahrungen der typographischen Textgestaltung übernehmen, sofern diese nicht nur technisch bedingt sind, sondern auch logischen und ästhetischen Gesichtspunkten entsprechen. Hinsichtlich der Form und Größe des Formats, der Ausstattung, der Schriftgröße und -auswahl und der Anordnung des Textes stehen die technischen Bedingungen nicht so im Vordergrund wie beim gedruckten Buch. Der Anteil des Gestalters und des Auftraggebers ist unmittelbarer und spezifischer, deshalb hat das geschriebene Buch im Vergleich zum gedruckten einen persönlicheren Charakter. Es bietet die Möglichkeit eines freieren, ungebundeneren und phantasievolleren Einsatzes der Schrift. Grußadressen, Festschriften, Prosa oder Lyrik fordern jeweils eine andere, ihrem Inhalt gemäße Ausdrucksform und

stellen jeweils andere Anforderungen an die Lesbarkeit. Bei einer anspruchsvollen Lyrik z. B. braucht das Ziel der Gestaltung nicht die optimale Lesbarkeit zu sein, vielmehr wird man mit Hilfe des Schriftausdrucks und der Anordnung mehr über den Stimmungsgehalt des Textes aussagen wollen, als dies beim gedruckten Buch möglich und erwünscht ist. Ähnlich der Illustration kann auch die Kalligraphie den Text auslegen und optisch erlebbar machen.

Für die Konzeption eines handgeschriebenen Buches bedarf es einer Reihe von Überlegungen, denen wir uns in den folgenden Abschnitten zuwenden wollen.

Format und Schriftspiegel

Verwendet man als Beschreibstoff Papier, so muß zumeist bei der Bestimmung der Formatform und -größe auch die Nutzung des Rohbogenformats und die Faserlaufrichtung berücksichtigt werden (s. auch Abschnitt 4.2.4.). Hinsichtlich des Schriftspiegels und der Randproportionen unterscheidet sich die Gestaltung des Buches von der des Einzelblattes insofern, als das Buch beim Gebrauch aufgeschlagen wird und die Seitenpaare als symmetrisches Gebilde eine Einheit darstellen.

Der Schriftspiegel (vom Typographen Satzspiegel genannt, wir meinen damit die beschriebene Fläche) ist deshalb zur Doppelseite in Beziehung zu bringen. Es würde z. B. sehr häßlich wirken, wollte man den Schriftspiegel genau in die Mitte der Seite stellen und alle vier Ränder gleich breit halten. Die beiden Seiten würden gestalterisch auseinanderfallen.

In seinem Aufsatz „Willkürfreie Maßverhältnisse der Buchseite und des Satzspiegels", erschienen im „Druckspiegel" (Typographische Beilage 7a/1964), und in „Papier und Druck" (Typografie) Heft 3/1966, schreibt Jan Tschichold: „Harmonie zwischen Seitengröße und Satzspiegel entsteht durch Proportionsgleichheit beider. Gelingt es, Stellung des Satzspiegels und Seitenformat unauflösbar miteinander zu verknüpfen, dann werden die Ränderverhältnisse zu Funktionen des Seitenformats und der Konstruktion und von beiden unabtrennbar. Die Ränderverhältnisse regieren also nicht die Buchseite, sondern ergeben sich erst aus dem Seitenformat und dem Formgesetz, dem Kanon."

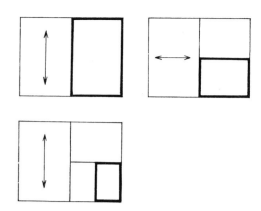

Bild 374. Folioformat mit Faserlaufrichtung, Quartformat mit Faserlaufrichtung, Oktavformat mit Faserlaufrichtung

Bild 375. Jan Tschichold ermittelte einen Kanon, der vielen spätmittelalterlichen Handschriften und Inkunabeln zugrunde liegt. Blattproportion 2:3. Schrift und Blattfläche proportionsgleich. Höhe der Schriftfläche gleich Blattbreite (Entspricht Figur 5 des Aufsatzes „Willkürfreie Maßverhältnisse der Buchseite und des Satzspiegels" von Jan Tschichold)

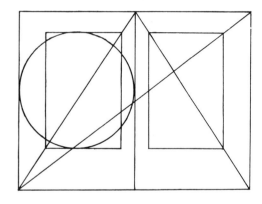

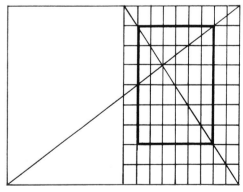

Bild 376. Neunteilung von Höhe und Breite des Papiers im Sinne von Rosarivos Konstruktion, die, wie Figur 5, die Blattproportionen 2:3 voraussetzt. Das Ergebnis deckt sich mit Figur 5; nur ist die Methode eine andere (Entspricht Figur 6)

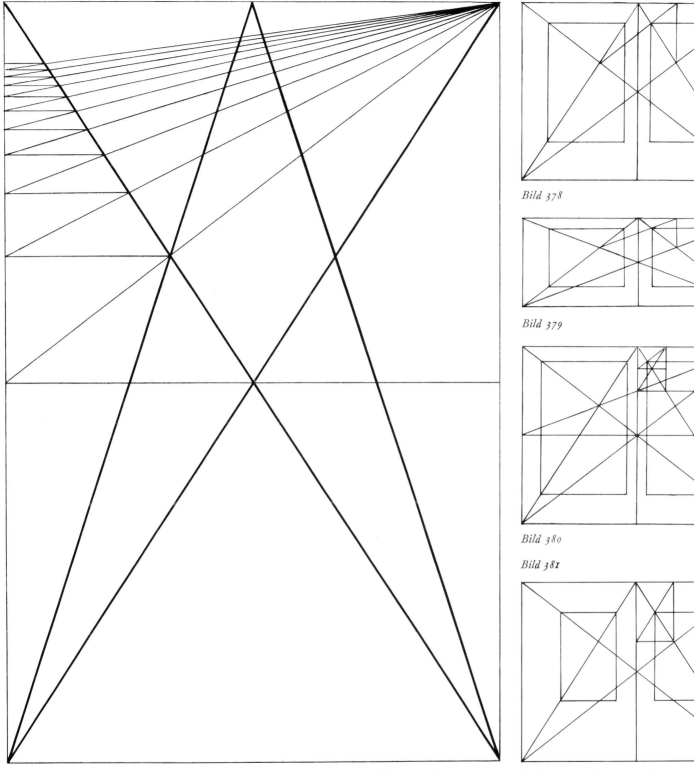

Bild 378

Bild 379

Bild 380

Bild 381

Bild 377. Die Villardsche Figur. Mit Hilfe dieses Kanons, den die verstärkten Linien zeigen, kann ohne jeden Maßstab eine Strecke in beliebig viele Teile geteilt werden (Entspricht Figur 9)

Bild 378. Ein anderer Weg, zur Neunteilung zu kommen, beruht auf einer Abwandlung der Villardschen Figur. Seitenproportionen 2:3 (Entspricht Figur 8)

Bild 379. Neunteilung der Papierhöhe und -breite. Seitenproportionen 4:3 (Entspricht Figur 15)

Bild 380. Zwölfteilung der Papierhöhe und -breite mittels des Villardschen Teilungskanons. Seitenproportionen 2:3 (Entspricht Figur 16)

Bild 381. Sechsteilung der Seitenhöhe und -breite. Seitenproportionen 2:3 (Entspricht Figur 17)

Jan Tschichold hat einen Kanon rekonstruiert, der, wie er feststellte, vielen spätmittelalterlichen Handschriften und Inkunabeln zugrunde liegt (Bild 375).

Andere Wege zu diesem Kanon gibt Tschichold mit der Neunteilung von Höhe und Breite (Bild 376) und der Neunteilung mit Hilfe der Villardschen Figur (Bild 377).

Auch bei anderen Seitenproportionen ergibt die Neunteilung der Papierhöhe und -breite gute Lösungen, so z. B. bei 1:1,732, bei den Seitenproportionen des Goldenen Schnittes (21:34), bei 1:1,414 (A-Format), bei 3:4, bei 1:1 oder bei 4:3 (Bild 379).

Die Neunteilung bezeichnet Tschichold zwar als die schönste, jedoch nicht als die allein richtige Teilung. „. . . Mit einer Zwölfteilung erhalten wir, wie Figur 16 darlegt, einen größeren Satzspiegel . . . Figur 17 zeigt als Beispiel die Sechsteilung der Höhe und Breite auf der Seitenproportion 2:3 . . . Die Höhe des Papiers darf, falls nötig, überhaupt beliebig geteilt werden. Selbst noch schmalere Ränder, als sie Figur 16 zeigt, sind möglich. Nur die Verknüpfung des Satzspiegels mit den Diagonalen der Einzelseite und des Seitenpaares muß erhalten

bleiben; denn sie allein bürgt für eine harmonische Stellung des Satzspiegels."

In der „Buchgestaltung" von Albert Kapr sind noch eine Reihe anderer, ebenfalls guter Schriftspiegel und Randverhältnisse angeführt (Bild 382).

Hinsichtlich der Forderung, daß die rechte untere und die linke obere Ecke des Schriftspiegels immer auf der Diagonale der Einzelseite liegen müssen, nimmt Kapr allerdings eine tolerantere Haltung ein. Bei der Gestaltung schlanker Formate vor allem hält er ein Abweichen von dieser Regel für günstiger.

Sicher sind die klassischen Proportionen nicht die einzige Möglichkeit für die Gestaltung einer Buchseite. Gerade beim kalligraphischen Buch ist auch ein überbreiter Schriftspiegel (Bild 383) oder ein betont schmaler anwendbar, und in besonderen Fällen wird sogar eine asymmetrische Lösung richtig sein.

Für den Anfänger ist es sicher eine unerläßliche Hilfe, wenn er einen Kanon bzw. geometrische Bestimmungen oder gewisse Erfahrungswerte zugrunde legen kann. Später aber leistet ein gutes, geschultes Raum-

gefühl einen besseren Dienst bei der gestalterischen Arbeit.

Bei der Festlegung der Randbreiten ist auch der Beschnitt zu berücksichtigen. Er beträgt in der Regel oben, unten und an der Außenseite 3 mm. Da sich mit dem Einbinden der Bundsteg (Innenrand) verringert, ist auch hier entsprechend der Bindeart bzw. Heftung eine entsprechende Breite, und zwar etwa 1 mm, zuzugeben. Bei Blockheftung würde eine größere Zugabe erforderlich sein als bei Lagenheftung.

Zwischen Randbreiten, Zeilenlänge, Zeilenabstand und Schriftgröße bestehen enge Abhängigkeitsverhältnisse. Die Zeilenlänge ist identisch mit der Schriftspiegelbreite, doch kann der Text bei großen Formaten auch zweispaltig angeordnet werden (Bild 384).

Im kalligraphischen Buch sollen die Zeilen in der Regel nicht mehr als 5 bis 12 Wörter enthalten. Damit ist zugleich die ungefähre Schriftgröße gegeben. Die genauen Abmessungen ermittelt man in praktischen Versuchen. Bestehen hinsichtlich des Formats keine konkreten Forderungen, so kann man die Verfahrensweise auch um-

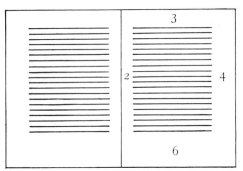

Normaler Zwischenraum

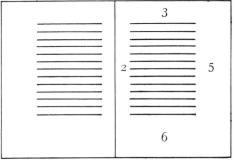

Weiter Zwischenraum

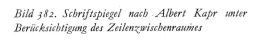

Bild 382. Schriftspiegel nach Albert Kapr unter Berücksichtigung des Zeilenzwischenraumes

Enger Zwischenraum

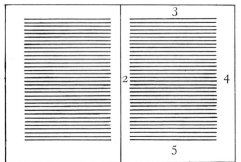

Normaler Zwischenraum

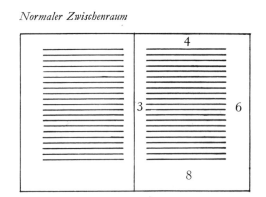

kehren, indem man, von der Schriftgröße ausgehend, Zeilenlänge, Zeilenzwischenraum und die notwendigen Seitenränder bestimmt. In der Praxis überschneiden sich beide Verfahrensweisen zumeist.

Bei der Bestimmung der Randbreiten spielt auch die Dichte des Zeilengefüges eine wichtige Rolle. Breite Zeilenzwischenräume benötigen breite Ränder, während schmale Zwischenräume mit weniger Rand auskommen. Ebenso ist die Schriftgröße zu berücksichtigen. Bei großer Schrift gibt man relativ weniger Rand zu als bei kleiner.

Die Gestaltung des Textteils
Dieser Abschnitt beruht im wesentlichen auf Hinweisen aus Albert Kaprs Werk „Buchgestaltung", die für das kalligraphische Buch modifiziert wurden.
Kapitelanfänge und -abschlüsse. Kapitelanfänge können mit vielfältigen Mitteln gestaltet werden. Innerhalb ein und desselben Buches müssen sie jedoch von einem einheitlichen Prinzip ausgehen. In der Regel wird man die Textkolumne tiefer, d. h. nach einigen Leerzeilen beginnen lassen. Der weiße Raum kann in solchen Fällen ein Fünftel bis zwei Drittel des Schriftspiegels ausmachen.

Auch den Überschriften und Initialen kommt bei der Gestaltung des Kapitelanfanges eine wichtige Rolle zu. Man stellt die Überschriften entweder zum Text oder an den Kopf des Schriftspiegels, wobei man bis zum Textanfang einen größeren Zwischenraum läßt. Die Anordnung kann axial oder auch rechtsbündig erfolgen, beim geschriebenen Buch wird man sich jedoch zweckmäßigerweise für die linksbündige Stellung entscheiden. Hat das Kapitel Zwischenüberschriften, so läßt man zwischen den Abschnitten einen weißen Raum von 3 bis 4 Leerzeilen frei, in den etwas unter die Mitte die Überschrift gestellt wird. Die „Überschriften zeigen die Nahtstellen im Aufbau des Textes, sie entsprechen gleichsam dem Skelett, an dem die Sehnen und Muskeln des Körpers aufgehängt sind" (Kapr, Buchgestaltung). Ausführungen über die Größe der Überschriften, die Auszeichnungsfarben und die Schriftwahl sind in den Abschnitten 1.4.2. und 4.1. zu finden.

Im Laufe der Jahrhunderte hat die Gestaltung der Anfangsbuchstaben vielfältige und reizvolle Veränderungen erfahren. Heute wird das Initial immer noch häufig, aber auch im geschriebenen Buch mit größerer Zurückhaltung hinsichtlich seiner Größe und Ausstattung eingesetzt. Die Stellung der Initialen zum Text wurde im Abschnitt 1.4.2. ausführlich beschrieben. Ihr Formcharakter muß stilistisch unbedingt zur Textschrift passen.

Ein schwieriges Problem, das während der Vorbereitungsarbeit nur mit Hilfe des Probeexemplars geklärt werden kann, ergibt sich aus der Forderung, ein gutes Verhältnis zwischen Anfangs- und Schlußkolumne des Kapitels herzustellen, wenn beide auf der Doppelseite einander gegenüberstehen. Der Text der Schlußseite soll um einige Zeilen länger sein als der weiße Raum der Anfangsseite, damit sich die Kolumnen überschneiden. Es ist daher günstiger, wenn der weiße Raum der Anfangsseite von vornherein nicht zu reichlich bemessen wird.

Einzüge. Einzüge kennzeichnen den Beginn eines neuen Absatzes und dienen der besseren Gliederung und Lesbarkeit des Textes. Normallange Zeilen rückt man um etwa 2 bis 3 Buchstaben ein, bei überlangen Zeilen kann der Einzug etwas größer sein. Gerade beim kalligraphischen Buch sind Einzüge unentbehrlich, weil ja der flatternde Rechtsrand zumeist nicht erkennen läßt, wann der Absatz beendet ist. Die Leerzeilen, die bei einem Verzicht auf den Einzug zur Markierung des Absatzes nötig wären, würden die Textkolumne zerreißen und viel häßlicher wirken als ein etwas unruhiger linker Seitenrand. Überflüssig ist der Einzug nur in der ersten Zeile eines neuen Kapitels oder nach Zwischenüberschriften, weil hier ja durch den Leerraum und die Überschrift eine genügend große Trennung vom vorhergehenden Text gegeben ist. Der stumpfe Zeilenanfang wirkt vor allem im Hinblick auf die Stellung der Überschrift günstig.

Bei Arbeiten, die besonders dekorativ wirken sollen, wird man sich natürlich auch von dieser Regel lösen können. So ist es z. B. möglich, die Absätze mit farbigen Initialen zu beginnen. Diese können, wenn sie verhältnismäßig klein sind, in der Zeile stehen oder an den Seitenrand geschrieben werden. Auch auf die Alineazeichen sei hingewiesen, die allerdings zumeist etwas altertümlich wirken (Bild 385, Seite 184).

Seitenzahlen. Da das handgeschriebene Buch

Bild 383. Betont breiter Schriftspiegel

Bild 384. Zweispaltiger Schriftspiegel

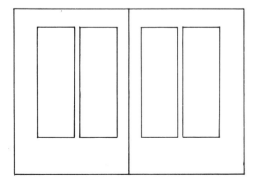

kein Gebrauchsbuch im üblichen Sinne ist, sind Seitenzahlen wohl nur bei umfangreichen Texten notwendig. In der Regel stellt man sie unter den Schriftblock beidseitig an den äußeren Rand. Dies ist bei axialer wie bei anaxialer Textanordnung möglich. Man kann sie ausnahmsweise auch bündig zum Linksrand des Textes schreiben. Bringt man sie auf die Mittelachse der Textkolumne, so muß die gesamte Gestaltung des Buches axial geplant sein. In manchen Fällen wird man der Seitenzahl mit einer von diesen Regeln abweichenden Stellung oder durch größenmäßige oder farbige Betonung den Charakter eines Schmuckelementes geben können; doch sollte sie sich dabei im Schriftbild nicht zu wichtig machen.

Marginalien (Randbemerkungen). An den Außenrändern alter Handschriften findet man oft Bemerkungen, die zu einem späteren Zeitpunkt und von anderer Hand beigefügt wurden. Solche Seiten sehen mitunter sehr reizvoll aus, und es liegt nahe, diese Möglichkeit, wo sie angebracht ist, auch beim heutigen geschriebenen Buch für die Unterbringung von Hinweisen auf bestimmte Textstellen, ja sogar für Zwischenüberschriften, Seitenzahlen oder Fußnoten in Erwägung zu ziehen. Marginalien werden erheblich kleiner und in einem weniger formalen Duktus als die Textschrift geschrieben, wie dies dem Charakter von Bemerkungen rangmäßig eben zukommt, doch muß die stilistische Einheit beider Schriften gewahrt bleiben. Zu einer Antiqua als Textschrift würde man also eine passende Kursiv verwenden. Besonders dekorativ können die Anmerkungen wirken, wenn man für sie eine zur Textschrift kontrastierende Farbe, z. B. Rot oder Blau, wählt.

Die erste Zeile der Marginalie muß mit der Textzeile, auf die sie sich bezieht, Linie halten. Da die Schrift und damit auch der Zeilenzwischenraum der Marginalien kleiner ist, ist dies für die folgenden Zeilen natürlich nicht mehr möglich (Bild 387). Es ist auch darauf zu achten, daß die Breite der Marginalien optisch in einem guten Verhältnis zu den Außenrändern steht. Als Regel sollte man die halbe Breite des Außenrandes annehmen. Es empfiehlt sich, alle als Marginalien in Frage kommenden Stellen des Textes erst einmal probeweise zu schreiben und dabei auch einen guten Zeilenfall anzustreben.

Fußnoten. Fußnoten sind besondere Erläuterungen zu einzelnen Textstellen, wie z. B. Quellenangaben, Anmerkungen oder Erörterungen, die nicht in der Zeile, sondern in der Regel am Fuße der Textkolumne stehen oder am Schluß des Kapitels gesammelt angebracht werden. Wie bereits erwähnt, kann man sie auch in Form von Marginalien schreiben. Obwohl Fußnoten im kalligraphischen Buch selten vorkommen, sollen hier doch einige Hinweise zu ihrer Anordnung gegeben werden. Die zu erklärenden Textstellen werden mit einer hochgestellten Ziffer etwa in der Größe einer Bruchziffer gekennzeichnet, die zur Schrift passen muß. Die Ziffer steht entweder hinter dem Wort, das erklärt werden soll, oder — wenn sich die Fußnote auf den ganzen Satz bezieht — hinter dem Satzzeichen. Befinden sich auf einer Seite nicht mehr als drei Anmerkungen, so kann man statt der Ziffern als Notenzeichen auch kleine Sterne schreiben (Bild 386). Die Fußnoten werden innerhalb des Schriftspiegels untergebracht, indem man die Kolumne um die benötigte Anzahl Zeilen reduziert. Laufender Text und Anmerkungen sollen durch einen Zwischenraum von etwa einer Leerzeile voneinander getrennt sein. Wirkt der Zwischenraum zu groß, so kann man ihn durch eine Linie, die in normaler Federhaltung mit der Schreibfeder über die volle Zeilenlänge gezogen wird, optisch verkleinern. Die Anmerkungen werden erheblich kleiner als der Text geschrieben, wobei die Fußnotenzahl jedoch nicht wie im Text hochgestellt und kleiner, sondern in der Größe der Fußnotenschrift mit nachfolgendem Punkt oder Abstand auf die Grundlinie gestellt wird. Man beginnt die Fußnote entweder stumpf oder mit einem Einzug. Hat man also beim Text etwa 1 cm breite Einzüge, so beginnt man die erste Zeile der Fußnote ebenfalls in einem Abstand von 1 cm zum Seitenrand. Mehrere Fußnoten werden untereinander angeordnet, mehrere kurze Fußnoten kann man fortlaufend in eine Zeile schreiben.

Zur Gestaltung von Gedichten. „In der Verskunst muß das Formvollendete der Sprache optisch betont werden. Der gebundenen Sprache des Gedichts, seinen metrischen Gesetzen oder seinem freien Rhythmus folgt die äußere typographische Form." Dieses Zitat aus Albert Kaprs „Buchgestaltung"

Bild 385. Alineazeichen   *Bild 386*

Bild 387

hamonohamonohamon

hamonohamono

monohamonohamon

ohamonohamonoh

hamonohamonohamo

onohamonohamo

ohamonohamonoha

monohamono

trifft weit mehr noch als für das typographische auf das kalligraphische Buch zu. Doch darf sich bei diesem — obwohl der individuelle Anteil des Graphikers an der Gestaltung größer ist als beim typographischen Buch — die Interpretation hinsichtlich Zeilenfall, Länge der Strophen usw. keinesfalls im Widerspruch zum Inhalt und zur Absicht des Dichters befinden. Die Strophenformen müssen in der Regel kenntlich bleiben, d. h. ein Sonett muß ein Sonett, eine Terzine muß eine Terzine sein.

Da die Verse oft von sehr unterschiedlicher Länge sind, richtet sich der Schriftspiegel nach der Durchschnittslänge. Lange Zeilen können also ohne weiteres auch in den weißen Rand hineinlaufen. Überlange Verse kann man an einer günstigen Stelle unterbrechen und nach einem breiteren Einzug auf die folgende Zeile bringen. Wenn dies in einem Gedicht mehrmals vorkommt, müssen die Einzüge untereinander Linie halten. Ergibt diese Schreibweise kein gutes Bild — und dies ist mit Sicherheit der Fall, wenn in einer Zeile nur ein Wort überzählig ist — so kann man dieses auch in den Ausgang der nächsten Zeile schreiben, wobei man es von dieser durch einen senkrechten Strich trennt. Noch besser würde es aussehen, wenn man gleich zwei oder drei Wörter mit auf die nachfolgende Zeile nehmen könnte. Mehrere derartige Unterstellungen müssen untereinander bündig stehen.

Für Überschriften ist die mit dem Linksrand bündige Anordnung am zweckmäßigsten. Zwischen den Strophen ist eine Leerzeile als Zwischenraum angemessen, zwischen der Überschrift und der ersten Zeile sollte der Raum mindestens ebenso groß sein.

Titel und Schlußschrift

In der Titelei sind alle bibliographischen Angaben eines Werkes zusammengefaßt. Sie erstreckt sich in der Regel über mehrere Seiten, die vor den Textseiten angeordnet sind.

Die Titelgestaltung kam erst mit der Erfindung des Buchdrucks auf. In alten handgeschriebenen Büchern beginnt der Text auf der rechten Seite mit einem besonders geschmückten Anfangsbuchstaben, oder es wurden die ersten Worte oder die ersten Zeilen durch Größe, andere Schrift oder Farbe hervorgehoben. In vielen Handschriften kennzeichnen Initiale und Texthervorhebung gemeinsam den Anfang. Der Titel des Buches dagegen ist klein am Kopf der Kolumne zu finden, während alle anderen Angaben in der Schlußschrift stehen. Die Titelei, wie wir sie im gedruckten Buch kennen, ist seitdem auch im kalligraphischen Buch üblich, zumal sie neben ihren funktionellen Vorteilen auch ästhetische Eigenschaften hat, da sie gewissermaßen einen Auftakt, eine Einstimmung für das Werk gibt. Im Vergleich zum gedruckten Buch kann sie aber variabler gestaltet werden.

Auf Seite 1 (rechts) befindet sich normalerweise der Schmutztitel. Er kann beim kalligraphischen Buch wegfallen, oder an seiner Stelle kann eine Widmung stehen. Die zweite Seite, die beim gedruckten Buch frei ist, ein Frontispiz erhält oder den Reihentitel trägt, wird beim kalligraphischen Buch frei gelassen. Sie kann aber auch in die Gestaltung des Haupttitels mit einbezogen werden. Auf Seite 3 steht der Haupttitel, der den Namen des Verfassers und den Titel des Werkes enthält. Beim kalligraphischen Buch kann auf dieser Seite anstelle von Verlag, Verlagsort und Erscheinungsjahr auch der Name des Schriftkünstlers erscheinen (z. B.: Geschrieben von N. N., Leipzig 1968), sofern man es nicht vorzieht, diese Angaben in die Schlußschrift zu bringen. Handelt es sich um einen Auszug aus dem Werk, so muß dies mit angegeben werden. Bei Übersetzungen sind auch Originaltitel und Name des Übersetzers zu vermerken. Diese Angaben können aber ebenfalls in die Schlußschrift übernommen werden. Seite 4 wird man freilassen, Seite 5 kann die Widmung erhalten. Ein Inhaltsverzeichnis wird beim kalligraphischen Buch nur in seltenen Fällen nötig sein. Trägt Seite 5 eine Widmung, so schreibt man das Inhaltsverzeichnis auf Seite 7; steht die Widmung auf Seite 1 oder entfällt sie ganz, so kann es auf Seite 5 kommen. Günstiger ist es jedoch, das Inhaltsverzeichnis aus dem Titel herauszunehmen und an den Schluß des Textteils vor die Schlußschrift zu stellen. Das Vorwort, das beim gedruckten Buch in der Regel auf Seite 9 beginnt, wird beim kalligraphischen Buch ebenfalls zumeist wegfallen. Der Text beginnt auf einer rechten Seite, die gegenüberliegende Seite sollte unbedingt leer bleiben. Im kalligraphischen Buch wird die

Titelei also in der Regel folgende Gliederung haben:

1. Seite (rechts) frei oder Widmung
2. Seite (links) frei
3. Seite (rechts) Haupttitel
4. Seite (links) frei
5. Seite (rechts) Widmung oder Textanfang
6. Seite (links) frei, falls die Widmung vorangegangen ist
7. Seite (rechts) Textanfang, falls Seite 5 die Widmung trägt.

Die Schlußschrift am Ende des Buches enthält den Namen des Schriftgraphikers, Zeit und Ort der Entstehung, bei Übersetzungen den Originaltitel und den Namen des Übersetzers. Existiert das Buch in mehreren Exemplaren oder wurde es in einer kleinen Auflage gedruckt, so wird man die Exemplare hier numerieren und evtl. auch handschriftlich signieren. Bei einem Druck müssen auch die Firmen, die an der Reproduktion und dem Druck beteiligt sind, in der Schlußschrift vermerkt werden.

Beim Auflagendruck ist es unbedingt notwendig, die Genehmigung des Verlages, der der Lizenzträger ist, einzuholen und in der Schlußschrift anzugeben. [1]

Die Titelei ist ein Bestandteil des Buches. Deshalb muß sie auch in gestalterischer Hinsicht mit dem Textteil eine Einheit bilden. Auf allen Seiten des Titels wie der Schlußschrift steht die erste Zeile am oberen Rand des Schriftspiegels, also in gleicher Höhe wie die erste Textzeile. Da der Haupttitel in der Regel aus zwei Gruppen besteht (oben: Verfasser und Buchtitel, unten: Name des Verlages oder des Schriftkünstlers), muß die unterste Zeile der zweiten Gruppe ebenfalls mit dem unteren Rand des Satzspiegels übereinstimmen.

Hinsichtlich der Schriftwahl ist zu bemerken, daß die Grundschrift des Buches auch auf dem Titel vorkommen sollte, damit die Einheit von Textteil und Titel gewahrt bleibt. Man wählt die Grundschrift entweder im gleichen Grad wie für den Textteil oder etwas größer. Auch die Versalien der Grundschrift können auf dem Titel verwendet werden. Den eigentlichen Buchtitel (Name des Werkes) wird man dominierend

und ausdrucksstark gestalten, indem man entweder die Grundschrift oder ihre Versalien verwendet und diese größer und fetter hält oder einen zur Grundschrift passenden bzw. kontrastierenden Schriftcharakter wählt und ebenfalls in größeren Abmessungen als diese schreibt. In diesem Falle wäre es allerdings günstig, wenn die Auszeichnungsschrift im Textteil des Buches, z. B. als Initiale oder bei den Überschriften, wiederkehrt.

Zwei bis drei Abstufungen innerhalb der Titelseite genügen vollauf. Es ist nicht nötig, in jedem Falle die Größe der einzelnen Zeilen nach ihrer inhaltlichen Bedeutung zu bemessen. Die Schlußschrift schreibt man für gewöhnlich in einem etwas kleineren Grad als den Text, man kann sie aber auch in der Grundschrift ausführen.

Größen- und Breitenproportionen der beiden Gruppen auf dem Haupttitel müssen gut aufeinander abgestimmt werden, wobei die obere Gruppe die gewichtigere zu sein hat. Die Schrift kann aber auch, dekorativ eingesetzt, die ganze Fläche in Anspruch nehmen, doch darf der Titel im Vergleich zum Textteil nicht zu schwer wirken.

Sehr wichtig für die Beziehung zwischen beschriebenem und unbeschriebenem Teil der Titelseite ist der Zeilenfall, d. h. die Länge der aufeinanderfolgenden Zeilen. Jeweils die breiteste und die schmalste Zeile sollen aufeinanderfolgen. Pyramidenartige Wirkungen oder Treppen (bei axialer Stellung) müssen unbedingt vermieden werden. Bild 388 zeigt das Schema des klassischen Dreizeilenfalls (aus Kapr, Buchgestaltung).

Ob die Anordnung symmetrisch oder asymmetrisch erfolgen kann, richtet sich nach der Gestaltung des Textteils. Zumindest muß bei allen primären Elementen ein und dasselbe Anordnungsprinzip eingehalten werden. Sekundäre Elemente können anders behandelt werden, Beispiele dafür zeigen Bilder 389 und 390: Schriftspiegel und Titelgestaltung sind axial, während Kapitelüberschriften und Seitenzahlen einen sekundären Rang erhalten haben und anaxial stehen. Bei Bild 391 und 392 (Gedicht) dagegen ist die anaxiale Stellung aller Elemente einheitlich durchgeführt. Allerdings wäre auch hier eine axiale Anordnung von Schriftspiegel und Titel unter Beibehaltung der anaxialen Stellung der Überschriften und Seitenzahlen oder eine durchgehende

---

1 Auch die Druckgenehmigung des Ministeriums für Kultur, HV Verlage und Buchhandel, Sektor nichtlizenzpflichtige Druckerzeugnisse, ist einzuholen und zu vermerken.

axiale Stellung aller Elemente möglich gewesen.

Aus dem Gesagten geht hervor, daß Satzspiegel und Titel (evtl. auch die Bilder) primäre Elemente und für das Anordnungsprinzip ausschlaggebend sind, während Überschriften und Seitenzahlen unter Umständen den Rang sekundärer Elemente erhalten können.

Entwurfs- und Vorbereitungsarbeiten

Einen ersten Eindruck von den Proportionen der Seite verschafft man sich am besten, wenn man die in Frage kommenden Schriftspiegel aus grauem Papier ausschneidet und auf Doppelseiten legt. Dies ist auch eine gute Kontroll- und Hilfsmöglichkeit, da sich im Verlaufe der Vorbereitungsarbeiten oft Abweichungen nötig machen.

Auch wenn sich bei diesen Versuchen eine befriedigende Lösung ergeben hat, wird man mehrere Probeseiten mit verschiedenen Modifikationen der beteiligten Faktoren schreiben müssen. Da kalligraphische Bücher, wie bereits erwähnt, mit besonderer Absicht entstehen bzw. einem besonderen Anlaß dienen, lohnt sich ein derartig hoher Arbeitsaufwand im Interesse der Gestaltung unbedingt. Zumeist konzipiert man auch die Ausstattung des Textteils auf einzelnen Probeseiten. Danach stellt man ein Probeexemplar her, indem man den Text mit allen Hervorhebungen, wie Überschriften, Initialen usw., vollständig schreibt, die Zeilen ausschneidet und mit diesem Material entsprechend den Probeseiten den Entwurf gestaltet. Da sich im Laufe dieser Arbeit häufig Änderungen ergeben, werden die ausgeschnittenen Zeilenstreifen und die anderen Elemente nur an den Enden leicht aufgeklebt.

An dieser Stelle seien auch einige Hinweise für das Linieren gegeben. Es geschieht am zweckmäßigsten, indem man mehrere Doppelseiten (etwa 6 bis 10) auf einem Zeichenbrett genau übereinanderlegt. Darauf kommt die Probeseite. Mit einer Ahle oder Nadel sticht man die Markierungspunkte der Schriftzeilen senkrecht durch. Dabei dürfen die Blätter natürlich nicht verrutschen. Die Linien zieht man hauchdünn mit einem Bleistift, besser aber durch Eindrücken mit dem in Bild 369 gezeigten Linierstift. In diesem Fall erspart man sich das Abradieren der Bleistiftlinien. Für die Seitenränder muß man ebenfalls Linien ziehen. Die Wirkung des Schriftbildes hängt auch von der sorgfältigen Linierung ab, denn schon geringfügige Abweichungen in der Zeilenhöhe bewirken eine Veränderung der Buchstabenproportionen.

Die Herstellung eines Probeexemplars ist zwar sehr zeitraubend, jedoch notwendig, wenn man z. B. vermeiden will, daß die Anfangszeile eines neuen Absatzes an das Ende der Schriftkolumne gerät oder eine neue Seite mit der Ausgangszeile eines Absatzes beginnt. Um solchen Problemen abzuhelfen, darf man allerdings nicht den Zeilenzwischenraum der betreffenden Seite verringern wollen. Ein oder zwei Wörter kann man durch Verringern der Wortzwischenräume bei den vorhergehenden Zeilen „einzubringen" versuchen. Dabei dürfen diese jedoch nicht so verengt werden, daß man den Text nicht mehr lesen kann. Mitunter ist es an geeigneten Stellen, z. B. bei Kapitelanfängen, möglich, eine Leerzeile einzufügen oder zu tilgen. Eine solche Abweichung vom Entwurf muß dann natürlich bei allen Kapitelanfängen des Buches durchgehalten werden. Eine für das kalligraphische Buch durchaus vertretbare Lösung des Problems besteht darin, den Schriftspiegel ausnahmsweise um eine Zeile zu verkürzen oder eine weitere Zeile anzuschließen. Kommt dies in einem Buch aber häufig vor, zumal dann, wenn es umfangreich ist, so sollte man sich doch besser zu einer generellen Änderung des Satzspiegels entschließen.

Mit Hilfe des Probeexemplars erhält man auch einen instruktiveren Eindruck von der Wirkung der Kapitelanfänge und der übrigen Ausstattung als auf den Probeseiten.

Erst wenn das Probeexemplar in jeder Beziehung befriedigt, wird man mit der eigentlichen Ausführung beginnen.

Hinweise für das Einbinden kalligraphischer Arbeiten [1]

4.2.4.

Die Struktur des Papiers

Kalligraphische Gestaltungen, die über das Stadium der Studie hinausgehen, und solche, die gegebenenfalls eine buchbinderische

---

1 Dieses Kapitel entstand in Zusammenarbeit mit der Buchbinderin Frau Renate Herfurth, Leipzig

Bild 388. Schema des klassischen Dreizeilenfalls (Nach Kapr)

Bild 389. Asymmetrische Anordnung von Überschriften und Seitenzahlen bei symmetrischer Anordnung des Textes

Bild 390. Symmetrische Anordnung des Titels

Bild 391. Asymmetrische Anordnung von Text, Überschriften und Seitenzahlen

Bild 392. Asymmetrische Anordnung des Titels

Weiterverarbeitung erfordern, setzen einige elementare Kenntnisse über die Papierstruktur voraus.

Jedes Papier hat eine Filz- und eine Siebseite. Die Siebseite ist leichter zu erkennen, denn sie zeigt (als Abdruck eines Metallsiebes) eine mechanische Struktur. Wo es sich einrichten läßt, sollte man die Filzseite als Sichtseite verwenden.

Beim Falzen eines Bogens zu Doppelseiten ist die Laufrichtung der Papierfasern zu berücksichtigen. Sie muß parallel zum Rücken liegen. Bücher, bei denen das nicht beachtet wurde, lassen sich nicht gut aufschlagen. Bei stärkerem Papier oder Karton ergibt das Falzen gegen die Laufrichtung schlechte Brüche. Besonders wichtig ist die Beachtung der Laufrichtung, wenn der Buchblock klebegebunden werden soll. Es gibt verschiedene Möglichkeiten, die Laufrichtung des Papiers festzustellen:

1. die Sichtprobe. Sie zeigt, wie sich die überwiegende Menge der langen Fasern beim Schütteln auf dem Sieb ausgerichtet hat;

2. die Reißprobe nach zwei Seiten. Ein Vergleich der gerissenen Kanten zeigt deutlich, wie die Fasern liegen;

3. Die Biegeprobe. In der Laufrichtung läßt sich das Papier gut biegen, während in der Dehnrichtung ein leichter Widerstand zu spüren ist;

4. die Daumennagelprobe. Hierbei wird die Papierkante zwischen den kräftig gegen den Zeigefinger gedrückten Daumennagel gezogen. Die Laufrichtung bleibt glatt, während sich in der Dehnrichtung Wellen, mitunter sogar Falten bilden.

Auch bei der Verarbeitung von Karton muß man die Laufrichtung berücksichtigen.

Das Falzen von Papier und Karton

Wie bereits erwähnt, muß das Papier parallel zur Laufrichtung gebrochen werden. Man legt die linke obere Ecke genau auf die rechte obere Ecke, so daß sich die Kanten decken. Eine Hand hält den Bogen fest, damit sich die Kanten während des Falzens nicht verschieben. Die andere Hand bricht den Bogen, und zwar fährt man mit dem Daumennagel oder dem Falzbein unter leichter Druckgebung von der Mitte aus nach oben und unten.

Eine Sonderform der Falzung ist das Leporello, auch Harmonikafalzung genannt. Nachdem man die Höhe und die Breite des Seitenformats bestimmt hat, schneidet man einen Papierstreifen in der benötigten Länge. Das linke Ende des Streifens wird in der Formatbreite an die obere Kante gelegt und auf die soeben beschriebene Weise gefalzt. Nun wird der Streifen umgelegt und in der Formatbreite wieder gebrochen. Dieser Vorgang wird wiederholt, bis der gewünschte Umfang vorhanden ist. Sollte der Streifen in der Länge nicht ausreichen, so läßt man einen etwa 1 cm breiten Falz stehen. Darauf klebt man den Anfang des neuen Streifens. Das Vorsatz wird hier vom ersten und letzten Blatt gebildet.

Weitere Falzmöglichkeiten sind die Parallelfalzung und die Wickelfalzung. Sie kommen aber für das Buch nicht in Frage.

Umschläge, Mappen und Rollen für Einzelblätter und Doppelseiten

Eine Mappe fertigt man am einfachsten, indem man einen Streifen Karton entsprechend der Formathöhe zuschneidet, wobei allseitig 1 mm Rand zugegeben werden muß, damit ein Spielraum entsteht. Die Länge des Streifens ergibt sich aus zwei Formatbreiten zuzüglich eines Drittels der Breite für die Klappe (Bild 396).

Einen Kartonumschlag kann man herstellen, indem man einen Bogen, der der vierfachen Formatgröße entspricht, zweimal falzt (Bild 397). Um ihn wird ein Papierumschlag gelegt (Bild 398). Ist der Karton stark genug, so kann ein Doppelbogen einfach gefalzt werden. Dieser Umschlag eignet sich zum Einlegen eines Einfachblattes wie auch eines oder mehrerer Doppelblätter.

Eingelegte Doppelblätter können auf einfache Weise in der Mappe befestigt werden: Um den Rücken der Mappe legt man eine möglichst einfarbige Kordel oder einen schmalen Lederstreifen — am besten wirkt ein schmaler Pergamentstreifen — und verknotet die beiden Enden unten miteinander. Das Doppelblatt wird zwischen Kordel und Mappe eingeschoben.

Bei Arbeiten, die einen besonders repräsentativen Charakter haben sollen, wird man die Gestaltung der Mappe oder Kassette mit dem Buchbinder beraten und ihm die Ausführung übertragen.

Einzelblätter — z. B. Urkunden — können

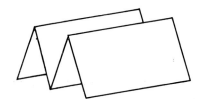

Bild 393. Leporellofalzung

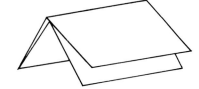

Bild 394. Parallelfalzung

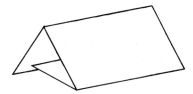

Bild 395. Wickelfalzung

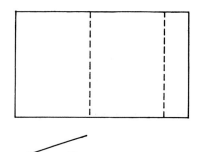

Bild 396

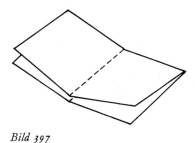

Bild 397

Bild 398

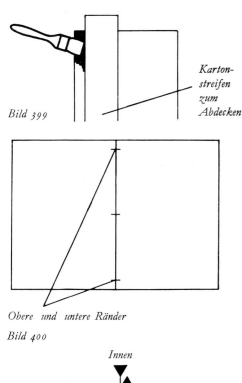

Bild 399

Karton-
streifen
zum
Abdecken

Obere und untere Ränder

Bild 400

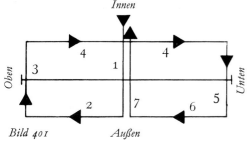

Bild 401

Innen

Oben

Unten

Außen

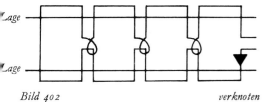

Lage

Lage

Bild 402

verknoten

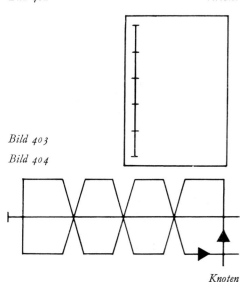

Bild 403

Bild 404

Knoten

auch gerollt werden. Man schreibt entweder direkt auf das Pergament, rollt dieses und befestigt die Rolle mit Riemchen oder bringt das beschriebene Papier oder Pergament in eine vom Buchbinder herzustellende Pergament- oder Lederrolle. Hier soll noch eine bisher selten angewendete Form der Urkundenrolle beschrieben werden: Die Innenseite eines Pergaments wird mit Papier kaschiert, dessen Farbton gut mit dem Pergament wie auch mit dem Schriftblatt harmoniert. An seiner oberen Kante wird die Urkunde vom Buchbinder befestigt. Eine Lederschlaufe schließt die Pergamentrolle.

Die buchbinderische Verarbeitung
handgeschriebener Bücher
Umfangreiche Arbeiten, wie z. B. Adressen, Festschriften oder andere handgeschriebene Bücher, kann man mit einem der folgenden Verfahren heften:
Die einfache Heftung. Die gefalzten Bogen werden zu sogenannten Lagen ineinandergesteckt, deren Dicke vom Textumfang und der Papierstärke abhängt. Bei stärkerem Papier wird man zweckmäßigerweise weniger Bogen nehmen als bei dünnem. In keinem Fall sollte eine Lage mehr als 4 Bogen umfassen.

Anspruchsvolle Arbeiten erhalten ein Vorsatz. Es verbindet beim festen Buchbindereinband den Buchblock mit der Einbanddecke. In der Regel besteht es aus dem „Spiegel", das ist der Teil, der auf die Innenseite der Buchdecke geklebt und dadurch mit ihr fest verbunden wird, und aus dem „fliegenden" Blatt. Das Vorsatz hat nicht nur praktische, sondern auch ästhetische Bedeutung. Es kann vom gleichen Papier sein wie der Buchblock; es kann aber auch mit anderem Papier und unter Umständen auch dekorativ oder farbig gestaltet werden. Beim Falzen muß die Filzseite des Papiers nach innen, die Siebseite nach außen kommen, d. h., die Filzseite muß sichtbar bleiben.
Besteht der Buchblock aus einer einzigen Lage, so legt man zwei ineinandergesteckte Bogen um ihn herum. Bei zwei oder mehr Lagen ist das nicht möglich. Die zweite Verfahrensweise besteht darin, daß man je einen gefalzten Bogen auf die Vorder- und die Rückseite der Lage bzw. auf die Vorderseite der ersten und auf die Rückseite der letzten Lage klebt. Dazu wird die eine Seite

des Bogens parallel zum Bruch in einer Breite von knapp 5 mm mit einem guten Papierklebstoff angeschmiert (Kleister, Fotopaste oder Latex (Bild 399). Beim Anlegen müssen die angeschmierten Vorsatzbogen einen halben Millimeter vom Lagenbruch zurückgesetzt werden, damit bei der Heftung nicht ins Vorsatz gestochen wird. Mit dem Handrücken drückt und reibt man die Flächen schließlich an.
Zum Heften werden Nadel und Nähmaterial benötigt. Es eignen sich naturfarbenes, haltbares Heftgarn, auch farbiges Garn, Zwirn und schmale Leder- oder Pergamentstreifen. Der Rücken der Lage muß beim Heften vorn und quer, d. h. parallel zur Tischkante liegen. Man sticht in der Mitte der aufgeschlagenen Lage von innen nach außen und führt dann den Faden etwa 2 cm vom oberen oder unteren Rand entfernt wieder in das Lageninnere. Am anderen Ende der Lage — der Abstand zum Rand ist wieder etwa 2 cm — geht man mit der Nadel nochmals nach außen, um den Faden dann durch das schon vorhandene mittlere Einstichloch wieder nach innen zu ziehen. Dort werden die beiden Fadenenden zweimal miteinander verknotet und kurz abgeschnitten. Es sieht besser aus, wenn der Rand unten um 2 mm höher eingerichtet wird als oben (Bild 400), oder wenn der unterste und der oberste Einstich mit dem Schriftspiegel identisch sind. Bild 401 zeigt das Schema der Fadenführung.
Etwas anders ist die Verfahrensweise, wenn zwei Lagen zu heften sind. Man legt diese in der eben beschriebenen Weise vor sich hin, sticht 2 bis 3 cm vom unteren Rand entfernt von außen nach innen, führt dann den Faden nach einigen Zentimetern nach außen, nach etwa 1 1/2 cm wieder nach innen usw. Es erleichtert die Arbeit, wenn man vorher die Einstichpunkte markiert. Die zweite Lage wird mit der ersten befestigt, indem man den Faden durch die schon vorhandenen Schlingen führt. Der Faden muß immer straff angezogen, gut verknotet und kurz abgeschnitten werden. Bild 402 zeigt das Schema der Fadenführung.
Hat die Arbeit einen größeren Umfang als 2 Lagen und ist eine gute Verarbeitungsqualität erforderlich, so sollte man unbedingt einen Fachmann mit dem Binden beauftragen, denn eine einfache Heftung würde nicht ausreichen, um dem Buchblock

die nötige Festigkeit und Haltbarkeit zu geben. Dickere Buchblocks erfordern das Heften auf Schirtingstreifen, evtl. ein Verstärken der Vorsatzlagen, ein Beschneiden des Blocks mit der Schneidemaschine u.a.m., ganz abgesehen von einer gewissen handwerklichen Routine und Akkuratesse.

Die Blockheftung. Der Block wird mit beiden Händen zwischen Daumen und Zeigefinger genommen und zuerst oben, dann am Rücken aufgestoßen. Man legt den Rücken parallel zur Tischkante und bohrt mit einer Ahle in einer 5 mm vom Rücken entfernten Linie mehrere Löcher in einem Abstand von 3 bis 8 cm senkrecht in den Buchblock. Der Abstand zu den beiden Schnittkanten oben und unten soll etwa 1 1/2 cm betragen. Man beginnt zweckmäßigerweise auf der Rückseite. Bild 404 zeigt das Schema der Fadenführung.

Die seitliche Blockheftung kann natürlich auch mittels Drahtklammern erfolgen. Dies ist zwar einfach, jedoch unzweckmäßig, weil die Klammern leicht rosten. Da die Drahtheftung außerdem immer häßlich wirkt, muß der Block einen Broschurumschlag erhalten. Die Fadenheftung dagegen läuft in der Regel über Vorsatz und Decke. Man kann den Faden auch über den Rücken gehen lassen (Bild 405). Mit Pergamentstreifchen oder einem gebleichten Garn ausgeführt, wirkt diese Bindeform recht dekorativ.

Es ist möglich, die Blockheftung sowohl bei einzelnen Blättern als auch bei übereinanderliegenden Doppelseiten auszuführen, wobei hier der Bruch entweder am Rücken oder an der Vorderkante des Buches zu liegen kommt. Als Vorsatz dienen das erste und das letzte Blatt. Die Anordnung des Bruches an der Vorderkante (Bild 406) wirkt nicht nur eleganter, sondern ist auch zweckmäßiger.

Die Kombination dieser Art der Heftung mit der über den Rücken gezogenen Blockheftung bezeichnet man als chinesische oder japanische Bindeweise. Die Möglichkeiten der Beschriftung müssen schon vorher bedacht werden. Man schreibt nur auf die äußeren, die Filzseiten, beschriftet also nur zwei Seiten des Bogens. Das erweist sich als besonders vorteilhaft, wenn Schreibfehler auftreten, weil dann nur zwei Seiten neu geschrieben werden müssen. Ein anderer Grund für das einseitige Beschreiben ist durchscheinendes Papier.

Wie schon erwähnt, kann das seitlich geheftete Blockbuch in einen Broschurumschlag eingeklebt werden. Üblich ist es jedoch, die Einbanddecke mitzuheften. Man verwendet dazu einen gefalzten Bogen festes Papier, möglichst in einem schönen Farbton, der mit einem eingelegten dünnen Karton verstärkt werden kann (Bild 407).

Die Klebebindung. Bei der Klebebindung, einer Sonderform der Blockheftung, werden die einzelnen Blätter nicht durch Heftung, sondern durch einen besonderen Klebstoff miteinander verbunden. Das Vorsatz wird in der üblichen Weise vorgeklebt. Diese Verfahrensweise, die normalerweise bei Taschenbüchern angewandt wird, erscheint auch für größerformatige handgeschriebene Bücher, wie Festschriften u. ä., als gut geeignet, da die Doppelseiten mit dem Bruch zur Vorderseite angeordnet werden können und sich das Buch im Gegensatz zur Blockheftung gut aufschlagen läßt. Allerdings ist das klebegebundene Buch nicht so haltbar wie das geheftete. Die Ausführung muß unbedingt einem Buchbinder übertragen werden.

Umschläge für eine und zwei Lagen. Der gebrochene Kartonumschlag ist am leichtesten anzufertigen. Der Karton wird einmal in der Mitte gefalzt, wobei der Bruch parallel zur Laufrichtung der Fasern erfolgen muß. Man kann den Karton gleichzeitig mit der Lage heften oder aber die Lage einkleben. In diesem Falle empfiehlt es sich, vorn und hinten 5 mm vom Mittelfalz entfernt einen zweiten Bruch zu knicken, damit sich das Heft besser aufschlagen läßt (Bild 408). Um den Karton kann man einen Papierumschlag nach dem Prinzip der Englischen Broschur legen. Seine einzige Befestigung ist eine Klappe, die fast bis an den Bruch reichen kann (Bild 409). Bei dieser Bindeart braucht das äußere Vorsatz nicht angeklebt zu werden; es genügt vollauf, wenn man es in den Umschlag steckt.

Die eigentliche Englische Broschur ist eine Sonderform der Massenbroschur, bei der um den unbedruckten Kartonumschlag ein Schutzumschlag gelegt, am Rücken angeklebt und seitlich eingeschlagen wird, wobei die Einschläge fast bis zum Bund reichen können. Für den Umschlag kann man ein farbiges Papier verwenden, auf das der Titel geschrieben wird; aber auch ein marmoriertes oder ornamentiertes Papier, bei

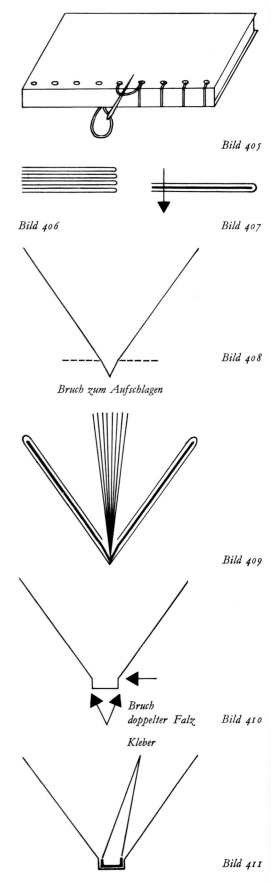

Bild 405

Bild 406

Bild 407

Bild 408

Bruch zum Aufschlagen

Bild 409

Bruch
doppelter Falz   *Bild 410*

Kleber

Bild 411

dem das Schriftschild aufgeklebt ist, kann gut wirken (nach Kapr, Buchgestaltung).

Beim Falzen des Kartons für ein zweilagiges Büchlein muß die Rückenstärke berücksichtigt werden (Bild 410). Hier kann man die Lagen nicht durch Heften mit dem Umschlag verbinden, sondern muß sie kleben (Bild 411). Man legt sie in den angeschmierten Umschlag, drückt sie an und läßt das Buch, zwischen zwei Brettern unter einem genügend schweren Gegenstand liegend, trocknen. Ob das äußere Vorsatz mit angeklebt werden muß oder nur in den Papierumschlag, der auch hier angebracht wird, eingelegt werden kann, hängt von der Größe und Stärke des Buchblocks ab. Zumeist genügt das Einlegen.

Will man den Buchblock mit einem festen Einband versehen, so wird man sich besser an einen Buchbinder wenden. Überhaupt ist eine gute und fachgerechte Arbeit nur mit geeignetem Material und Hilfsmitteln, wie Pappschere, Presse u. a., zu erreichen, über die in der Regel nur der Buchbinder verfügt. In den Kompetenzbereich des Graphikers gehört es jedoch, Vorschläge für die Gestaltung und die Art des zu verarbeitenden Materials zu machen.

Die in diesem Abschnitt gegebenen Informationen über Papier, Bezugsstoffe, Fertigung der Einbände usw. reichen für den Graphiker keinesfalls aus. Er sei deshalb auf folgende Literatur hingewiesen: Albert Kapr, Buchgestaltung, VEB Verlag der Kunst, Dresden 1963 und Gustav Moeßner, Was Setzer, Drucker und Verlagshersteller von der Buchbinderarbeit wissen sollten, Buchbinderverlag Max Hettler, Stuttgart 1960.

4.3. **Die Schrift in der Gebrauchsgraphik**

4.3.1. **Signete und Wortmarken**

Das Signet ist ein auf das Wesentlichste reduzierter bildhafter Ausdruck, ein Symbol für einen bestimmten Betrieb, ein Unternehmen, eine Institution, eine Organisation, für eine Idee, für einen besonderen Anlaß, für Güte und Herkunft eines Erzeugnisses. Signete sind optische Erkennungszeichen. Ihre Formen ergeben sich aus dem Gegenstand oder aus thematischen Assoziationen. Sie können geometrisch oder aus der Natur entlehnt sein, wie z. B. eine stilisierte Blatt-

form für das Thema „Pflanzenschutz". Wissenschaftliche Zeichen, Elemente aus der Heraldik oder die bildliche Darstellung des Betriebsnamens können ebenfalls zum Signet werden. Vielleicht ist auch der Herstellungsort so wichtig, daß er mit berücksichtigt werden muß. Naturalistische Darstellungen sind jedoch als Zeichen unwirksam.

Man kann das Signet aber auch aus der Schrift entwickeln, und dazu den Anfangsbuchstaben oder die Kurzform des Betriebsnamens oder der Organisation oder den Namen des Produktes verwenden. Signete aus Initialen, Buchstabenligaturen, Monogrammen oder Wortmarken und Schriftzügen machen es ebenso wie beim Bildzeichen erforderlich, daß Spannungs- und Kontrastverhältnisse entwickelt und zueinander in Beziehung gesetzt werden. Dabei sind die entstehenden Binnenformen und Resträume genauso wichtig wie die Formen selbst. Die graphischen Elemente müssen sich dabei möglichst zu einem Ganzen vereinen. Ein Konglomerat verschiedener Elemente, das mit Hilfe eines Rahmens zusammengehalten wird, ist kein Signet. Die Bildbeispiele werden das hier vorgetragene Anliegen verständlicher machen.

Selbstverständlich ist auch eine Kombination von Bildelementen und Schrift möglich.

Assoziationen, die sich aus dem Charakter und den graphischen Merkmalen der einzelnen Buchstaben ergeben, wie z. B. leicht, zart, geschwungen oder schwer, massiv, sind hinsichtlich der emotionellen Aussage von Bedeutung.

Die folgenden Grundsätze gelten nicht nur für die Gestaltung des bildhaften Zeichens, sondern auch für das Buchstabensignet:

1. Das Signet ist ein Erkennungszeichen, deshalb muß seine Form unkompliziert, klar und einprägsam sein.

2. Mitbestimmend für die Form ist der Verwendungszweck. In den meisten Fällen baut die gesamte graphische Werbung eines Betriebes auf dem Einsatz der Marke auf. Sie erscheint auf Geschäftspapieren, Prospekten, Etiketten, Verpackungen, Lieferwagen. Möglicherweise muß sie realisierbar sein als Leuchtwerbung oder in Werkstoffen wie Pappe, Plaste, Glas, Metall, Textilien. Die Bedingungen der technischen Verarbeitung, also z. B. Drucken, Prägen, Stanzen, Gießen, Weben u. a., sind deshalb

von vornherein bei der Formgebung zu berücksichtigen. Zeichnerische Abwandlungen würden sich notwendig machen, wenn die gleiche Marke in Stahl gestochen und in Plaste geformt werden sollte. Allerdings wird ein Zeichen nur in den seltensten Fällen allen diesen Anforderungen genügen müssen. Im allgemeinen sollte man versuchen, die folgenden Gesichtspunkte zu wahren: Alle Detailformen müssen bei einer Verkleinerung auf 5 mm noch klar und deutlich sichtbar sein. Auch beliebige Vergrößerungen muß das Signet zulassen. Eventuell muß man für extreme Größenunterschiede verschiedene Modifikationen zeichnen, die aber lediglich in der Strichstärke variiert werden dürfen. Die Zeichen müssen unbedingt zu einer Wiedergabe in Schwarzweiß, und zwar in der Positiv- wie in der Negativwirkung, geeignet sein; sie sollten sich ebensogut freistehend oder in einem Rahmen darstellen lassen. Die Möglichkeit des farbigen Einsatzes erhöht die Verwendbarkeit. Es ist jedoch nur in Ausnahmefällen zweckmäßig, von vornherein mehrfarbig zu konzipieren. Eventuell ist auch die Darstellung des Signets als Relief oder Vollplastik in Erwägung zu ziehen.

3. Marken und Signete sind geschützt. Deshalb muß ein Neuentwurf eigenständig sein,

d. h., er darf keine Anlehnung an schon vorhandene Zeichen darstellen oder Verwechslungen mit solchen zulassen. Dies zu vermeiden wird um so schwieriger, je einfacher und geometrischer ein Zeichen ist.

4. Die Gestaltung und Form der Signete unterliegt modischen Einflüssen, wenn hier auch die geschmacklichen Anschauungen der Gesellschaft nicht so häufig wechseln wie die Rocklänge in der Damenmode. Da jedoch die Marke, wie bereits erwähnt wurde, als Qualitäts- und Herkunftszeichen wichtigster Bestandteil der graphischen Werbung ist, dürfen alte, eingeführte Warenzeichen — vorausgesetzt, daß dies notwendig ist — nur stufenweise verändert werden.

Eine Wortmarke entsteht dann, wenn der Name des Erzeugnisses, des Betriebes oder der Organisation durch eine entsprechende Gestaltung typographischer Elemente oder gezeichneter bzw. geschriebener Schrift einen signetartigen Charakter erhält. Wichtig ist dabei der ausgewählte Schriftcharakter und wie die Buchstaben bzw. deren graphische Elemente zueinander in Beziehung treten, wie sie komponiert sind. Aus dem Wort muß ein Wortbild werden, das sich von anderen Wortbildern unterscheidet. Auch hier gilt wieder die Forderung nach

Bild 414

Bild 415

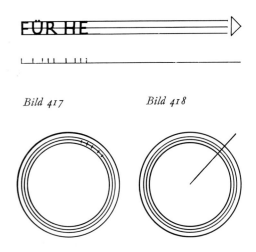

Bild 416

Bild 417   *Bild 418*

nordstern

Bild 412. Graphische Fehlleistung

Bild 413. Graphische Fehlleistung

formaler Geschlossenheit und Einprägsamkeit. Doch ist die Reduzierung der Aussage auf das Wesentliche nicht auf die gleiche Weise durchführbar wie beim Signet. Das Wort muß unbedingt lesbar bleiben. Zu einer Identifizierung aber benötigen die Buchstaben Detailformen, deren Grundzüge nicht verändert werden dürfen. Die Bilder 412 und 413 zeigen graphische Fehlleistungen, bei denen die Forderung nach Lesbarkeit ignoriert bzw. Buchstabenformen bedenkenlos verunstaltet wurden in dem Bestreben, um jeden Preis etwas „Originelles" zu machen. Die Aufzählung solcher Beispiele könnte beliebig fortgesetzt werden.

Wortmarken kann man auch aus Schriftzügen, die mit Pinsel oder Feder flott hingeschrieben werden, entwickeln (s. Abschnitt 4.2.1.). Die Anwendungsmöglichkeit derartiger Marken ist jedoch beschränkt, da sich kalligraphische Formen nicht ohne weiteres in Werkstoffe umsetzen lassen.

Entwurfstechnik: Ist anzunehmen, daß eine der zunächst flüchtig skizzierten Ideen entwicklungsfähig ist, so probiert man mit Hilfe kleinformatiger Schwarzweiß-Entwürfe (Höhe etwa 5 bis 6 cm) die Möglichkeiten der graphischen Darstellung aus. Diese Methode des Vorgehens wird deutlich in Bild 414. Die Aufgabe dieser Studienarbeit lautete, ein Versal A in einen Kreis zu bringen. Wichtig dabei ist, daß man tatsächlich alle Möglichkeiten in Betracht zieht. Im Verlaufe dieser Arbeit stellen sich weitere Ideen ein, zumindest ergeben sich neue Gesichtspunkte. Die besten Entwürfe führt man dann in einer Größe von etwa 15 bis 20 cm exakt aus. Schließlich ist mittels fotografischer Reproduktion festzustellen, ob das Signet auch in den Detailformen eine Verkleinerung auf 5 mm zuläßt.

Das kreisförmige Anordnen von Schriften
Auf Plaketten, Siegeln, gegebenenfalls auch Marken, ist häufig eine kreisförmige Anordnung der Schrift erforderlich. Es ist darauf zu achten, daß ein günstiges Verhältnis zwischen Textmenge und Größe des Kreises besteht. Kurze Texte ordnet man halbkreisförmig oder gerade an.

Man wird für derartige Aufgaben Versalien bevorzugen, da sie eine bessere Bandwirkung ergeben als Kleinbuchstaben. Wie man bei kreisförmiger Anordnung verfährt, soll mit den Bildern 415 bis 418 gezeigt werden: Zuerst werden Probeskizzen angefertigt, um die Proportionen zwischen Schrifthöhe und Kreisumfang zu klären. Dabei ist auf gute Randverhältnisse zu achten. Befriedigt das Ergebnis, so multipliziert man den mittleren Durchmesser des Schriftringes mit 3,14. Daraus ergibt sich die Länge des Schriftbandes (Bild 416), auf dem man zunächst skizzenhaft, später genauer die Schrifteinteilung und -zeichnung vornimmt. Diese wird nun auf die Mittellinie des Schriftringes übertragen (Bild 417). Es ist darauf zu achten, daß alle Senkrechten auf den Mittelpunkt des Kreises gerichtet sind (Bild 418). Der besseren Lesbarkeit wegen ist die Zweiteilung der Textmenge anzuraten.

Plakate 4.3.2.

Die meisten Plakate stellen eine Kombination von Bild und Schrift dar. Zwar vermittelt die Schrift auch hier die eigentliche Aussage und ist integrierender Bestandteil der Gestaltung, doch ordnet sie sich in ihrer optischen Wertigkeit dem Bild unter, fügt sich ein. Da Gebrauchsgraphiker auf dem Gebiet des Schriftzeichnens und -schreibens zumeist nur unzureichend ausgebildet sind, ist es für sie besser, die Schrift für das Plakat nicht selbst zu entwerfen, sondern die benötigten Schriften auf dem Wege der fotographischen Reproduktion nach gezeichneten oder geschriebenen Vorlagen anzufertigen oder Satzschriften zu verwenden und in das Plakat einzumontieren. Die gestalterischen Probleme ergeben sich hier aus der Wahl des Schriftcharakters, den Größenverhältnissen und dem Stand der Schrift auf der Fläche.

Eine andere Möglichkeit besteht darin, die Schrift aus dem Duktus und der Struktur des Bildes zu entwickeln. Die Schrift wird dabei nicht als Kontrast in das Bild eingefügt, sondern ist mit den formalen Elementen des Bildes zu einer Einheit verschmolzen. Bild 498 ist ein hervorragendes Beispiel dieser zweiten Gestaltungsweise. Hier ist es nicht nötig, daß der Künstler das Zeichnen formaler Schriften beherrscht.

Beim eigentlichen Schriftplakat ist die Schrift das alleinige oder zumindest vorwiegende Gestaltungsmittel, der alleinige Träger der Aussage. Wenn das Plakat mit künstlerischer Meisterschaft gestaltet ist, braucht eine Beschränkung auf die Schrift durchaus keine Minderung der Wirkung mit sich zu bringen. Die Themen für Schriftplakate liegen vor allem auf dem kulturellen und gesellschaftspolitischen Gebiet, am häufigsten sind es Veranstaltungs- und Ausstellungsplakate. Handelt es sich um andere Bereiche, so kommt das Schriftplakat für Themen in Frage, die sich für eine bildliche Darstellung nicht eignen.

Zur Anwendung gelangen rein typographische Elemente, die zumeist auf die erforderlichen Grade fotographisch vergrößert und gegebenenfalls überzeichnet werden, gezeichnete Schriften (eventuell fotographisch reproduziert und vergrößert), geschriebene Schriften (u. U. fotographisch vergrößert), plastische Schriften (fotographisch reproduziert und evtl. vergrößert) sowie Kombinationen dieser Mittel.

Die Vielfalt der Inhalte muß auch in den verschiedenen Darstellungsarten der Schrift zum Ausdruck kommen. Ein Wort oder eine Zeilengruppe, die auf einfacher Aneinanderreihung der Buchstaben beruht, kann, wenn sie entschieden dominiert, durchaus eine monumentale Wirkung erhalten.

Einen eindrucksvollen Blickfang erhält man mit einem Monogramm oder Signet. Buchstaben- und Schriftbilder bieten ein unerschöpfliches Feld dekorativer Lösungen. In einer jeden dieser Darstellungsarten gewinnt die Schrift rhythmische, ornamentale und bildhafte Werte.

Das Plakat soll einen bestimmten wirtschaftlichen, erzieherischen, kulturellen oder politischen Werbeinhalt einprägsam, anschaulich und überzeugend vermitteln. Dieser Aufgabe muß es, wenn es sich nicht gerade um ein Innenplakat für Schaufenster oder Innenräume handelt, an der Plakatwand oder Anschlagsäule der Straße inmitten vieler anderer Plakate mit anderen Werbeinhalten und -absichten gerecht werden. Da die Überstrahlungskraft der einzelnen benachbarten Plakate unterschiedlich und nicht im voraus bekannt ist, ist der Gestalter gezwungen, immer wieder nach möglichst wirkungsvollen, ja ungewöhnlichen Mitteln zu suchen. Daß das Ungewöhnliche nicht unbedingt in einer sich expressiv gebärdenden, grellbunten Form liegt, sondern sich

auch in einer betont klaren, schlichten, sachlichen Darstellungsweise äußern kann, sei nur am Rande bemerkt.

Das Plakat muß, soll es im Straßenbild wirken, bereits auf größere Entfernung (10 bis 15 m) Aufmerksamkeit und Neugier erregen. Dies vermag es durch das Vorhandensein eines Blickfangs, die Ausdrucksstärke der formbildenden Bewegung, ihr Auf und Ab, ihr Steigen und Fallen, ihr Hin und Her, ihr Springen und Drehen, durch den Gefühlsgehalt der Farbe, ihre Intensität und gegebenenfalls ihre Aggressivität.

Die Darstellung muß sehr schnell Assoziationen erzeugen können, die den Betrachter emotionell berühren.

Am besten kommen große, geschlossene Formen zur Geltung, deren Wirkung in sich durch interessante Detailformen und die Wirkung der Binnenformen belebt und gesteigert wird. Denn auch der näherkommende Betrachter soll neben der Information noch Freude und Genuß am Sehen empfinden.

Seine Überzeugungskraft gewinnt das Plakat durch eine klare, eindeutige Aussage über das Wesentliche des Inhalts, was nicht nur Anliegen der formalen Gestaltung sein kann, sondern auch eine Aufgabe des sprachlichen Ausdrucks sein muß.

Das Anliegen des Plakates muß schnell und ohne große Mühe erfaßt werden können; dies schließt nicht aus, daß es darüber hinaus gedankliche und formale Werte beinhalten kann (mitunter sogar soll), die den Betrachter noch längere Zeit beschäftigen oder ihm erst nach häufigem Ansehen verständlich werden.

Entwurfstechnik: Haben die Überlegungen mit Hilfe von kleinen Bleistift- oder Farbstiftskizzen eine brauchbare Plakatidee ergeben, so ist es zweckmäßig, die wichtigsten Probleme, wie Größen- und Gewichtsverhältnisse, ihre Stellung auf der Fläche sowie die Farbgebung mit Skizzen im Format A 5 oder A 6, zu klären. Die weitere Arbeit am Entwurf muß jedoch in Originalgröße erfolgen. Werden kleinere Entwürfe, z. B. A 4, später auf das gebräuchlichste Plakatformat A 1 vergrößert, so ergeben sich hinsichtlich der Proportionen, der Farben und auch der Detaillösungen oft andere Wirkungen, als beabsichtigt. Sehr vorteilhaft ist es, wenn man die Elemente in verschiedenen Abwandlungen der Größe, der

Strichdicke und Farbe zur Verfügung hat, so daß man sie ausschneiden, unter Umständen auch auswechseln und so lange auf der Fläche verschieben kann, bis das Ergebnis befriedigt.

Bei textreichen Plakaten empfiehlt es sich, den Kleintext zu Gruppen zusammenzufassen. Kleintexte wird man auch beim kalligraphischen Plakat häufig als Satzarbeit einmontieren. Man kann aber auch eine genaue Skizze auf ein Deckblatt aus Transparentpapier oder Folie zeichnen und dieses, nachdem es mit Standangaben versehen wurde, zusammen mit der Reinzeichnung an die Druckerei geben.

4.3.3. Verpackungen, Etiketten

Neben der Aufgabe, Schutz, Hülle und Kennzeichen eines Produktes zu sein, hat die Verpackung auch eine Werbefunktion, indem sie Qualität und Herkunft des Erzeugnisses in einer möglichst adäquaten Form repräsentiert. Der Käufer überträgt für gewöhnlich unbewußt die optischen Eindrücke, die von einer Verpackung ausgehen, auf die Qualitätsmerkmale des Erzeugnisses. Deshalb muß die Verpackung so gestaltet sein, daß sie beim Betrachter positive Vorstellungen und Gefühlswerte auslöst. Große Bedeutung kommt hierbei auch dem Symbolwert der Farbe zu. Eine hochwertige, attraktive und geschmackvolle Ausstattung erhöht den Reiz der Ware, sie weckt Bedürfnisse, regt zum Kauf an und erzeugt Freude am Besitz des Produktes, wobei es in der Gebrauchswerbung nicht nur auf eine Verbrauchssteigerung ankommt, sondern auch auf eine Verbesserung und Kultivierung der Darbietungsform.

Neben guten gestalterischen Fähigkeiten muß der Graphiker ein gewisses psychologisches Einfühlungsvermögen in die Mentalität der Käufer sowie Kenntnisse über die Eigenschaften der Waren haben. Eine Büchse für Kakao z. B. darf von ihrem optischen Eindruck her nicht mit einem Behälter für eine Lackfarbe und eine Tube Zahnpasta nicht mit Hautcreme verwechselt werden können.

Die Kennzeichnung des Erzeugnisses ist dominierende Aufgabe der Verpackung. Bei einem großen Teil der Verpackungen geschieht diese Kennzeichnung durch Kombination von bildhaften oder ornamentalen Elementen und Schrift, wobei auch hier die Schrift in die Gestaltung einbezogen sein muß. Es werden gesetzte Typen oder fotographisch reproduzierte oder gezeichnete Schriften angewendet oder beides kombiniert. Bei der zweiten Gruppe von Verpackungen stellt die Kennzeichnung des Produktes durch die Schrift Grund- und Hauptelement der Gestaltung dar. Dabei kommt es darauf an, den ornamentalen Wert der Buchstabenelemente zu erkennen und sie so einzusetzen, daß sie einen ästhetischen Reiz ausüben. Die Lesbarkeit der Schrift darf jedoch durch die Bemühung, einen originellen Blickfang zu schaffen, nicht eingeschränkt werden.

Bei bestimmten Waren hat das Warenzeichen eine größere Werbewirksamkeit als die Firmenmarke.

Die Angaben über den Verpackungsinhalt, den Verwendungszweck, den Namen des Herstellers einschließlich des Kleintextes, nämlich Preis, Mengenangaben, Prüf- und Gütezeichen, Warennummer und in besonderen Fällen Angaben über Rohstoffe oder die spezifische Zusammensetzung sowie Gebrauchsanleitungen, Rezepte oder Hinweise für die Handhabung der Verpackung, müssen vollständig, instruktiv und übersichtlich angeordnet sein. Zusammensetzung, Gebrauchsanleitungen oder Rezepte können auch auf den Deckelinnenseiten, auf Rückseiten, auf beigelegten Textblättern oder in Kleinstbroschüren untergebracht werden.

Bei der Wahl und dem Einsatz der graphischen Mittel ist darauf zu achten, daß sich die Verpackung einerseits von anderen Verpackungen optisch abheben muß. Verwechslungen mit anderen Erzeugnissen der gleichen Gattung dürfen nicht möglich sein. Andererseits muß sie sich in die gesamte Werbekonzeption einfügen, im Idealfall in den besonderen Werbestil der Herstellerfirma. Das heißt z. B., daß sich ein und derselbe Schriftcharakter auf allen Drucksachen, im Signet oder der Wortmarke und der Leuchtreklame wiederholen kann. Bei firmenspezifischen Verpackungen wird das Signet zum wichtigsten gestalterischen Element werden. Mitunter wird auch einer bestimmten Farbe oder Farbkombination innerhalb der Gesamtwerbung ähnlich große Bedeutung zukommen. Der firmenbezogene Aspekt der Werbung tritt noch wirkungsvoller in Erscheinung, wenn für die verschiedenen Produkte eines Betriebes sogenannte Verpackungsfamilien entwickelt werden.

Manche Firmen und bestimmte Waren, wie z. B. Tabak oder Spirituosen, verfügen bereits über eine gewisse Werbetradition. Es ist ratsam, traditionsgebundene Gestaltungselemente weiterzuverwenden, sofern sie künstlerisch akzeptabel sind.

Bei der Gestaltung von Verpackungen spielen neben den ökonomischen Bedingungen und so wichtigen Faktoren wie Handhabung, Lagerung und Versand, die in diesem Zusammenhang aber nicht behandelt zu werden brauchen, das Material, seine Verarbeitungstechniken und die Druckverfahren eine entscheidende Rolle. Papier, Karton, Pappe, Metallfolien, Plaste, Glas, Holz, Blech ergeben unterschiedliche Effekte, die der Graphiker in die Gestaltung einbeziehen muß. Für diese verschiedenen Oberflächen muß er die geeigneten Druckverfahren kennen und ihre spezifische Wirkung berücksichtigen. Dabei ist der Druck nicht die einzige Möglichkeit der Beschriftung. Bei Karton, Metall- oder Plastefolien kann auch eine Prägung erfolgen, oder es können Druck- mit Prägeverfahren kombiniert werden.

Verpackungen sind Körper. Man muß deshalb schon beim Entwurf auf die technisch-konstruktiven Besonderheiten achten. Unumgänglich notwendig ist es, für die Entwurfsarbeit plastische Modelle (möglichst im Verhältnis 1:1) zu Hilfe zu nehmen. Die Verpackung muß in den verschiedensten Stellungen wirken. Es ist daher notwendig, daß die einzelnen Felder eine einheitliche graphische Konzeption erhalten. Bei Schachteln müssen zumindest zwei gegenüberliegende Seiten voll der werblichen Aufgabe gerecht werden. Der Artikelname muß auch bei runden Verpackungen mit einem Blick erfaßbar sein. Da von einem Punkt aus nur ein Drittel des Umfangs überschaubar ist, dürfen die dominierenden Bestandteile nicht über diese Fläche hinausreichen. Es sollte auch berücksichtigt werden, wie die Verpackung aussieht, wenn sie geöffnet ist. Bei bestimmten Warengattungen muß auch die Innenausstattung in die Gestaltung mit einbezogen werden.

Die Entwurfstechnik besteht darin, Artikelname, Firmenbezeichnung, Signet, Klein-

text und gegebenenfalls bildliche oder ornamentale Elemente in verschiedenen Größen und Farben erst einmal zu skizzieren und auf den Modellen auszuprobieren.

Etiketten dienen der Kennzeichnung verschiedenartiger Erzeugnisse bzw. deren Verpackungskörper. In der Regel werden sie aufgeklebt, angehängt, bei Textilien auch eingenäht. Auch bei Etiketten dienen textliche und bildliche Aussage der Kennzeichnung des Produktes. Sie informieren über Inhalt, Verwendungszweck, Gebrauch und Herkunft, Preis, Menge, Gütezeichen und Warennummer. Gleichzeitig erfüllen sie werbliche Funktionen.

Sofern sie sich nicht aus der Dreidimensionalität ergeben, treffen die graphischen Probleme der Verpackungsgestaltung auch auf den Entwurf von Etiketten zu. Besondere Beachtung verdient der Umstand, daß diese sich zumeist auf runden Behältern befinden. Durch die Wölbung tritt eine Verschmälerung aller Elemente ein. Dies muß von vornherein berücksichtigt werden. Jeder Etikettenentwurf ist deshalb am Modell zu prüfen.

Buchumschläge (1) 4.3.4.

Beim Buchumschlag spielt die Schutzfunktion nur eine untergeordnete Rolle. Seine eigentliche Aufgabe liegt im Bereich der Werbung, wobei die Werbung für Bücher in der sozialistischen Gesellschaft nicht nur kommerzielle, sondern vor allem kulturpolitische Aspekte hat. Die Wirkungssituation des Buchumschlages ist der des Plakates ähnlich. Er muß sich im Schaufenster oder auf dem Ladentisch neben vielen anderen Konkurrenten behaupten. Optisch starke Formulierungen rufen leicht plakative Wirkungen hervor. Und es kann mit Sicherheit gesagt werden, daß die Plakatkunst und die Gestaltung des Buchschlages einander in enger Abhängigkeit vom künstlerischen Stil der Zeit wechselseitig beeinflußt haben und weiter beeinflussen. Im Schaufenster steigert sich die Wirkung plakativer Lösungen an der gleichberechtigten Nachbarschaft schlichter, zurückhaltender,

1 Dieser Abschnitt folgt im wesentlichen den Ausführungen Albert Kaprs in seinem Werk „Buchgestaltung", VEB Verlag der Kunst Dresden 1963

differenzierter Gestaltungen und umgekehrt. Der Umschlag soll nicht einfach nur attraktiv, geschmackvoll und schön sein, sondern zweckgerecht und ausdrucksvoll etwas vom Inhalt und Geist des Buches widerspiegeln. Angesichts der Vielfalt der zu gestaltenden Bucharten, der Vielfalt ihrer Themen und Inhalte, ihrer geistigen und emotionellen Werte ist es jedoch unmöglich, ins einzelne gehende Hinweise zu geben, welche graphischen Mittel im konkreten Fall verwendet und wie sie eingesetzt werden können. Die Darlegung muß sich auf eine Aufzählung beschränken. In Frage kommen bildhafte Ausführungen, z. B. illustrative Gestaltungen mit den Mitteln der Graphik (Holzschnitt, Linolschnitt, Feder- oder Kreidezeichnung), der Malerei, der Fotographie und der Fotomontage. Wie beim Plakat stellt auch hier die Schrift die eigentliche Aussage dar; in ihrer optischen Wertigkeit muß sie sich in diesen Fällen jedoch ein- und unterordnen.

Der Anwendungsbereich von Ornamenten erstreckt sich vor allem auf historische, nationale und moderne Literatur, sofern sich Assoziationen zum Inhalt herstellen lassen. Auch der mit Ornamenten gestaltete Umschlag wird erst durch die Schrift voll aussagefähig.

Mit der Schrift als alleinigem Mittel läßt sich fast jedes Thema in adäquater Weise gestalten. Sie kann geschrieben, gezeichnet, gesetzt oder fotographisch reproduziert werden und erlaubt eine unerschöpfliche Vielfalt dekorativen Formenspiels. Sie läßt plakative Wirkungen ebenso zu wie seriöse, distinguierte Anwendungen. Ein origineller Einfall ist jedoch nur dann brauchbar und gut, wenn die Schrift noch im notwendigen Maße lesbar ist.

Buchkörper und Umschlag müssen eine gestalterische Einheit bilden. Das gilt sowohl für die Farbgebung als auch für die Anordnung und die Schriftwahl. Doch ist der Spielraum zur Verwirklichung dieser Forderung weit. Die Schrift des Umschlages sollte nach den Regeln des Schriftmischens in eine Beziehung zur Textschrift gebracht werden, wobei hier wohl die Kontrastmischung sehr häufig in Frage kommen wird, da sie besonders ausdrucksstarke Wirkungen ergibt. Vorteilhaft ist es, den Kleintext des Umschlages aus der Textschrift zu setzen. Auf diese Weise ist auch eine Übereinstimmung mit der Schrift auf dem Einband herstellbar. Für die Gestaltung des Umschlages wird in erster Linie die Vorderseite in Anspruch genommen. Die Rückenzeile ist dabei mit zu berücksichtigen. Eventuell kann auch die Rückseite in die Gestaltung einbezogen werden, doch muß dies so geschehen, daß alle Bestandteile des Umschlages auch für sich betrachtet werden können. Für die Beschriftung des Umschlages existieren keine bibliographischen Vorschriften. Der Name des Autors muß nicht in jedem Falle auf der Vorderseite erscheinen, es genügt, ihn auf den Rücken zu bringen. Er muß auch nicht voll ausgeschrieben sein. Ob die Rückenzeile waagrecht oder gestürzt angebracht wird, hängt von der Textmenge und vom Entwurf ab. Bereits bei der Konzipierung des Entwurfes muß man wissen, ob eine Buchbinde vorgesehen ist, damit nicht später wichtige Teile des Entwurfes verdeckt werden.

Die Farbgebung darf beim Umschlag intensiver und kontrastreicher als beim Einband sein, doch sollte sie mit Einband und Buchblock harmonieren und auch hinsichtlich ihres Gefühlswertes dem Inhalt des Buches entsprechen. Der Gestalter muß bei der Farbwahl für den Umschlag auch die technischen Bedingungen berücksichtigen, die sich aus den Druck- und Veredlungsverfahren ergeben. Häufig müssen Umschläge lackiert oder mit Glanzfolie kaschiert werden. In der Anleitung „Rationelles Farbmischen" (s. auch Abschnitt 4.4.1.) ist aufgeführt, welche Druckfarben sich zum Kaschieren oder Lackieren eignen.

Ist der Einband sehr werbewirksam gestaltet, kann man um ihn statt des Papierumschlages einen durchsichtigen Glanzfolieumschlag legen. In diesem Falle kann man den Titel von innen, also mit einem seitenrichtigen Klischee drucken lassen. In den meisten Fällen aber wird die Werbefunktion vom Umschlag wahrgenommen, während der Einband zurückhaltend gestaltet ist. Auf dem Einbandrücken müssen Titel und Autorenname stehen. Der vordere Deckel kann den Titel tragen, doch ist dies nicht unbedingt erforderlich. Gegebenenfalls kann man den Deckel mit Linien, ornamentalen oder bildhaften Elementen oder Buchstaben so sparsam gestalten, daß auf diese Weise lediglich zu sehen ist, welcher der beiden Deckel der vordere ist.

4.3.5. Die Schrift in der Ausstellungsgestaltung

In der Ausstellungsgestaltung dient die Beschriftung einer möglichst umfassenden und instruktiven Aussage über Bedeutung, Zweck, Eigenschaften und gegebenenfalls über den ökonomischen Nutzen der Exponate. Deshalb muß dem Entwurf ein sorgfältiges Studium der Exponate, des „Drehbuches" sowie der durch die Architektur gegebenen Bedingungen, wie Lichteinfall, Beleuchtungsmöglichkeiten, Laufrichtung des Besucherstroms, Entfernung der Schrift vom Betrachter u. a., vorausgehen. Eine große Hilfe ist es, wenn man zunächst mit einem Kartonmodell im Maßstab 1:20 arbeitet.

Weil die Schrift ein Bestandteil der werblichen, architektonischen und graphischen Gesamtkonzeption ist, muß sie sich dieser hinsichtlich ihres Charakters und Aufmerksamkeitswertes ein- und unterordnen.

Als Grundschriften am besten geeignet sind sachliche, neutrale Schriften mit einer klaren und unaufdringlichen Lösung der Detailformen, wie sie die Akzidenz-Grotesk, die Helvetica, die Univers, verschiedene schmale Groteskschriften, Egyptienneschriften, die Garamond und die Bodoni aufweisen.

Es hat sich nicht nur als zweckmäßig, sondern auch in optischer Hinsicht als wirkungsvoll erwiesen, zumindest innerhalb einer Halle, möglichst aber für die ganze Ausstellung nur eine Grundschrift und eine einheitliche Typographie als Mittel der Verkettung der einzelnen Gestaltungselemente anzuwenden. Das schließt keinesfalls den Einsatz interessanter Auszeichnungsschriften aus, wenn sie zur Hervorhebung oder Unterscheidung des einen Objektes von anderen notwendig sind. Doch sollte man dabei auf jegliche überflüssige oder sich „künstlerisch" gebärdende Darbietung verzichten.

Im Laufe der letzten Jahre haben sich in der Ausstellungsgestaltung rationelle Beschriftungsmethoden durchgesetzt. Die gebräuchlichste Technik ist das Stempeln. Das Schablonieren wird man vor allem bei größeren Versalschriften anwenden. Im Anschluß an diesen Abschnitt werden diese Verfahren ausführlicher beschrieben.

Ebenfalls häufig ist die Anwendung von Stanzbuchstaben aus Karton oder Pappe.

Für die größeren Grade gibt es dekupierte Holzbuchstaben[1]. Man kann sie aber auch — wenn man über eine Dekupiersäge verfügt — selbst anfertigen.

Gute Anwendungsmöglichkeiten bieten auch Schriften, die auf einen präparierten Karton gebracht wurden, nachdem zuvor die Rückseite ein Klebemittel erhalten hat. Für den Gebrauch lassen sie sich leicht ablösen.

Mit dem Fotosatzgerät D 2 (s. Abschnitt 4.4.4.) lassen sich kleinformatige Beschriftungen gut ausführen.

Haus der Werbung, Berlin, bemüht sich seit einiger Zeit, gutes Beschriftungsmaterial (u. a. Ausschneidebogen) mit verschiedenen Anwendungsmöglichkeiten für den Handel herauszubringen.

Plastische Schriften können aus WAWEPA-Platten (Waben-Well-Papp-Platten), die über den Fachhandel zu beziehen sind, hergestellt werden. Auch als einfache Karton-Hohlkörper werden plastische Schriften angefertigt. Ein ausgezeichnetes Material ist EKAZELL-Schaumstoff. Er ist über den Chemie-Handel erhältlich. Aus ihm werden die Buchstaben ausgesägt bzw. dekupiert. Plastmasse wird mittels des Vakuumtiefziehverfahrens ebenfalls zur Herstellung von Schriften verwendet. Diese Buchstaben haben u. a. den Vorteil, daß sie durchleuchtbar sind.

Es wäre zu wünschen, daß die Herstellerfirmen derartiger Materialien mehr als bisher nur solche Schriften zum Muster bzw. als Vorlage nehmen, die eine gute künstlerische Qualität haben. In Zweifelsfällen sollte der Rat anerkannter Schriftkünstler eingeholt werden.

Leider muß man immer wieder feststellen, daß vorgefertigtes Schriftmaterial vor allem bei längeren Texten in einer Weise, die allen Regeln guter Schriftanordnung widerspricht, eingesetzt wird. Da gibt es zu weit oder zu eng geklebte oder gestempelte Buchstaben, zu weite oder zu enge Zeilenzwischenräume, durch beidseitig bündigen Rand in einen Block gequälte Zeilen, schlechte Worttrennungen. Selbst die elementare Regel, runde Buchstaben so anzubringen, daß sie oben und unten über die Grundlinie hinausragen, wird beim Kleben oder Stempeln viel

---

1 Hersteller: Firma Dürichen & Siebold, Leipzig

zu oft nicht beachtet. Die Ausstellungsbeschriftung ist zwar in handwerklicher Hinsicht einfacher geworden, doch bedeutet dies nicht, daß sie nun Dilettanten auf dem Gebiet der Typographie und Schrift überlassen werden kann. Gerade durch den Einsatz rationeller Beschriftungstechniken ist es möglich und damit auch erforderlich, der typographischen Gestaltung auch in Detailfragen die notwendige Aufmerksamkeit zu widmen.

Das Stempeln [1]

Wichtigste Voraussetzung für eine gute Arbeit ist, daß die Gummistempel richtig aufgeklotzt sind. Dies muß mit äußerster Genauigkeit ausgeführt werden. Man klebt die Buchstaben so auf die Holzklötzchen, daß die linke Buchstabenkante in der Stellung, wie der Stempel aufgesetzt wird, genau mit der Kante des Holzes abschließt. Die untere Grundlinie der Mittelhöhen muß ähnlich wie bei der Schriftlinie der Drucktypen bei allen Buchstaben den gleichen Abstand zur vorderen Holzkante haben. Selbstverständlich sind die Unterlängen in diesen Abstand mit einzubeziehen. Zum Kleben verwendet man am besten Gummilösung, notfalls auch Duosan.

Als Schriftträger eignen sich für diese Technik alle Materialien mit glatter Oberflächenstruktur. Stempelt man auf dünne Schriftträger, wie Papier, Stoff u. ä., so benötigt man eine harte, glatte, völlig planliegende Unterlage, am besten eine Glasplatte. Die Farben müssen gute Deckkraft haben, unbedingt wischfest, lichtecht und gegebenenfalls wetterbeständig sein. Eine möglichst kurze Trocknungszeit gehört ebenfalls zu den Bedingungen. Für ungestrichene Papiere oder für Karton eignet sich die Universal-Stempelfarbe Nr. 10002 — Schwarz — der Bürochemie GmbH sehr gut. Die Trocknungszeit beläuft sich auf 30 Minuten. Die im Handel erhältlichen roten, blauen und grünen Stempelfarben haben keine gute Deckkraft. Mit Druck- und Silicinfarben läßt es sich vorzüglich arbeiten, und zwar nimmt man Offsetfarben für fast alle, besonders aber für saugende Untergründe, während man Silicinfarbe wegen der besseren Haf-

1 Alle Angaben über die Trocknungszeiten der Farben sind einer Unterrichtsanleitung der Betriebsberufsschule Handel, Halle, entnommen

tung vorzugsweise auf Glas, Blech, Plaste oder Aluminiumfolien gebraucht. Man wählt also die Farben zweckmäßigerweise nach der Beschaffenheit des Untergrundes und der Länge der Trocknungszeit aus.

Auf Plakatfarbenanstrich ist Offsetfarbe mit einer Trocknungszeit von 2 bis 3 Stunden am günstigsten. Siebdruckfarbe benötigt mindestens 7 bis 10 Stunden zum Trocknen. Einige Farbtöne brauchen noch längere Zeit.

Auf Latexanstrich trocknet Offsetfarbe innerhalb von 3 bis 4 Stunden, Siebdruckfarbe benötigt 8 bis 10 Stunden, Linolschnittfarbe 10 bis 12 Stunden.

Auf Fotopapier braucht Offsetfarbe etwa 4 Stunden zum Trocknen, Siebdruckfarbe glänzend 8 Stunden. Linol- und Silicinfarben sind ebenfalls sehr gut geeignet, doch ist die Trocknungszeit noch länger.

Auf Holzmaserpapier verwendet man am besten Offsetfarbe mit einer Trocknungszeit von 2 bis 3 Stunden. Siebdruckfarbe glänzend trocknet in 7 bis 8 Stunden, Silicin- und Linolschnittfarbe benötigt 12 bis 15 Stunden.

Auf Furnierpapier braucht Offsetfarbe 2 bis 3 Stunden zum Trocknen.

Auf Echtfurnier druckt man am günstigsten mit Siebdruckfarbe glänzend, sie trocknet in 7 bis 8 Stunden, während Silicinfarbe 10 bis 15 Stunden braucht.

Auf Transparentpapier verlängern sich bei allen Farben die Trocknungszeiten um 4 bis 5 Stunden.

Auf Glas, Decelith, Sprelacart sind alle Druckfarben verwendbar. Die Trocknungszeiten belaufen sich bei Siebdruckfarbe glänzend auf 2 Stunden, Offsetfarbe auf 5 Stunden, Siebdruckfarbe matt auf 10 Stunden, Silicinfarbe auf 10 bis 15 Stunden, Linolschnittfarbe auf 15 bis 18 Stunden.

Auf Stoff druckt man mit Offset-, Siebdruck- oder Linolschnittfarbe. Da der Untergrund stark saugt, muß der Farbauftrag fett gehalten werden.

Nitrofarben können für das Stempeln nicht verwendet werden, da sie sich mit dem Gummi verbinden. Auch Ölfarben sind ungeeignet. Plakat- oder Temperafarbe ergeben keinen gleichmäßig gedeckten Auftrag und keine scharfen Konturen.

Stempelfarbe wird vom Stempelkissen abgenommen. Druckfarben walzt man auf einer Glasplatte mit einer Gummi- oder

Gelatinewalze dünn und gleichmäßig auf. Damit sie geschmeidiger werden und leichter trocknen, kann ihnen in ganz geringen Mengen Spezialverdünner oder Trockenstoff (Siccativ) zugesetzt werden.

Die Gummistempel werden schnell unbrauchbar, wenn die Druckfarbe auf ihnen hart wird. Deshalb sind sie nach dem Gebrauch sofort zu reinigen. Man verwendet dazu Terpentinöl bzw. Terpentinersatz (das im Fachhandel zu beziehende Walzenwaschmittel ist am besten geeignet), nicht aber Benzin oder Spiritus, da diese den Gummi mit der Zeit hart und brüchig machen. Dies gilt auch für die Pflege der Walzen.

Zum Anlegen der Stempel benötigt man eine Schiene aus Hartholz oder Stahl in einer Stärke von 15 bis 20 mm und einer Breite von 4 bis 5 cm. 50 bis 100 cm sind eine brauchbare Länge. Man sollte aber möglichst mehrere verschieden lange Anlegeschienen besitzen. Die Zeilen werden nicht liniert, sondern erhalten nur links und rechts an den Seitenrändern Markierungen mit dünnen Bleistiftstrichen. Stempelt man auf Glas, so wird ein mit Markierungslinien versehener Papierbogen untergelegt. In der Entfernung, die dem Abstand von Schriftgrundlinie und Holzkante der Stempel entspricht, wird nun die Anlegeschiene parallel zu den Markierungslinien aufgelegt. Man hält sie während der Arbeit mit der linken Hand. Damit sie nicht so leicht verrutscht, kann man sie an den beiden Enden mit einem dünnen Gummiplättchen unterkleben. Mit gleichmäßigem Druck werden die Stempel so aufgesetzt, daß die vordere, dem Arbeitenden zugewandte Seite des Holzklötzchens genau an der Kante der Schiene anliegt. Wenn die linke Buchstabenseite mit der seitlichen Holzkante übereinstimmt, macht das Abschätzen der Buchstabenabstände, hat man sich erst einmal eingearbeitet, keine besonderen Schwierigkeiten mehr. Stellen, die nicht ganz ausdrucken, kann man nach dem Trocknen mit Pinsel und geeigneter Farbe nacharbeiten.

Das Schablonieren

Man schneidet die Buchstaben in Schablonenpapier, d. i. gefirnißter Zeichenkarton, bei häufigem Gebrauch möglichst in durchsichtige Hartfolieblätter. Der Abstand von der Grundlinie der Mittelhöhen zur unteren Kante des Folieblattes muß bei allen Buchstaben gleich groß sein und genau parallel verlaufen, damit eine gute Anlage möglich ist. Auch die seitlichen Ränder sollten zur unteren Kante unbedingt im rechten Winkel geschnitten sein. Nachdem man an den Seitenrändern des Schriftträgers Markierungsstriche angebracht und die Zeilen liniert hat, legt man die Schablone auf. Wenn das Material durchsichtig ist, lassen sich die Buchstabenabstände gut abschätzen. Die Farbe wird mit dem Ringpinsel in rotierender Bewegung über die fest angedrückte Schablone gestupft oder mit der Spritzpistole aufgebracht. Die Stege kann man nachträglich mit Farbe ergänzen, doch ist dies bei ausgesprochenen Schablonenschriften nicht üblich. Zum Stupfen muß die Farbe dickflüssig sein und darf nur an der Schlußkante des Pinsels haften.

Fotographisches Vergrößern von Schreibmaschinenschrift

Die in üblicher Weise getippte Schreibmaschinenschrift ergibt keine einwandfreien Vergrößerungen. Gute Ergebnisse erzielt man jedoch, wenn man das Farbband herausnimmt oder auf Matrize schaltet und nach sorgfältigem Reinigen der Typen den Text mit gleichmäßig starken Anschlägen direkt auf Kohlepapier schreibt, das zusammen mit glattem weißem Papier in die Maschine eingespannt wurde. Als Repro-Material verwendet man ORWO FU 5. Die Schrift kann bis zu einer Höhe von 5 cm in guter Qualität vergrößert werden.

Das Zeichnen größerer Schriften

Soll große Schrift exakt gezeichnet werden, so kann man das Alphabet oder die benötigten Buchstaben auf Transparentpapier zeichnen und die Kontur mit dem Pausrädchen perforieren. Die jeweils benötigten Buchstaben werden mittels eines mit feinem Kohlestaub gefüllten Pausbeutels oder durch Unterlegen farbigen Pauspapiers übertragen und dann farbig konturiert und ausgefüllt. Man kann das Alphabet aber auch aus Folie ausschneiden, die benötigten Buchstaben auflegen, umranden und farbig ausfüllen.

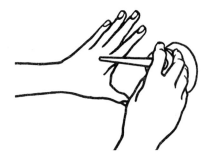

Bild 419. Schablonieren. Pinselhaltung beim Stupfen

4.4. Graphische Hilfsmittel und Arbeitstechniken

4.4.1. Einige Hinweise für Entwurf und Reinzeichnung

Nimmt man den Gestaltungsauftrag für ein Druckerzeugnis an, so muß man sich sofort genau über das Format, über die Anzahl der Farben und über die in Frage kommende Drucktechnik informieren, denn alle sich daraus ergebenden Bedingungen sind bereits beim Entwurf zu berücksichtigen.

Für einen Auftrag sind zumeist mehrere Entwürfe notwendig — im Normalfall ist es erwünscht, dem Auftraggeber mindestens drei verschiedene Entwürfe vorzulegen —, deshalb wird man bei deren Ausführung auf größere Feinheiten im Detail verzichten müssen. Als Vorlage für die Herstellung der Druckform dient die Reinzeichnung. Um eine einwandfreie fotografische Reproduktion zu erzielen, soll sie so weit wie irgend möglich schwarzweiß angelegt sein. Wenn Farbflächen, Linien oder sonstige Elemente auf Plakaten, Buchumschlägen, Einbandbezügen, Etiketten u. ä. bis an den Rand reichen sollen, ist dem Format ein Beschnittrand zuzugeben. Er beträgt in der Regel 5 mm, bei großen Schutzumschlägen und als Einschlag bei Einbandbezügen bis 10 mm. Bildelemente oder Tonflächen sind, wenn sie im Original bis an den Rand gehen sollen, auf der Reinzeichnung in den Beschnittrand hineinzuführen, da sich sonst durch ungenaues Beschneiden Fehlstellen ergeben können.

Bei der Schwarzweiß-Reinzeichnung muß die Farbe völlig deckend aufgetragen werden. Es dürfen sich keine glänzenden oder lasierenden Stellen zeigen, da diese reproduktionstechnische Schwierigkeiten bereiten und nachgearbeitet werden müssen. Man wird also möglichst keine Tusche, sondern Tempera- oder Gouachefarbe verwenden. Zum Zeichnen kleinerer Schriften ist echte chinesische Stangentusche mit einem Zusatz von Gouachefarbe, durch den sie Deckkraft erhält und ihren Glanz verliert, vorzüglich geeignet. Die Brillant-Ausziehtusche (Perlschwarz) des VEB Bürochemie Dresden glänzt ebenfalls nicht und deckt auch gut. Sie verdirbt aber sofort das Haarmaterial, wenn man sie einmal aus Versehen im Pinsel eintrocknen läßt. Zu stark aufgetragenes Deckweiß läßt reliefartige Ränder entstehen, die bei der Reproduktion nicht völlig ausgeleuchtet werden können. Die Schatten verursachen unscharfe Konturen. Retuschearbeiten sind zeitraubend und kostspielig, eine Qualitätsminderung der Schrift läßt sich dabei oft nicht vermeiden.

Bei einer Schrift, die farbig auf weißen oder einfarbigen. Grund gedruckt werden soll, wird die Reinzeichnung grundsätzlich in Schwarzweiß ausgeführt. Bei grauer Schrift ist anzugeben, ob sie im Viertelton- oder Halbtonraster stehen soll. Ist die Schrift mit flächigen Elementen im Vollton kombiniert und sind diese verschiedenfarbig, so ist zu untersuchen, ob sich die Farben im Reproduktionsverfahren (evtl. mit Filter) trennen lassen, ohne daß komplizierte Retuschearbeiten erforderlich sind. Die Schrift wird man auch in diesen Fällen besser gesondert in Schwarzweiß ausführen, bei kleinen Formaten evtl. auf einem Decker, sonst auf Karton. Sofern die Darstellung nicht zu kompliziert ist, sollte man auch bei den übrigen Elementen für alle Farben Auszüge in Schwarzweiß herstellen. Ob man Decker aus Folie verwendet oder die Teilzeichnungen auf Karton anfertigt — immer ist darauf zu achten, daß die auf den Rändern anzubringenden Paßkreuze auf allen Blättern genau übereinstimmen.

Halbtonelemente wie Farbverläufe oder -stufen, Foto, Bleistift, Kreide u. a. werden in der Regel mittels Raster reproduziert. Ist das Original vielfarbig und mit Schrift kombiniert, so muß diese auch hier getrennt in schwarzer Farbe gezeichnet werden. Auf vielfarbige Flächen sollte man die Schrift möglichst positiv stellen. Negative Schriften wirken in einer Rasterfläche immer unsauber, weil die Rasterpunkte die Kontur beschädigen. Auch entstehen beim Übereinanderdruck der Rasterflächen sehr leicht Paßdifferenzen, die die Qualität einer negativ stehenden Schrift erheblich beeinträchtigen können.

Schwierigkeiten treten auch auf, wenn kleine negative Schriften mit feinen Serifen oder dünnen Haarlinien innerhalb großer Volltonflächen im Hochdruck ausgeführt werden sollen. Da die Tonfläche viel Farbe benötigt, gehen die feinen Linienelemente schon nach kurzer Zeit zu. Derartige Entwürfe sollte man möglichst im Offsetverfahren drucken lassen.

Schriften, die im Tiefdruck ausgeführt werden sollen, müssen klare, großzügige Formelemente haben. Der Fett-Fein-Kontrast darf nicht zu stark ausgebildet sein. Das quadratische Rasterfeld verursacht vor allem bei dünnen und schrägen Elementen eine unsaubere Kontur.

Den Reinzeichnungen bzw. Farbauszügen müssen genaue Farbangaben beigefügt werden. Die Farbproben sollen eine Mindestgröße von 1 1/2 cm² haben. Zweckmäßig ist es, den Entwurf von vornherein auf standardisierte Farben bzw. Farbmischungen aufzubauen. Dazu kann man die von der Druckfarbenindustrie zum Mischen von Farbtönen (Buchdruckfarben und Offsetfarben) herausgegebene Anleitung „Rationelles Farbmischen" heranziehen. Die Nummern der jeweiligen Standardfarbe sind neben der Farbprobe mit anzugeben.

Es ist hier nicht möglich, alle drucktechnischen Probleme aufzuzeigen, mit denen ein Graphiker in der Entwurfspraxis konfrontiert werden kann. Als Literatur sei das Buch „Werbung und Druck — ein Ratgeber für die Herstellung von Drucksachen" von Herbert Kallich empfohlen, das 1962 im Verlag Die Wirtschaft, Berlin, erschienen ist.

4.4.2. Das Skizzieren von Druckschriften

Satzarbeiten bedürfen sehr sorgfältiger Vorarbeit. Es müssen Skizzen angefertigt werden, die den Charakter der Schrifttype, die verwendet werden soll, möglichst genau wiedergeben und ihren Abmessungen und ihrer Farbwirkung entsprechen. Dazu sind die Schriftmusterkartei der Fachbuchverlag GmbH Leipzig, die alle Schriften von Typoart Dresden enthält, oder die Schriftproben der Setzereien ein unentbehrliches Hilfsmittel. Ungenau ausgeführte Satzskizzen führen bei Vorlage des Andrucks zu unliebsamen Überraschungen. Je sorgfältiger und fachgerechter die typographischen Skizzen gearbeitet sind, desto erfolgreicher wird sich für den Gebrauchsgraphiker die Zusammenarbeit mit der Setzerei gestalten.

Für Ideenskizzen genügt der Bleistift. Zum Skizzieren kleiner und magerer Schriften benutzt man harte, für mittlere Schriftgrößen mittelweiche Minen; größere und fette Schriften verlangen einen weichen Stift. Sollen die Skizzen den Farbwerten

des Druckes entsprechen, so ist es angebracht, Spitzfedern oder auch — bei entsprechender Größe und Fette der Schrift — Redisfedern oder Pinsel zu benutzen. Für die Ausführung mittelgroßer Schriftgrade ist der Kugelschreiber ein sehr praktisches Instrument. Man versieht ihn mit einer schwarzen Mine; Auszeichnungen können mit roter oder blauer Mine gezeichnet werden. Werkschriftgrade (6 bis 12 p) lassen sich durch entsprechend breite Bleistiftlinien skizzieren, doch muß auch hier der Grauwert der Druckschrift möglichst genau wiedergegeben werden.

Das Papier muß radierfest sein. Gestrichenes oder satiniertes Papier oder Papier mit rauher Oberfläche ist zum Skizzieren ungeeignet. Zu den Arbeitsmaterialien gehören ferner das Reißbrett oder eine andere feste Unterlage, ein Winkel, ein Stechzirkel zum Übertragen der Maße und selbstverständlich das Typomaß, da allen Abmessungen typographische Maße zugrunde liegen.

Zunächst muß man sich den Charakter und Lauf der jeweiligen Schrift auf besonderen Übungsblättern erarbeiten. Am besten paust man einige Wörter der Vorlage erst einmal durch. Liniert wird mit einem Bleistift. Es genügt, nur für die n-Höhe Hilfslinien zu ziehen. Ober- und Unterlängen können frei gezeichnet werden. Auf den richtigen Durchschuß muß unbedingt geachtet werden. Das Besondere der Skizziertechnik besteht darin, daß Strich an Strich gesetzt wird, bis die richtige Fette erreicht ist. Wollte man zuerst die Kontur zeichnen und diese dann ausfüllen, würden zu viele Täuschungen auftreten; es wären Korrekturen notwendig und der richtige Lauf der Schrift nur mühevoll erreichbar.

Die Zeitschrift „Papier und Druck" hat in Heft 8/1966[1] eine Anleitung zum Skizzieren von Satzschriften von Heinz Braune veröffentlicht, die besonders für Kurse in den Setzereien, Abendschulen und Lehrlingsgruppen geeignet ist, aber auch als Hilfe für das Selbststudium sehr empfohlen werden kann.

---

1 Heinz Braune, Das Skizzieren von Satzschriften. In „Papier und Druck" (Typografie) Heft 8/66. VEB Fachbuchverlag, Leipzig 1966

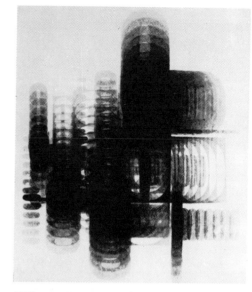

Bild 420. Werner Pfeiffer, Gestaltungsexperiment mit dem Buchstaben O. Abdruck mit freundlicher Genehmigung von GRAPHIS

Bild 421. Werner Pfeiffer, Gestaltungsexperimente mit den Buchstaben Z und C. Abdruck mit freundlicher Genehmigung von GRAPHIS

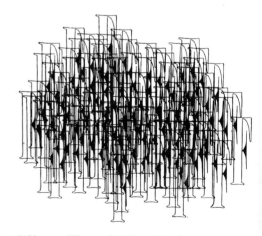

Bild 422. Werner Pfeiffer, Gestaltungsexperiment mit dem Buchstaben F. Abdruck mit freundlicher Genehmigung von GRAPHIS

4.4.3. Das Einarbeiten von Schrift in Fotos

Schrift sollte man nur dann in ein Foto einbeziehen, wenn sie sich als Element der Komposition eignet. Eine weitere Voraussetzung ist, daß das Foto an dieser Stelle detailarm sein muß, damit die Schrift leserlich bleibt. Besonders günstig ist es, wenn die Schrift schon bei der Konzeption der Aufnahme berücksichtigt werden kann.

Handelt es sich um Druckvorlagen und ist das Original eine Halbtonaufnahme, so sollte man die Schrift niemals direkt auf das Originalfoto zeichnen. Auf der glatten Oberfläche gelingt das Durchpausen nicht exakt genug. Hinzu kommt, daß die Bleistiftstriche von Lineatur oder Vorzeichnung die Oberfläche beschädigen. Da man nicht die Möglichkeit hat, die Buchstabenkontur mit Deckweiß bzw. bei negativer Schrift mit Schwarz zu korrigieren, fällt das Ergebnis zumeist unbefriedigend aus. Korrekturen sind nur durchführbar, wenn man den ganzen Buchstaben abwäscht und neu zeichnet. Zumeist macht es sich aber nötig, das ganze Foto abzuwaschen. Ein derartig behandeltes Foto ist für jede weitere Verwendung unbrauchbar.

Richtig ist es, die Schrift gesondert als reprofähigen Scharfabzug von Typen oder als Reinzeichnung anzufertigen und danach mit fototechnischen Mitteln in das Foto einzuarbeiten. In Heft 1/1967 der Zeitschrift „neue werbung"[1] sind einige Hinweise für das technisch einwandfreie Einarbeiten von Schrift in Fotos zu finden; sie werden hier auszugsweise wiedergegeben:

Bei positiver Schrift auf hellem Grund verwendet man für die Reproduktion ORWO FU 5 oder FO 6. Der schwarze Grund des Negativs muß einwandfrei deckend sein. Nachdem man auf einem Probeblatt den genauen Stand der Schrift angezeichnet hat, vergrößert man zuerst das Halbtonnegativ und dann darüber das Schriftnegativ. Diese Arbeitsweise ist selbstverständlich auch beim Kopieren von Kontakten möglich. Für Entwurfszwecke genügt es, von der Schrift ein Filmpositiv (FU 5) herzustellen und als Decker auf das Foto zu legen. Der Film muß größer als das Foto sein, so daß man den Stand der Schrift durch Ver-

schieben noch korrigieren kann. Man befestigt den Film außerhalb des Formats mit Klebeband und begrenzt das Format durch ein Passepartout.

Soll die Schrift negativ in einen dunklen Grund einkopiert werden, so wird von dem Filmnegativ der Schrift ein Diapositiv in der Größe des künftigen Fotos angefertigt, wobei die Schrift bereits den richtigen Stand haben muß. Das Diapositiv muß die gleiche Größe haben wie das künftige Foto. Auch hierzu ist wieder hart arbeitendes Filmmaterial notwendig. Die Schrift steht schwarz auf einwandfrei klarem Film. Beim Vergrößern wird das Diapositiv auf das Fotopapier gelegt, mit einer Glasplatte angepreßt und durch sie der Film mit der Halbtonaufnahme vergrößert.

Positive Schrift läßt sich auch ohne Kopier- oder Vergrößerungsarbeit in Fotos einmontieren. Man fertigt die Schriftreproduktionen auf ORWO-Film FO 51 an. Seine Schicht läßt sich, wenn sie nach dem üblichen fotochemischen Prozeß getrocknet ist, vom Schichtträger abziehen und in das Foto einkleben. Zum Kleben eignet sich am besten ORWO-Reproklebelack, den man im Verhältnis 1:1 mit Tetrachlorkohlenstoff verdünnt. Das Einmontieren bereitet keine Schwierigkeiten, da der Film auf der mit Kleber bedeckten Fläche für kurze Zeit gut verschiebbar ist. Allerdings läßt es sich nur schwer vermeiden, daß Schnittkanten sichtbar bleiben. Es ist deshalb besser, keine kleinen Stücke einzukleben, sondern den Film etwas größer als das Foto zu belassen und auf die ganze Fläche zu kleben.

Der Fotosatz 4.4.4.

Während in der Buchproduktion der Lichtsatz den Bleisatz in zunehmendem Maße verdrängt, kommt in der gebrauchsgraphischen Praxis dem Fotosatz eine immer größer werdende Bedeutung als Gestaltungsmittel zu. Einzelne Schriftzeilen für Überschriften in Zeitschriften, Prospekten oder Anzeigen oder kleinformatige Texte in der Ausstellungsbeschriftung lassen sich fotographisch mit geringem Aufwand schnell und in guter Qualität herstellen.

Das Verfahren besteht darin, daß Einzelbuchstaben von einem Negativstreifen, der das vollständige Alphabet sowie Ziffern und Satzzeichen enthält, in einem ähnlich wie

1 Roger Rössing, Schrift und Foto: In „neue werbung" Heft 1/67. Verlag Die Wirtschaft, Berlin 1967

ein Vergrößerungsapparat arbeitenden Gerät auf Fotopapier oder Filmmaterial projiziert werden.

Der Fotosatz hebt die Begrenzung der Type auf. Innerhalb des Vergrößerungsvermögens des Gerätes läßt sich jede beliebige Größe einstellen. Die Buchstaben können im Kreis gesetzt oder perspektivisch verzerrt werden. Sofern man über ein mit Speziallinsen ausgestattetes Gerät verfügt, können von ein und demselben Buchstabennegativ verschieden breite und schmale Varianten entstehen. Es ist sogar die Schrägstellung möglich.

Auch aus der rein fotographischen Verfahrensweise ergeben sich Möglichkeiten für die Schriftgestaltung, wie z. B. Sabbatiereffekte, Doppelbelichtungen, Wischeffekte. Das Fotopapier kann während des Belichtens verschoben oder gedreht werden. Auch Aufrasterungen sind möglich.

Das in der DDR zur Verfügung stehende Gerät D 2 wurde von der DEWAG entwickelt. Es erfüllt die wichtigsten technischen Erfordernisse.

Folgende Arbeitsgänge sind notwendig: Der Negativstreifen wird in das Gerät eingeschoben. Danach stellt man die Masken der Filmbühne so ein, daß das Bildfeld den breitesten Buchstaben einschließlich seiner Hilfslinien umgibt. Die Größen- und Schärfeneinstellung erfolgt wie bei anderen Vergrößerungsverfahren. Das Fotopapier wird in den vorbereiteten Entwickler getaucht und naß auf den mit einer Anlage versehenen Belichtungstisch gelegt. Der belichtete Buchstabe ist bereits nach kurzer Zeit sichtbar. Auf ihn wird bei Rotlicht durch Verschieben des Negativstreifens der nächste Buchstabe gestrahlt und der Tisch um den erforderlichen Abstand weitergedreht bzw. weitergeschoben. Nun erfolgt wieder die Belichtung. Auf diese Weise wird Buchstabe für Buchstabe gesetzt. Die Beurteilung der Abstände ist besonders dann, wenn die Schrift gesperrt werden soll, nicht einfach, weil während des Setzens der zunächst noch helle Buchstabe neben dem bereits dunkler entwicklelten steht. Ist der Text gesetzt, entwickelt man das Papier aus und wässert, fixiert und trocknet es. Als vorteilhafter erweist sich jedoch, wenn man zunächst auf Filmmaterial (ORWO FU 5) setzt und dieses dann umkopiert. Fotopapier wird nämlich während der relativ lange Be-

arbeitungsdauer leicht braun, Film dagegen kann evtl. entschleiert werden. Die Verwendung von Film wirkt sich deshalb besonders günstig bei Experimenten aus. Außerdem lassen sich Korrekturen von Abständen auf Filmmaterial durch Montage leicht ausführen. Die auf Film gesetzte Schrift ist auch für Positivverfahren wie Offset oder Siebdruck verwendbar. Man kann sie einkopieren oder den Film als Decker der Reinzeichnung beifügen.

Im Fotosatz können alle Satzschriften, nachdem sie reproduziert wurden, Verwendung finden. Die Werbung wird jedoch immer wieder nach neuen, auffallenden, originellen Schriften verlangen. Da derartige Formen, von Modeströmungen hervorgebracht, rasch veralten, müssen sie immer wieder durch neue ersetzt werden. Die Herstellung solcher kurzlebiger Schriften für Bleisatz aber ist unrentabel, deshalb wäre es denkbar, daß auch bei uns Graphiker bzw. Werbeunternehmen für den Fotosatz Schriften selbst entwerfen oder entwerfen lassen.

Aus der Entwicklung des Fotosatzes werden sich für den Entwurf von Schriften vielfältige und interessante Aufgaben ergeben, da die geschriebene oder gezeichnete Form nun nicht mehr von den technischen Bedingungen der Type eingeengt wird.

Das Letraset-Verfahren (Abreibeverfahren) 4.4.5.

Letraset ist ein englisches Verfahren, mit dem es möglich ist, vorgedruckte Buchstaben, Zeichen, Raster, Strukturen, bestimmte Bildelemente sowie Farbflächen zu übertragen. Die Firma August Jüttner KG in Saalfeld hat ein ähnliches Verfahren entwickelt. Die graphischen Elemente sind auf eine Folie gedruckt und können nach dem Abheben des Schutzpapiers auf glatte Oberflächen aller Materialien, vornehmlich aber auf Papier abgerieben werden. Die Abreibungen haben randscharfe Konturen, so daß sie ohne weiteres reproduktions- oder kopierfähig sind. Da dem Material Gebrauchsanweisungen beigegeben sind, erübrigt sich hier eine ausführliche Beschreibung.

4.4.6. Arbeitstechniken

Bild 423. Karl Schmidt-Rottluff, Namensschrift. Holzschnitt 1920

das pferd macht den mist im stalle, und obgleich der mist einen unflat und stank an sich hat, so zieht dasselbe pferd doch den mist mit großer mühe auf das feld, und daran wächst daraus edler, schöner weizen und der edle, süße wein, der nimmer so wüchse, wäre der mist nicht da. also trage deinen mist - das sind deine eigenen gebrechen, die du nicht abtun und ablegen noch überwinden kannst, - mit müh und mit fleiß auf den acker der liebreichen wollens gottes in rechter gelassenheit deiner selbst · truler ·

Bild 424. HAP Grieshaber, Holzschnitt, 1938

Holzschnitt und Holzstich

Holzschnitt und Holzstich sind Hochdruckverfahren, d. h., alle druckenden Stellen stehen erhaben, die nichtdruckenden werden aus dem Holz herausgeschnitten oder -gestochen. Der Druckstock ist eine beidseitig geschliffene Platte, die für Schnitte vorzugsweise aus weichem Langholz, für Stiche aus Hirnholz hergestellt wird. Beim Hirnholz ist der Stamm quer zur Faser geschnitten; man verwendet dafür härtere Holzarten.

Der Holzschnitt kann vom Schriftgestalter als Reproduktionsschnitt, vornehmlich jedoch als künstlerisches Ausdrucksmittel eingesetzt werden. Dem künstlerischen Schriftholzschnitt wird entweder eine gezeichnete oder eine geschriebene Schrift als Vorlage dienen. Man darf jedoch die Vorlage nicht imitieren wollen. Material und Werkzeug müssen formbildend eingesetzt werden. Durch die Schnittechnik verändern sich die Formen, sie werden gröber und eckiger. Je mehr man versucht, den Federzug im Detail nachzubilden, um so geringer kommen die spezifischen Ausdruckswerte des Holzschnittes zur Wirkung. Man muß deshalb bereits den Entwurf so konzipieren, daß die Schrift im Ergebnis der Arbeit die dem Holzschnitt eigene Ausdruckskraft erhalten kann.

Beim Reproduktionsschnitt (Faksimileschnitt) dagegen kommt es darauf an, die Vorlage ganz genau nachzuschneiden. Der Faksimileschnitt und -stich hat als Reproduktionstechnik an Bedeutung eingebüßt; andere Techniken können diesem Zweck schneller, billiger und besser gerecht werden. Höhepunkte in der Entwicklung des Schriftholzschnittes waren der ostasiatische Stempelschnitt und die chinesischen Blockbücher, im europäischen Kulturbereich die Blockbücher aus der 2. Hälfte des 15. Jahrhunderts, der expressionistische Holzschnitt und schließlich Arbeiten von Rudolf Koch sowie der Stuttgarter Schule unter Ernst Schneidler. Der Schriftgestalter, der sich auch den Holzschnitt als Arbeitstechnik zu eigen machen möchte, tut aber gut daran, die Schnittechnik und ihre Ausdrucksmöglichkeiten nicht nur an Beispielen geschnittener Schrift, sondern auch an Beispielen des Bildholzschnittes aller Epochen zu studieren.

Die folgenden Hinweise sind in gekürzter Form der 1962 im VEB Verlag der Kunst Dresden erschienenen Holzschnittfibel von Johannes Lebek entnommen.

Die Wirkung eines Holzschnittes hängt sehr von den angewendeten Mitteln ab, nämlich vom Holz, das hart oder weich sein und eine feine oder grobe Struktur oder Maserung aufweisen kann, vom Werkzeug, denn Messer oder Stichel erfordern jeweils eine andere Schnittechnik, von der Beschaffenheit des Papiers, das saugend oder hart sein, eine glatte oder poröse Oberfläche haben kann, und schließlich vom Druck, der als Handabzug oder in der Presse erfolgen kann.

Es gibt zwei Hauptarten der Darstellung, den Positiv- und den Negativschnitt. Der Anfänger kommt beim Negativschnitt leichter zu einem befriedigenden Ergebnis.

Folgende Holzarten finden Verwendung: Für Langholzschnitte eignen sich besonders gut Linde und Birne, auch Erle, doch splittert deren Holz leicht. Weide, Pappel, Birke und Ahorn sind gut verwendbar. Trotz ihrer Härte erweisen sich auch Apfel, Kirsche und Weißbuche als brauchbar. Kiefer wird man nur verwenden, wenn man mit der Maserung besondere Wirkungen beabsichtigt. Für Hirnholzstiche nimmt man am besten Buchsbaumholz. Sehr gut lassen sich Birne, Apfel, Pflaume, Weißbuche, Flieder und Rotdorn bearbeiten. Ahorn, Birke (weich), Kirsche (große Poren) und Holunder sind möglich.

Die Vorbereitung der Holzplatten für Schnitt und Stich. Holzschnittplatten sind im Handel nicht erhältlich, man muß sie von einem Tischler anfertigen lassen. Das Holz muß unbedingt trocken und gut abgelagert sein. Nach dem Hobeln in der Maschine werden die Flächen der Langholzplatte mit dem Putzhobel, der Ziehklinge (die einen feinen Grat haben muß) und Sandpapier geglättet. Weiche Hölzer lassen sich mit der Ziehklinge besser bearbeiten, wenn nach dem Hobeln heißes Leimwasser aufgestrichen wurde. Um dem Quellen des Holzes beim Aufzeichnen mit Farbe oder Tusche vorzubeugen, sollte man Fixativ, Schellacklösung oder Firnis dünn mit einem Lappen auftragen.

Die Vorbereitung einer Hirnholzplatte ist etwas komplizierter. Häufig muß sie aus mehreren Stücken zusammengesetzt werden. Wegen ihrer Härte empfiehlt es sich, sie auf einer Metalldrehbank abdrehen zu lassen. Für kleine Stücke eignet sich auch eine Fräse. Danach wird die Platte mit der Ziehklinge und feinstem Sandpapier (evtl. mit etwas Öl) geglättet und Schellacklösung dünn übergewischt. Fehlerhafte Stellen werden vom Tischler ausgebohrt und durch einen Pfropfen aus gleichem Holz ersetzt.

Das Übertragen der Zeichnung. Die Vorzeichnung kann entweder direkt, aber spiegelverkehrt auf der Platte vorgenommen werden oder mittels Pause, Umdruck oder fotographischen Kopierverfahrens erfolgen. Die einzelnen Verfahren sollen hier kurz beschrieben werden:

1. Man zeichnet mit Bleistift seitenrichtig auf dünnes Papier. Auf die Platte wird ein Hauch Kernseife aufgetragen, auch Firnis eignet sich, der anschließend mit Talkum eingepudert werden muß. Das Papier wird an den Seiten festgeklebt und die Zeichnung abgerieben; sie steht dann seitenverkehrt auf der Platte.

2. Man zeichnet seitenverkehrt auf Transparentpapier und versieht dessen Rückseite danach mit heller Kreide. Die Platte wird mit schwarzer Druckfarbe dünn eingewalzt und talkumiert. Mit einer Nadel drückt man die Zeichnung durch.

3. Anstelle der Druckerschwärze kann man auch Deckweiß auf die Platte bringen. Am besten reibt man die Farbe mit dem Handballen auf, und zwar so dünn wie möglich, damit sie beim Schneiden nicht abkrümelt. Auf diesen Untergrund kann man die Zeichnung, wie unter 2. beschrieben, durchpausen, man kann sie aber auch umdrucken. Dazu zeichnet man den Entwurf mit Aquarellfarbe, der etwas Gummiarabikum beigemengt ist, auf Papier, feuchtet dieses von der Rückseite aus an und preßt es auf die Platte. Das Papier darf nicht zu stark sein und sich beim Feuchten nicht sehr ausdehnen.

4. Man zeichnet seitenverkehrt auf Transparentpapier. Nachdem dieses leicht angefeuchtet wurde, wird es mit verdünntem Knochenleim auf die Holzplatte geklebt. Damit sich beim Schneiden nichts ablöst, muß man es gut anreiben. Mit heißem Wasser kann das angeleimte Papier später wieder entfernt werden. Dieses Verfahren eignet sich aber nur für die Schnitt-, nicht für die Stichtechnik.

5. Für die fotomechanische Übertragung

ist folgende Verfahrensweise zu empfehlen: Zunächst wird die Platte mit Schellacklösung geschützt, damit die Feuchtigkeit das Holz nicht angreifen kann. Auf einer Glasplatte vermischt man etwas Zinkweiß mit dem Eiweiß eines frischen Eies und verreibt es mit dem Handballen gleichmäßig auf der Platte. Nach dem Trocknen dieser Schicht wird die Platte bei gedämpftem Licht mit Silbernitrat, das im Verhältnis 1:10 mit Wasser verdünnt ist, überzogen. Danach läßt man das Holz im Dunkeln trocknen. Das Filmnegativ wird auf die Platte gelegt, mit einer Glasscheibe bedeckt und diese mit den Klammern festgehalten. Für die Dauer der Belichtungszeit muß man Erfahrungen sammeln. Zum Fixieren kommt die Platte für etwa eine Minute in eine Lösung von Wasser, Fixiersalz und Kaliummetabisulfit (100:25:4); sie wird danach gewässert und getrocknet.

Bei komplizierten Arbeiten empfiehlt es sich, die Zeichnung während des Schneidens durch einen nur an den Rändern angeklebten Papierbogen zu schützen. Man reißt das Papier in kleinen Stücken jeweils nur an der Stelle ab, die man gerade bearbeiten will.

Schneidwerkzeuge und Schnittechnik. Für den Langholzschnitt ist das Konturenmesser das wichtigste Werkzeug (Bild 425). Es darf nur einseitig angeschliffen werden und muß immer scharf und spitz sein. Stumpfe Messer werden auf einem groben Stein vor- und auf einem Ölstein nachgeschliffen. Während des Schneidens muß oft nachgeschliffen werden. Mit dem Messer arbeitet man ziehend. Je nach der Härte des Holzes und der Tiefe und Länge des Schnittes hält man den Griff entweder wie einen Bleistift oder nimmt ihn in die Faust. Der Schnitt muß so ausgeführt werden, daß er schräg, nicht aber senkrecht zur Fläche verläuft (Bild 426). Man darf die Kanten auch nicht unterschneiden. Beim Gegenschnitt (links) muß man die Platte deshalb drehen.

Den Geißfuß (Bild 427) sollte man niemals zum Konturenschneiden benutzen. Er eignet sich vor allem zum Nachstechen bzw. Säubern von Ecken.

Für kleine, helle Flächen benutzt man Hohleisen (Bild 427) — man führt sie gegen das Holz. Größere Flächen schlägt man mit Flacheisen und Holzhammer heraus. Zum Schneiden von Schrift in Hirnholz

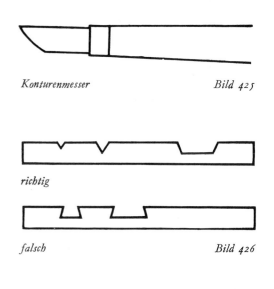

Konturenmesser   *Bild 425*

richtig

falsch   *Bild 426*

Geißfuß   *Hohleisen*   *Flacheisen*

Bild 427

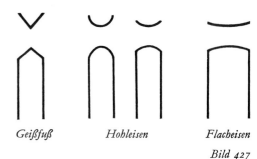

Stichel   *Bild 428*

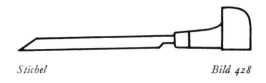

Bild 429
Stichelprofile

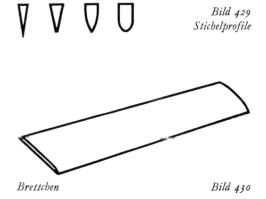

Brettchen   *Bild 430*

Bild 431

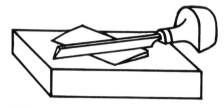

Bild 432

Bild 433

Bild 434. Druckstock, Winkel, Papier

benötigt man Messer-, Rund- (Boll-) und Flächenstichel (Bilder 428, 429). Die Stichel müssen so scharf sein, daß sie bereits bei leichter Berührung mit dem Holz schneiden. Konturen sollte man immer nur mit einem Messerstichel schneiden. Man hält den Stichel mit vier Fingern, wobei der Daumen fest auf der Holzplatte liegt und als Führung dient. Der Stichel wird am Daumen vorbeigeschoben. Der runde Griff des Stichels findet im Handballen Halt. Beim Stechen von Rundungen wird das Holz gegen den Stichel gedreht. Sticht man Winkel, so muß der Stichel in diese hineingeführt werden. Außerordentlich wichtig ist es, daß der Stichel beim Schneiden über einem kleinen Brettchen geführt wird. Dieses verhindert, daß er hinter dem Einstich Druckstellen hinterlassen kann. Man handhabt den Stichel über dem Brettchen in kurzen Absätzen wie einen Hebel. Sollte man doch einmal ausgleiten, so muß man mit einem Punzen ein Loch in die Fläche schlagen und ein Klötzchen einsetzen.

Der Anfänger tut gut daran, erst einmal auf einer Probeplatte, die er zuvor mit Druckfarbe eingewalzt und mit Talkum abgepudert hat, alle möglichen Bewegungen zu üben.

Der Druck. Das für den Druck geeignete Papier muß holzfrei, wenig geleimt und weich sein, damit es die Farbe leicht annimmt. Stark geleimte und harte Papiere nehmen die Farbe schlecht an oder quetschen sie breit. Man bevorzugt sogenannte Werkdruckpapiere, Offset- und Büttenpapiere. Für großformatige, gröbere Schnitte eignet sich vor allem das sogenannte Fließpapier (löschblattähnlich); für Holzstiche nimmt man Seidenpapier, Kunstdruckpapiere lassen sich nicht verwenden.

Vor dem Drucken legt man das Papier einige Stunden zwischen feuchte Makulatur, um es geschmeidiger zu machen.

Zum Drucken eignet sich Buchdruckfarbe (Illustrations- oder Federfarbe) am besten. Sie ist im Fachhandel erhältlich. Ist das Papier glatt und stärker geleimt, so hält man die Farbe strenger als bei saugfähigeren Papieren. Als Verdünner nimmt man Terpentinöl, zum Einfärben des Druckstockes benutzt man Gelatinewalzen. Vorher bringt man die Farbe mit der Spachtel auf eine Glasplatte, besser aber auf einen alten Lithographiestein, walzt sie gleichmäßig und dünn auf und überträgt sie dann auf den Druckstock. Es ist besser, nur wenig Farbe auf der Walze zu haben und dafür mehrmals einzuwalzen. Auf großflächigen Schnitten kann die Farbe etwas dicker liegen als auf feinen Arbeiten.

Für den Druck sollte möglichst eine Handpresse zur Verfügung stehen. Pressendrucke sind gleichmäßiger und exakter, sie erfordern einen geringeren Kraftaufwand als Handabzüge. Obwohl der Farbauftrag im Vergleich zum Handabzug geringer ist, erhält der Druck eine sattere Färbung. Für den Holzschnittdruck eignet sich eine Kniehebelpresse, für Holzstiche eine Stempelpresse.

Das Papier muß größer als der Druckstock beschnitten sein. Bedruckt wird die Filzseite. Um das Blatt auf den Druckstock zu legen, faßt man es zweckmäßigerweise mit beiden Händen, und zwar an den diagonal gegenüberliegenden Ecken. Darüber wird ein stärkeres Papier gelegt. Nach dem Drukken darf das Papier vom Druckstock nicht abgerissen werden; man hebt es von einer Ecke aus langsam und vorsichtig ab. Beim ersten Andrucken saugt der Druckstock viel Farbe auf und druckt deshalb nicht vollständig aus. Dies sollte nicht dazu verleiten, die Farbe dick aufzuwalzen, weil dadurch die Feinheiten des Schnittes bzw. des Stiches verlorengehen. Zeigt es sich bei den weiteren Abzügen, daß einige Stellen nicht ganz ausgedruckt sind, so reibt man die betreffende Stelle mit dem Reiber nach oder erhöht die Druckstärke. Eventuell kann man auch nachwalzen.

Steht keine Handpresse zur Verfügung, so reibt man den Druck mit der Hand ab. Dazu benötigt man den Reiber. Notfalls eignet sich auch ein Falzbein oder der Stiel eines Löffels, doch besitzen diese nicht die Elastizität eines Reibers. Der Reiber ist ein Stück Birnbaumholz von etwa 30 cm Länge, 3 cm Breite und 0,7 cm Höhe, das vom Tischler in leicht gebogene Form gebracht werden muß. Er erhält abgerundete Ecken und Kanten und soll von allen Seiten gut geglättet und mit Wachs oder Firnis getränkt sein, damit er eine gute Gleitfähigkeit hat.

Um das Papier auf den eingewalzten Druckstock zu legen, faßt man es zunächst an beiden Seiten und legt die linke Seite zuerst auf die Platte. Mit der linken Hand hält man das Papier auf der Platte fest, während man den übrigen Teil des Bogens straff auflegt. Auch während der folgenden Arbeiten bleibt die linke Hand zum Festhalten. Mit der rechten Hand streicht man zunächst von links nach rechts über das Papier, bis es sich angeschmiegt hat. Dann wird das Papier mit dem Handballen der rechten Hand leicht angedrückt. Bevor man zum Reiber greift, deckt man zum Schutz des Abzugpapiers ein Stück gewachstes Transparentpapier, Pergamin oder Ölpapier über. Beim Drucken gleitet man mit der Fläche des Reibers von links nach rechts in kleinen rotierenden Bewegungen über das Papier. Stärkere Druckwirkung erzielt man, wenn man den Reiber etwas verkantet. Die linke Hand hält man dabei so, daß sich das Papier nicht zusammenschieben kann.

Nach dem Drucken wird der Druckstock mit Benzin von der Farbe gereinigt, damit diese nicht auftrocknet und die Platte für eine spätere Wiederverwendung unbrauchbar macht.

Häufig sind nach dem Probedruck noch Korrekturen nötig. Wenn die Zeichnung infolge des Abwaschens mit Benzin für den Nachschnitt nicht mehr gut sichtbar ist, reibt man etwas Talkum oder Magnesium über den Druckstock und wischt die Oberfläche danach mit dem Handballen ab.

Bei Holzschnitten, die zusammen mit typographischem Material gedruckt werden sollen, muß der Druckstock die gleiche Höhe wie die Schrift haben.

Farbdrucke. Bei Farbdrucken bedarf jede Farbe eines eigenen Druckstockes. Um beim Übertragen der Zeichnung auf die Platten Paßdifferenzen zu vermeiden, ist es vorteilhaft, den ersten geschnittenen Druckstock (Schwarzplatte) auf die weiteren Platten umzudrucken und dann alle Schwarzteile sowie alles, was nicht als 2. oder 3. Farbe drucken soll, wegzuschneiden. Zu diesem Umdruckverfahren ist entweder eine Anlage mit Nadelpunkten erforderlich, oder man richtet einen Anlegewinkel ein. Will man mit Nadelpunkten arbeiten, so sticht man in die erste Platte zwei Punkte. Man fertigt einen Abdruck an, auf dem die Punkte erkennbar sein müssen; sie werden mit der Nadel durchgestochen. Der Abdruck der ersten Platte wird auf die nächsten Platten gebracht — wenn keine Presse vorhanden ist, abgerieben — und die Nadelpunkte von der Rückseite des Abzugpapiers

aus in das Holz eingestochen. Alle Farbplatten erhalten auf diese Weise an gleicher Stelle zwei Punkte, die später beim Auflegen des Druckpapiers als Anhaltspunkte dienen. Vorteilhafter ist die Verwendung eines Anlagewinkels (Bild 434). Man benötigt dazu zwei Holzleisten, die über Eck miteinander verzapft sind. Von der ersten Platte wird ein Abzug hergestellt, der auf dem Druckstock verbleibt. Nun dreht man den Druckstock um und legt ihn mit dem anhaftenden Abzug auf eine planliegende Pappunterlage. Man setzt den Winkel in einer Ecke an und zeichnet für die späteren Abzüge den Stand auf dem Abzug an. Während man den Winkel festhält, nimmt man den Druckstock vom Papier und legt an seine Stelle sofort die nächste Platte, dreht diese um und reibt sie ab.

Ein drittes Verfahren besteht darin, daß man von der Schwarzplatte für jede weitere Farbplatte einen Abdruck auf dünnes, durchscheinendes Papier herstellt und dieses auf die Tafel klebt.

Der Linolschnitt

Der Linolschnitt wird ähnlich wie der Holzschnitt gehandhabt. Als Material eignen sich Linoleum und verschiedene Arten von Fußbodenbelag. Die Platten müssen mindestens 2 mm stark sein, da größere Flächen, wenn nicht tief genug geschnitten wurde, leicht mitdrucken. Das Material darf weder sandhaltig noch krümelig oder zu weich sein, noch darf es Blasen oder Streifen aufweisen. Die Platten verstärkt man durch Unterkleben einer Pappe. Damit sich diese nicht verzieht, muß ihre Rückseite kaschiert werden.

Der Entwurf wird mit Transparentpapier übertragen. Zuvor hat man die Platte mit einer dünnen Deckweißschicht bedeckt. Die durchgedrückte Zeichnung fixiert man leicht, um sie während der Arbeit vor dem Verwischen zu schützen. Da der durchgedrückte Strich etwas unscharf ist, empfiehlt es sich, bei präzisen Arbeiten die Konturen wieder etwas zu löschen und mit einem spitzen Bleistift nachzuziehen. Dabei darf man nicht stark aufdrücken, sonst graben sich Rillen in die Schicht ein.

Umrißlinien schneidet man nicht mit dem Geißfuß, sondern mit dem Holzschnittmesser. Das erfordert zwar mehr Arbeit, doch wirken die mit dem Messer geschnittenen Konturen schärfer. Zum Ausheben vorgeschnittener Linien und Flächen eignen sich jedoch die im Handel erhältlichen Linolschnittfedern vorzüglich. Die Federn stecken in kurzen Haltern, die am Ende mit einer kugelartigen Verdickung versehen sind, fest in der Hand liegen und eine gute Führung ermöglichen. Holzschnittstichel sind für den Linolschnitt völlig unbrauchbar.

Mit dem Konturenmesser arbeitet man ziehend, mit den Hohlfedern stoßend; dabei muß man sie ziemlich flach halten, sonst gleiten sie nicht. Die Schnittiefe sollte mindestens 1 mm betragen.

Vor dem Druck kann die Platte durch Abreiben mit Spiritus etwas gehärtet werden. Als Druckfarbe eignet sich Illustrationsschwarz, man kann aber auch die spezielle Linolschnitt-Druckfarbe verwenden. Falls keine Druckerpresse zur Verfügung steht, fertigt man Abzüge wie beim Holzschnitt mit dem Reiber, dem Falzbein oder einem Löffelstiel an. Nach dem Druck wird die Platte mit Benzin von Farbresten gereinigt.

Der Bleischnitt

Diese Technik ist zu empfehlen für kleinformatige Arbeiten, die eine besonders scharfe Kontur aufweisen müssen, z. B. Initialen, Monogramme, Exlibris. Material und Technik zwingen zu klarer, strenger Formgebung. Die Druckplatte wird aus sogenanntem Schriftmetall, einer Blei-Antimon-Zinnlegierung, hergestellt. Sie muß etwa 12 Punkt stark gegossen werden, wenn der Schnitt auf einer Druckpresse gedruckt oder wenn er zusammen mit Satzmaterial weiterverwendet werden soll. Als Werkzeug dienen Rund- oder Flachstichel — sie haben eine kürzere Fase als die für den Holzstich bestimmten Stichel —, eine Reiß- oder Graviernadel, ein Dreikantschaber, ein Polierstahl, ein flaches, an den Kanten abgeschrägtes Holzbrettchen, ein Gravierbock und evtl. eine Standlupe sowie ein Ölstein.

Um die Zeichnung zu übertragen, überzieht man die Platte mit einer dünnen Schellacklösung und trägt eine weiße Grundierung auf. Auf diese wird die Zeichnung gepaust. Man kann die Platte aber auch mit Bienenwachs präparieren. Dazu wird eine kleine Menge Bienenwachs in Benzin aufgelöst und tropfenweise auf der Platte verteilt. Nach dem Verdunsten des Benzins ist die Platte

mit einer hauchdünnen Wachsschicht überzogen. Darauf legt man die Bleistiftzeichnung und reibt sie von der Rückseite her ab. Da Metall beim Schneiden blendet, stellt man vor die Lichtquelle einen Rahmen, der mit Transparentpapier bespannt ist. Die Konturen werden mit der Graviernadel angerissen. Den dabei entstehenden Grat entfernt man mit dem Schaber. Vertiefte Linien können entweder durch mehrmaliges Nachziehen mit der Graviernadel und immer wieder folgendes Abschaben des Grates erzielt werden, oder sie werden mit dem Spitzstichel geschnitten. Danach arbeitet man die breiteren Linien und die flächenhaften Elemente mit den Sticheln heraus. Man führt sie ähnlich wie beim Holzstich hebelartig über ein flaches Brettchen. Das Brettchen verhindert auch Druckstellen hinter dem Einstich. Auf einem Gravierbock (Höhe etwa 10 cm) — (Bild 435) dreht man die Platte in die für den jeweiligen Schnitt günstigste Stellung. Während des Schneidens müssen die Stichel auf einem Ölstein ständig nachgeschliffen werden. Große Negativflächen wird man zweckmäßigerweise herausfräsen lassen. Vor dem Druck werden alle Grate abgeschabt. Ein Probeabzug zeigt Fehlerstellen. Kratzer kann man mit dem Polierstahl korrigieren. Sollte die polierte Stelle danach etwas niedriger sein, so gleicht man dies von der Rückseite her durch Klopfen mit Dorn und Hammer wieder aus. Dabei muß der Druckstock unbedingt auf einer schweren, starken, völlig planliegenden und sauberen Metallplatte liegen. Ein dünner Karton zwischen den Platten schützt den Schnitt. Bei groben Fehlerstellen kann man eventuell auch Metall auflöten und dann nachschneiden. Vor dem Druck wird die Platte genau beschnitten und ähnlich wie ein Klischee entweder auf Holzstege genagelt oder auf Metallstege aufgeklebt bzw. montiert.

Die Aussprengtechnik

Um eine kalligraphische Schrift in der Negativwirkung zu erhalten, verwendet man gern das Aussprengverfahren. Dazu benötigt man Gummiarabikum oder einen anderen gut wasserlöslichen Klebstoff, z. B. Büroklebstoff „Barock". Eine kleine Menge des Klebstoffs wird in einem Schälchen mit Wasser verdünnt und mit etwas Aquarellfarbe versetzt, damit man das Geschriebene

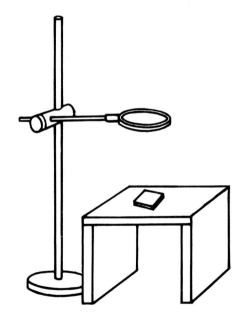

Bild 435

sehen kann. Vor Beginn der Arbeit überzeugt man sich an Hand einer Probe, ob der Klebstoff die richtige Konsistenz hat. Er darf nicht zu dünn sein, da sich die Schrift sonst nicht aussprengen läßt, er soll die Feder aber auch nicht zu schnell verkleben. Trotzdem ist während des Schreibens ein häufiges Reinigen der Feder erforderlich. Man füllt den Klebstoff mit dem Pinsel — wie sonst Farbe — in die Feder ein. In aufgetrocknetem Zustand muß die Schrift glänzen, doch darf der Klebstoff auch nicht zu dick aufliegen, da er sonst leicht Risse bekommt. Nun wird die ganze Papierfläche mit Druckfarbe in einem beliebigen Farbton eingewalzt. Man benutzt dazu eine Gummi- oder Gelatinewalze. Die Farbe wird so lange immer wieder in dünnen Schichten aufgewalzt, bis sie gleichmäßig gut deckt. Nach dem Einwalzen legt man das Papier unter fließendes Wasser. Dadurch wird der Klebstoff zusammen mit der auf ihm liegenden Druckfarbe gelöst und weggespült. Stellenweise muß man durch leichtes, vorsichtiges Tupfen und Wischen mit einem alten Pinsel aus feinem Haarmaterial etwas nachhelfen. Das feuchte Blatt wird zum Trocknen auf ein Reißbrett gespannt. Da in der ausgewaschenen Schrift zumeist ganz zufällig geringe Rückstände der Druckfarbe verbleiben und auch die Kontur eine gewisse Rauhigkeit erhält, können derartig entstandene negative Schriften sehr reizvoll wirken.

Eine Abwandlung dieses Verfahrens besteht darin, die Druckfarbe nicht aufzuwalzen, sondern mit einem Borstenpinsel aufzustreichen oder zu stupfen, nachdem sie vorher mit Terpentin streichfähig gemacht wurde. Da die verdünnte Druckfarbe jedoch den Klebstoff angreift und etwas in das Papier einzieht, wirken die Konturen unscharf und verwaschen; in der Schrift verbleiben auch mehr Rückstände als bei der oben beschriebenen Verfahrensweise.

Schabtechniken

Ein Verfahren, das dem Gestalter beim Entwerfen von Buchstaben oder Zeichen sehr nützlich sein kann, ist das Schaben auf Glas oder auf einer starken Folie (Piacryl). Der Farbe muß ein klein wenig Glyzerin oder Seife zugesetzt werden, damit sie nicht brüchig wird. Nimmt man zuviel Glyzerin, so schmiert sie beim Schaben. Mit dem Pin-sel schreibt man die Form vor — eine Vorlage oder Skizze kann unter dem Glas liegen — und bearbeitet dann die Konturen mit einem scharf angeschliffenen Lithographenschaber. Korrekturen lassen sich so oft wie nötig bewerkstelligen. Die Kontur wird beim Schaben schärfer, als dies beim Zeichnen auf Papier möglich ist. Die Schabearbeit kann, wenn sie in einwandfreier Qualität ausgeführt ist, fotographisch kopiert werden, ganz gleich, ob sie auf Folie oder auf Glas angefertigt wurde.

Schabkarton kann man billig selbst herstellen: Auf glatten, festen Karton wird beidseitig ein Kreidegrund, bestehend aus dünnem Tischlerleim, Schlämmkreide und etwas Zinkweiß, mehrmals gleichmäßig aufgestrichen. Nach dem Trocknen schleift man ihn mit feinstem Sandpapier. Die Fläche wird entweder durch Einwalzen mit Druckfarbe oder durch Überstreichen mit schwarzer Tusche gefärbt. Um zu verhindern, daß der schwarze Überzug in den Grund eindringt, wischt man vorher Fixativ über die Kreide. Als Werkzeug benutzt man Lithographenschaber, eventuell auch Stichel. Fehlerstellen kann man mit Tusche wieder abdecken und dann korrigieren. Reproduktionstechnisch wird das Ergebnis wie eine Originalzeichnung behandelt (nach Lebek).

Die Schrift am Bau und im Straßenbild 4.5.

Allgemeines 4.5.1.

Zwischen den Stilformen der Architektur und denen der Schrift bestehen bekanntlich enge Beziehungen. Bis zur Periode des Klassizismus waren die Inschriften in vollendeter stilistischer Harmonie auf den Baukörper abgestimmt. Mit dem Verfall des Stilgefühls im 19. Jahrhundert und dem Aufkommen der Reklame änderte sich dies in zunehmendem Maße. Auch im Straßenbild der Gegenwart findet man nur wenige Beispiele, wo die Schrift schön ist und in richtiger Beziehung zu den architektonischen Gegebenheiten steht. Der vorherrschende technische Schematismus und formale Dilettantismus in der Fassadenbeschriftung beweist, daß weder Architekten noch ausführende Firmen den ästhetischen bzw. gestalterischen Problemen gewachsen sind.

Ein geeignetes Vorlagenmaterial könnte zu einer wesentlichen Verbesserung beitragen. Für Gestaltungen, die von besonderer Bedeutung sind, ist es jedoch unbedingt notwendig, gut ausgebildete und befähigte Schriftgraphiker hinzuzuziehen.

Bei der Gestaltung architekturgebundener Beschriftungen sollte man immer daran denken, daß die Schrift — ganz gleich, welcher Art und Ausführungstechnik — nicht als fremde Zutat erscheinen darf, sondern daß sie sich dem Bauwerk wie dem Straßenbild einfügen muß. Sie muß nicht nur dem jeweiligen Zweck gerecht werden, sondern soll über Jahre hinaus ein Aussehen behalten, das in ästhetischer und künstlerischer Hinsicht befriedigt.

Ebenso wichtig ist es, die Anforderungen an die optische Wirksamkeit der Beschriftung zu bedenken, die sich aus der Lage des Gebäudes und der jeweiligen Verkehrssituation ergeben. Diese Faktoren sowie Schriftcharakter und Länge des Textes bestimmen neben den architektonischen Gegebenheiten Stand und Größe der Schrift auf der Fassade.

Bei Ladenbeschriftungen ist es zumeist notwendig, auch eine Beziehung zum Schaufenster herzustellen. An historischen Gebäuden ist die Beschriftung grundsätzlich mit dem Schaufenster zu verbinden, damit die Fassade in ihrer architektonischen Wirksamkeit nicht beeinträchtigt wird. Als Regel muß gelten, daß die Schrift die Architektur nicht überwuchern darf. Meist wird sie viel zu groß gewählt.

Probleme wie Lichtverhältnisse bei Tag und bei Nacht bzw. Beleuchtungsmöglichkeiten, Befestigungsmöglichkeiten, Anforderungen hinsichtlich Dauerhaftigkeit und Wetterbeständigkeit und nicht zuletzt die Materialbeschaffenheit und die Farbe des Hintergrundes müssen mit erwogen werden, wenn die Ausführungstechnik zur Diskussion steht (s. Abschnitt 4.5.2.).

Zur Wahl des Schriftcharakters ist in diesem Zusammenhang zu bemerken: An modernen Bauten herrscht die konstruierte Groteskschrift noch immer vor. Es handelte sich hierbei zunächst um eine Parallelerscheinung zu einem puritanischen Funktionalismus in der Architektur. Etwa seit 1960 begann sich diese architektonische Grundhaltung zu wandeln, nicht aber änderte sich die Einstellung zur Anwendung konstruierter Gro-

teskschriften. Aber selbst dann, wenn man diese Stilfrage ausklammert, erweist es sich, daß Antiquaschriften, wie die Garamond, Trump, Bodoni oder Walbaum, oder historische Grotesk- und Egyptienneschriften häufig besser der Architektur gerecht werden, weil sie auf den Fassaden aus Glas, Aluminium oder Beton von einer reizvoll belebenden Wirkung sind.

Problematischer gestaltet sich die Schriftwahl bei historischen Gebäuden und Altbauten. Bei kulturhistorisch wertvollen Gebäuden ist die Beschriftung nur mit größter Zurückhaltung vorzunehmen. Keinesfalls darf sie zu einem stilistischen Fremdkörper werden. Auf eine Barockfassade z. B. gehört keine Leuchtschrift. Bei den eklektizistischen Bauten aus der 2. Hälfte des 19. Jahrhunderts läßt sich diese Forderung nicht ohne weiteres verwirklichen. Leuchtschriften dürfen hier nicht zu groß gehalten sein und sich nicht in einem stilistischen Widerspruch zur Fassade befinden. Gut geeignet erscheinen die zu Beginn des 19. Jahrhunderts als Abwandlung klassizistischer Schriften entstandenen Reklametypen, aber auch die außerordentlich schönen und im Detail gut durchgebildeten Egyptienne- und Grotesktypen aus dem gleichen Zeitraum.

Die ausgewählte Schrift muß hinsichtlich ihrer Ausdruckswerte und ihrer Formmerkmale eine materialgerechte Verarbeitung zulassen. Nicht jede Schrift ist z. B. geeignet, zu Reliefkörpern umgeformt zu werden. Besonders bedenklich ist dies bei in Material umgesetzten handschriftlichen Formen. Lediglich bei Leuchtschriften ist die Schreibschrift im Schnurzugcharakter gerechtfertigt, sofern sie auf einer Tafel liegt und nicht auf Reliefkörper gebracht wurde. Gemalte plastische Schriften dürfen keine Obersicht zeigen, da sie ja im allgemeinen aus der Untersicht betrachtet werden. Diesen Problemen kommt besondere Aufmerksamkeit zu, wenn der Betrieb ein bereits vorhandenes Signet oder seinen Namenszug (Wortmarke) als Teil des Werbeprogramms in die Fassadenbeschriftung einbezogen haben möchte. Da dies anzustreben ist und in der Regel auch geschieht, empfiehlt es sich, bei der Gestaltung von Marken und Schriftzügen im Markencharakter von vornherein an eine Umsetzungsmöglichkeit in verschiedene Materialien zu denken.

Guter Kontakt zum Architekten und den

Handwerksbetrieben ist die Voraussetzung für eine erfolgreiche Arbeit des Graphikers am Bau. Es ist unbedingt notwendig, daß man sich bereits zu Beginn der Entwurfsarbeit über die technischen Bedingungen genau informiert.

Die Entwurfsarbeit besteht zunächst darin, die Beschriftung in den in Frage kommenden Schriftcharakteren maßstabgerecht zu skizzieren. Vorteilhaft ist es, sich von dem Gebäude Fotos zu beschaffen und den Text an den geeigneten Stellen einzuzeichnen. Bei plastischen Schriften wird man einige Buchstaben in Originalgröße aus Pappe als Modell anfertigen. Wo es möglich ist, sollte man die Zeichnungen oder die Modelle in Originalgröße und -farbe direkt am Bau prüfen. Mitunter wird es sich auch einrichten lassen, ein Diapositiv des Entwurfs nachts an die Fassade zu projizieren, um so einen Eindruck von der Wirkung zu erhalten.

4.5.2. Ausführungsmöglichkeiten

Auf geputzte Hintergründe können Schriften gemalt, ausgekratzt (Sgraffito), eingelassen (z. B. Mosaik, Schnittkeramik) oder in verschiedenen Materialien und Ausführungstechniken plastisch aufgesetzt werden. Für Flächen aus Keramik, Kunst- oder Naturstein eignen sich ebenfalls vornehmlich aufgesetzte Schriften. Solche Schriften können als Einzelbuchstaben ausgeführt sein, und zwar entweder flächig oder als Reliefkörper, wobei man bei letzteren geschlossene Körper und Transparentkörper unterscheidet, oder man bringt sie als Schilder bzw. Tafeln auf die Wandfläche.

Handelt es sich um Einzelbuchstaben, so kommt als Material eloxiertes, vergoldetes, verchromtes oder mit einem Anstrich versehenes Metall in Frage. Bei Serienfertigung werden die Buchstaben zumeist gegossen oder gestanzt. Bei individueller bzw. handwerklicher Bearbeitung werden die Teile entweder aus vollem Material (Blech) ausgesägt bzw. ausgeschnitten oder aus Stangenprofilen geschnitten, geformt und montiert bzw. zusammengesetzt. Gegebenenfalls kann auch die Schmiedetechnik angewendet werden. Von den Plasten eignen sich für die Anfertigung von Einzelbuchstaben Polyesterharze, die in vorgefertigte Formen gegossen oder gespritzt, oder — wenn sie

größere Ausmaße haben — mit Glasfaser verstärkt werden können. Aus Duroplast werden Buchstaben ausgeschnitten. Selbstverständlich ist es auch möglich, Einzelbuchstaben aus Holz auszusägen und mit einem Anstrich zu versehen.

Zur Anfertigung von Hohlkörpern sind Blech, Glas oder Piacryl geeignet. Die Verarbeitung erfolgt handwerklich durch Sägen bzw. Schneiden, evtl. durch Biegen und Montieren. Piacryl wird ebenfalls handwerklich, zumeist aber thermoplastisch verarbeitet, wobei man für die Herstellung von Einzelbuchstaben das Vakuum-Tiefziehverfahren anwendet.

Aufgesetzte Buchstaben müssen, sofern sie Witterungseinflüssen ausgesetzt sind, in einem gewissen Abstand zur Wand befestigt werden. Dies verhindert, daß sich durch den Regen Schmutzstreifen auf der Fläche bilden. Bild 436 zeigt einige Profile für Reliefbuchstaben (entnommen aus Walter Schenk, Die Schriften des Malers, Verlag Dr. Pfannenberg, Gießen 1958).

Für die Herstellung von Schildern und Tafeln eignen sich als Untergründe Metall (Blech, Bronze, Stahl u. a.), Glas, Plaste, Holz und Stein.

Bei Metall kann Schrift aufgemalt, ausgeschnitten bzw. ausgesägt, ausgestanzt oder als Relief gearbeitet werden. Für letzteres kommen als Arbeitstechnik der Bronzeguß oder kunsthandwerkliche Ätz-, Ziselier-, Schmiede- und Meißeltechniken, evtl. verbunden mit Tauschierung, und — allerdings sehr selten — auch die Drahtbelötung in Frage. Auch die Möglichkeit, Metall auf Metall zu kleben, läßt sich ausnutzen.

Auf Glas kann Schrift gemalt (Hinterglasmalerei), eingraviert oder geätzt, bei kleinen Flächen auch gepreßt werden. Reizvolle Wirkungen ergeben sich aus dem Übereinanderkleben verschiedenfarbiger Piacrylplatten.

Die in Stein gehauene Schrift ist besonders bei historischen Gebäuden oder Gedenktafeln angebracht.

Beton eignet sich ausgezeichnet zur Formung als Plastik oder Relief. Als dekorative Flächenstruktur oder angestrahlt bzw. indirekt beleuchtet könnte die Schrift zu einem Bestandteil des Baues werden wie bei kaum einem anderen Material. Leider werden die Möglichkeiten, Beton plastisch zu gestalten, noch viel zu wenig erprobt und genutzt.

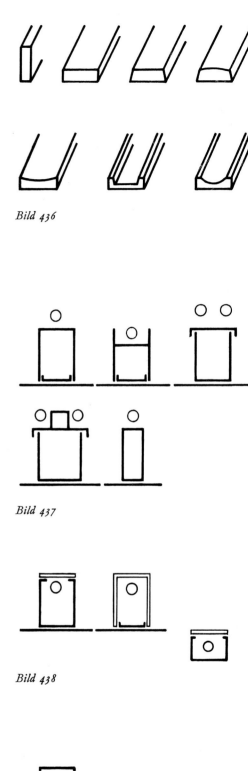

Bild 436

Bild 437

Bild 438

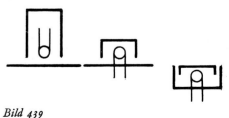

Bild 439

Bei der Auswahl der Schriftcharaktere ist — wie bereits festgestellt wurde — darauf zu achten, daß sie sich für eine Umsetzung in Material bzw. zur Reliefbildung eignen müssen. Versalschriften sind Minuskeln vorzuziehen, da sie statischer und damit monumentaler wirken.

Die vorangegangene Aufzählung von Ausführungsmöglichkeiten erhebt nicht den Anspruch auf Vollständigkeit. Ebenso können in den folgenden Abschnitten nur diejenigen Techniken näher erläutert werden, die für den Graphiker hinsichtlich ihres Einflusses auf die Formgebung von besonderer Bedeutung sind oder die er selbst auszuführen in der Lage ist. Es wird aber auch in solchen Fällen immer notwendig sein, bereits vor Beginn der Entwurfsarbeit den jeweiligen Fachhandwerker zu konsultieren.

4.5.3. Handwerkliche Spezialtechniken

Leuchtschriften
Bei Leuchtschriften ist die Gestaltung insofern problematisch, als sie bei Tag und Nacht wirken müssen. Der Schriftcharakter soll — besonders bei Firmenbezeichnungen — trotz der immer wieder veränderten Lichtverhältnisse derselbe bleiben oder sich zumindest nicht wesentlich verändern.

Bei Leuchtröhren, die auf Reliefbuchstaben aufgesetzt sind, darf die Buchstabenoberfläche nicht zu unruhig wirken. Lichtstärke und -farbe müssen aufeinander und auf die der Beschriftung benachbarten Gestaltungselemente abgestimmt sein.

Man kann die Leuchtröhren offen auf die Reliefbuchstaben oder auf eine farbige Hintergrundfläche setzen. Um Überstrahlungen zu vermeiden, müssen die Buchstabenabstände genügend groß gehalten sein. Bild 437 zeigt einige Möglichkeiten der Anbringung auf Reliefkörpern (entnommen aus Gottfried Prölß, Schriften für Architekten, Verlag Karl Krämer, Stuttgart 1957). Besonders günstig ist die Variante 2, da hier durch die Blenden eine Überstrahlung vermieden wird. Bei Variante 4 und 5 erhält die Oberfläche des Reliefkörpers von den vertieft stehenden Leuchtröhren kein Licht und wirkt so als Silhouette.

Die Tagwirkung der Schrift ist jedoch bei allen fünf Varianten ungünstig beeinflußt, da die auf der Oberfläche der Reliefkörper

angebrachten Leuchtröhren unruhig aussehen. Deshalb bieten Schriften, bei denen die Leuchtröhren innerhalb des Reliefkörpers unter einer diffusen, transparenten Glas- oder Piacrylplatte angebracht sind, einen ästhetisch befriedigenderen Eindruck. Gute Wirkungen lassen sich erzielen, wenn die Seitenflächen in farbigem Kontrast zur Deckfläche gehalten werden. Da Piacryl formbar ist (hierfür ist — wie bereits erwähnt — das Vakuum-Tiefziehverfahren die geeignetste Technik), kann man gegebenenfalls auch den ganzen Körper mit Ausnahme der Bodenplatte aus diesem Material herstellen lassen. Der Reliefkörper wird gleichmäßig ausgeleuchtet, deshalb ist die Gestaltung der Einzelform nicht in solch starkem Maße abhängig von den technischen Bedingungen der Elektrodenstellung und -rückführung.

Man kann Reliefkörper mit diffuser Lichtwirkung von der Wand abstehen lassen oder sie auch ganz oder teilweise in die Wand einlassen. Bild 438 zeigt die üblichen Anordnungsmöglichkeiten.

Als dritte Möglichkeit ist die indirekte Beleuchtung zu erwähnen, bei der die Leuchtröhren unter dem nach rückwärts offenen Reliefbuchstaben angebracht oder ganz oder teilweise in die Wand eingelassen werden. Die Buchstaben erscheinen dann als Silhouetten (Bild 439).

Eine Sonderform, die sowohl mit indirekter wie mit diffuser Lichtwirkung gelöst werden kann, besteht darin, daß für jeden Buchstaben eine geschlossene rechteckige, ovale oder runde Reliefform gestaltet wird, in der sich der Buchstabe als Transparent befindet (Bilder 440 und 441).

Dach-Leuchtschriften müssen sowohl gegen den hellen wie auch gegen den dunklen Himmel wirken. Die Befestigungskonstruktion darf möglichst wenig auffallen.

Bei der Gestaltung von Leuchtschriften sind die technischen Voraussetzungen kompliziert. Sie können hier nicht im einzelnen erörtert werden. Besonders problematisch ist es, wenn Materialschwierigkeiten bestehen. Dem Graphiker wird daher empfohlen, sich bereits von Beginn der Entwurfsarbeit bei der ausführenden Firma eingehend über alle Bedingungen zu informieren und auch die entsprechende Fachliteratur nachzulesen.

Bild 440. Tagwirkung *Bild 441. Nachtwirkung*

Bild 442. Interessante Idee. Ungünstige Detailformen verursachen starke Überstrahlung. Mit Versalien hätte sich möglicherweise eine bessere Lösung erzielen lassen.

Art und Möglichkeiten der Putzbeschriftung richten sich nach der Beschaffenheit des Schriftuntergrundes. Kalk- und Zementputze sowie Mischputze können unter der Voraussetzung, daß es sich um Neuputze handelt, in der Fresko- oder Sgraffitotechnik beschriftet werden. Dazu müssen die Oberflächen eine möglichst glatte bzw. feinkörnige Struktur haben. In industriereichen Gebieten sollte die Freskotechnik allerdings nicht angewendet werden, weil Abgase, Rauch usw. einen zerstörenden Einfluß auf die Sinterhaut haben. Putzuntergründe, die mit Kalk-, Kalkkasein-, Latex-, Öl-, Emulsions- oder Mineralfarben gestrichen sind, wird man mit Farben beschriften müssen, deren Bindemittel dem Anstrich des Untergrundes entspricht bzw. sich mit ihm verträgt. Die Ausführungstechniken verlangen Spezialkenntnisse und handwerkliche Fertigkeiten, die im Kompetenzbereich des Malerhandwerks liegen. Da diese Handwerker jedoch auf dem Gebiet der Schriftgestaltung nicht ausgebildet sind und auch das Vorlagenmaterial völlig unzureichend und teilweise veraltet ist, sollte für eine anspruchsvolle Arbeit, z. B. für eine Firmenbeschriftung, unbedingt ein guter Schriftgraphiker hinzugezogen werden. Er wird bei der Auswahl einer geeigneten Schrift und bei der Textanordnung behilflich sein oder selbst einen Entwurf anfertigen. Wichtige Voraussetzung für eine gute Ausführungsqualität ist, daß der Graphiker für den Handwerker eine maßstabgerechte Reinzeichnung des Entwurfs, möglichst aber eine Zeichnung im Verhältnis 1:1 auf Transparentpapier herstellt. Die Farbgebung sollte er hinsichtlich ihrer technischen Verwirklichung mit dem Handwerker beraten und evtl. bei der Anfertigung der Farbproben mitwirken.

Das Sgraffito [1]. Wenn von den Techniken der Putzbeschriftung allein das Sgraffito hier für den Graphiker ausführlicher beschrieben wird, so geschieht dies deshalb, weil bei der Spezifik dieser Technik ein mechanisches Übertragen der Zeichnung in den Putz nicht genügt. Außerdem wird das Sgraffito in der handwerklichen Ausbil-

dung nur noch selten mit der notwendigen Gründlichkeit erlernt.

Sgraffitos (sgraffiare — kratzen) gab es bereits zur Zeit der Renaissance in Oberitalien als eine wetterbeständige Art der Wandmalerei. Im 19. Jahrhundert führte Semper diese inzwischen in Vergessenheit geratene Technik der Fassadengestaltung wieder ein. Man findet das Sgraffito auch als Volkskunst an Bauern- und Handwerkerhäusern verschiedener deutscher Landschaften. Innerhalb der modernen Architektur ist das Sgraffito zur Beschriftung von Fassaden oder Innenwänden und zur Gestaltung von Schriftstelen ausgezeichnet geeignet. Voraussetzung für seine Anwendung ist allerdings, daß die Beschriftung gemeinsam mit dem Neuverputz der ganzen Wand erfolgen kann.

Schon beim Entwurf sind die Bedingungen der Technik zu berücksichtigen: Schriften, die als Sgraffito ausgeführt werden sollen, dürfen keine komplizierten Details aufweisen. Der Fett-Fein-Kontrast darf nicht zu stark ausgebildet sein, auf schmale Stege hat die Witterung mit der Zeit einen zerstörenden Einfluß. Auch aus optischen Gründen ist es nötig, die Buchstabenteile nicht zu fein zu halten, da Verkürzungen die plastische Wirkung solcher Schriften verändern.

Von einer mechanischen Übertragung des Entwurfs durch den Handwerker ist abzuraten; vielmehr sollte der Schriftgestalter die Ausführung am Bau nach Möglichkeit selbst übernehmen. Dem Anfänger sei deshalb empfohlen, die Technik des Schneidens und Kratzens erst einmal auf einer Übungsplatte auszuprobieren. Die eigentlichen Putzarbeiten einschließlich der Materialzubereitung wird man einem guten Facharbeiter überlassen.

Als Material für die Putzschichten verwendet man gut gesumpften Weißkalk. Bei Innensgraffitos kann man auch den handelsüblichen Sackkalk nehmen, doch ist dies nicht ratsam; die Qualität des gesumpften Weißkalks ist durch nichts anderes zu ersetzen. Wer häufig derartige Aufträge ausführt, sollte sich eine eigene Kalkgrube anlegen. Je „speckiger" der Kalk ist, desto besser eignet er sich. Der zweite Bestandteil des Putzes ist gewaschener Flußsand, sogenannter scharfer Sand. Er ist lehmhaltigem Sand unbedingt vorzuziehen, da dieser Verarbeitungsschwierigkeiten verursacht und die

---

1 Bei diesem Abschnitt wirkte als fachlicher Berater Herr Dr. Gerhard Winkler, Leipzig, mit

farbige Wirkung ungünstig beeinflußt. Kalk und Sand werden im Verhältnis 1:3 gemischt. Eine geringfügige Differenzierung des Kalkanteils ist insofern üblich, als man die untere Putzschicht fetter, also kalkreicher hält als die nachfolgenden. Bei Außensgraffitos kann man der Putzmasse eine kleine Menge Zement (auf einen Eimer höchstens etwa zwei Kellen) zusetzen.

Die für die farbigen Putzschichten in Frage kommenden Farben müssen kalkecht sein. Wenn genügend Zeit vorhanden ist, sollte man die Farben auf ihre Kalkechtheit hin prüfen. Dazu mischt man sie mit Weißkalk, trägt sie auf eine Putzplatte auf und setzt sie unter häufigem Annässen der Sonnenbestrahlung aus. Dabei wird es sich herausstellen, ob sie verblassen oder „ausblühen", wie der Fachmann sagt. Viele Farben sind mit Schwerspat verschnitten. Dieser beeinträchtigt die Haltbarkeit mit Kalk, die Farben „mehlen ab". Am besten ist es deshalb, wenn man unverschnittene Farbpigmente verwenden kann. Obwohl in der Fachliteratur auch Oxide angeführt werden, lehren die Erfahrungen der Praxis, daß nur Erdfarben eine gute Haltbarkeit garantieren. Daraus ergibt sich eine Beschränkung der Farbskala. Folgende Farben können ohne Schwierigkeiten verarbeitet werden:

Gelb: Ocker, Terra di Siena
Rot: Gebrannter Ocker, gebrannte Terra di Siena, Englischrot, Bolus
Braun: Umbrabraun
Blau: Kalkblau
Grün: Grünerde, Grünes Umbra
Grau: Schiefergrau
Schwarz: Rebschwarz

Bei Außensgraffitos darf man dem Putz nicht mehr als ein Drittel an Farbe zusetzen, aber auch bei Innensgraffitos sollte dieses Verhältnis annähernd gewahrt bleiben.

Die Werkzeuge, Kratzschlingen und Kratzer in verschiedenen Breiten, sind im Handel nicht erhältlich, doch kann sie jeder Schlosser herstellen (Bild 443).

Da der Schneid- und Kratzvorgang innerhalb von 2 bis 10 Stunden bewältigt sein muß, ist es ratsam, jeweils nur soviel Fläche verputzen zu lassen, wie man in diesem Zeitraum bearbeiten kann. Außenwände wird man während der Arbeit zum Schutze vor Sonnenbestrahlung oder Regenschauern möglichst mit einer Plane überdecken.

Günstig ist es, wenn man die Arbeit im Frühjahr oder Spätherbst vornehmen kann, zu einem Zeitpunkt also, wo der Feuchtigkeitsgehalt der Luft relativ hoch ist. Bei starker Trockenheit und Sonnenbestrahlung sollte man Außensgraffitos möglichst gar nicht ausführen.

Das Arbeitsverfahren besteht aus folgenden Vorgängen: Zunächst wird die Mauer mit Mörtelputz als Putzträger belegt. An den Stellen, die für die Schrift bestimmt sind, wird er nur halb so stark aufgetragen. Der Mörtelputz muß völlig austrocknen. Vor dem Aufbringen des farbigen Putzes wird er ausgiebig gewässert. Die farbige Putzschicht wird darüber in einer Stärke von etwa 5 mm angebracht. Bei mehreren Farben muß man jede Schicht bis zum Auftragen der nächsten etwa 2 Stunden stehenlassen. Darüber wird der Fassadenputz aufgetragen. Auf dem Kalk bildet sich beim Abbinden die dünne, durchsichtige Sinterhaut. Im Trocknungsprozeß wird die Oberfläche heller als der generelle Putz. Diesen Umstand kann man bei geeigneten Aufträgen als Gestaltungsmittel ausnutzen, indem man die Arbeit nur als Ritztechnik, ohne farbigen Unterputz ausführt. Andererseits aber wirkt sich die Versinterung der Oberfläche nachteilig aus, weil sie keine Korrekturen zuläßt. Wird die Pause auf die übliche Weise mit Kohle, Leinenbeutel und gerädeltem Transparentpapier aufgetragen, so müssen die Pauspunkte beim Schnitt mit entfernt werden, da sie ebenfalls versintern. Besser ist es deshalb, die Konturen nur durchzudrücken. Mit dem Schneiden der Konturen beginnt man 2 Stunden nach dem Putzen. Fängt man früher damit an, so ergeben sich keine scharfen Ränder. Dehnt man die Arbeit über 10 Stunden aus, so besteht die Gefahr, daß der Putz bricht. Man kann entweder die Schrift ausheben — sie steht dann farbig und vertieft — oder die Buchstabenbinnen- und -zwischenräume entfernen. In diesem Fall steht die Schrift erhaben auf farbigem Grund. Die Farbschicht wird nur angekratzt. Bei Schriften, die der Witterung ausgesetzt sind, muß man die unteren Kanten abschrägen, um ein Haften der Feuchtigkeit in den Ecken zu verhindern (Bild 444).

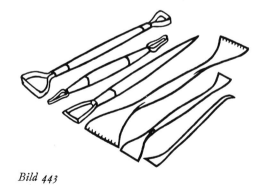

Bild 443

Bild 444

Schriftentwurf für Steinbildhauerarbeiten [1]

Die Beschriftung von Gedenktafeln und Grabsteinen sowie die Anfertigung von Inschriften in Stein an öffentlichen Gebäuden ist eine Spezialaufgabe des Steinbildhauerhandwerks. Leider sind die meisten der auf diesem Gebiet tätigen Fachkräfte schriftgestalterisch entweder überhaupt nicht ausgebildet oder so verbildet, daß sie aus dem spärlichen und veralteten Vorlagenmaterial möglichst noch die schlechtesten Schriften auswählen. Umgekehrt ist der Graphiker, der gelegentlich mit dem Entwurf einer Inschrift beauftragt wird, weder mit den strukturellen Besonderheiten des Steinmaterials noch mit der Technik des Meißelns in erforderlichem Maße vertraut. Nicht jede gezeichnete oder mit der Breitfeder geschriebene Schrift läßt sich auf den Stein bringen, und ein Entwurf, der auf einem polierten Granit ausführbar wäre, ist möglicherweise nicht zu verwirklichen, wenn ein Travertin zur Verfügung steht. Die Hinweise, die im Rahmen dieses Buches möglich sind, wollen weder den Steinmetz zum Schriftgraphiker noch den Schriftgraphiker zum Steinmetz machen. Vielmehr sollen sie dem Graphiker gewisse Vorstellungen und Grundkenntnisse vermitteln, auf deren Basis er in der Lage ist, seinen Entwurf gemeinsam mit dem Fachhandwerker zu konzipieren.

Für Steinbildhauerarbeiten eignen sich am besten solche Schriften, die uns von monumentalen Inschriften her überliefert sind. Dies sind vor allem Versalien in den Proportionen der römischen Kapitalis, serifenlos und mit geringem Fett-Fein-Kontrast (Bild 445 a). Als Vorlage könnte man auch die Versalien der Gill-Grotesk verwenden, wenn man das M etwas ändert. Eine ausgesprochene Inschriftenschrift sind bekanntlich die Versalien im Charakter der Trajanssäule mit spitz auslaufenden Serifen und ebenfalls geringem Fett-Fein-Kontrast (Bild 445 b). Gute Lösungen kann man mit den Versalien schmaler Groteskschriften, sogenannter Steinschriften, erzielen, wenn man die Strichstärke nicht zu fett hält. Man kann diese Schriften sowohl vertieft als auch erhaben arbeiten. Bedenklich ist die Verwendung von Antiqua-Minuskeln, da diese

sich als ausgesprochene Buch-Schreibschriften entwickelt haben. Bei der Übernahme auf den Stein würde der Meißel lediglich das nachahmen, was Feder und Stichel formbildend vollbracht haben. Die Antiqua-Minuskeln sind auch nicht einfach genug, um monumental, und zu detailarm, um genügend dekorativ zu wirken. Damit sei auch von der Anwendung anderer, sogenannter Feder-Antiquaschriften abgeraten, deren charakteristische Besonderheiten sich so ausschließlich aus dem Federzug entwickelt haben, daß sie der Meißel nicht ohne weiteres umsetzen kann.

Eine Sonderstellung nehmen barocke Kursivschriften und gebrochene Schriften des 13. bis 17. Jahrhunderts ein. Sie sind häufig auf alten Grabplatten und in anderen Inschriften zu finden und haben zumeist großen dekorativen Reiz. Die Formen dieser Schriften kommen auch hinsichtlich der Durchbildung des Details der Meißeltechnik entgegen. Eine nicht zu unterschätzende Rolle für die Wirkung gemeißelter Kursivschriften spielt auch die Umrißform der Steine — sie ist häufig oval gerundet — und das erhaben gewölbte Profil. Die Textur wurde zumeist erhaben gearbeitet, während man Fraktur und Kursiv vertieft meißelte.

Alte Friedhöfe und Kirchen sind mit ihren Grabstelen oft eine Fundgrube für das Studium historischer Schriften. Sehr nützlich zu Studienzwecken ist das Anfertigen von Abreibungen. Dazu benötigt man etwas Schuster-Schwarzwachs und Transparentpapier sowie Heftpflaster zum Befestigen des Papiers. Mit der flachen Seite des Schusterpechs reibt man so lange möglichst gleichmäßig über die Fläche, bis sich das Relief abgedrückt hat.

Folgende Schriftcharaktere aus diesem Buch sind für Steinbildhauerarbeiten geeignet: Bild 82, Bild 102 bzw. 103, Bild 188 bzw. 189, Bild 351, Bild 357, Bild 358.

Beim Anfertigen eines Entwurfs muß von vornherein bedacht werden, daß das formbildende Werkzeug der Meißel ist. Man sollte deshalb dem Bildhauer keine Schriftzeichnung zumuten, die weder material- noch werkzeuggerecht ist. Es werden nur die Konturen mit Bleistift auf Transparentpapier gezeichnet. Die Klärung kleiner zeichnerischer Details muß man dem Fachhandwerker überlassen. Format- und Standangaben dürfen nicht vergessen werden.

---

1 Dieses Kapitel entstand in Zusammenarbeit mit dem Bildhauer Herrn Fritz Przibilla, Leipzig

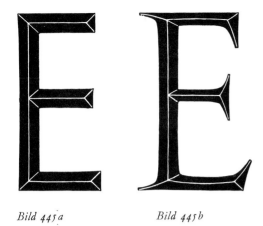

Bild 445 a   *Bild 445 b*

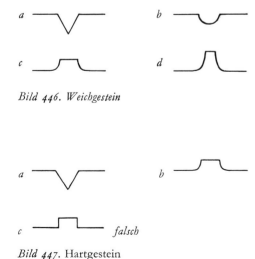

Bild 446. Weichgestein

Bild 447. Hartgestein

Erfahrungsgemäß ist für kurze Inschriften die Gruppierung auf Mittelachse vorteilhafter, während sich längere Texte besser zum Linksrand hin bündig anordnen lassen. Das Übertragen auf den Stein besorgt der Handwerker.

Man teilt die Steinsorten wie folgt ein:

1. Weichgestein, dazu gehören Sandstein, Kalkstein, Tuffgesteine in unterschiedlicher Struktur (z. B. Tuff-Porphyr), ferner Marmor und schließlich Kunststein,

2. Hartgestein, dazu gehören die Gruppe der hellen Granite, der nicht hochglanzpolierfähige Diabas, Quarz-Porphyr, die Syenite (das sind dunkle, hochglanzpolierfähige Granite) und der schwarze schwedische Syenit (SS).

Über die Verwendung hochglanzpolierfähiger Steine, z. B. für Grabmale, gibt es in Fachkreisen voneinander abweichende Meinungen. Vielfach werden die matten, lediglich geschliffenen Oberflächen angenehmer empfunden als die glänzenden.

Die Bilder 446 und 447 zeigen Möglichkeiten der Gestaltung des Schriftprofils.

Weichgestein (Bild 446): Bei a ist die Oberfläche geschliffen, große Flächen werden evtl. scharriert. Bei b wird die Oberfläche ebenfalls geschliffen oder scharriert. Bei c wird die Oberfläche geschliffen, der Grund kann gespitzt, gezahnt oder fein vom Hieb gearbeitet sein. Das gleiche gilt für d.

Hartgestein (Bild 447): Bei a ist die Oberfläche poliert oder geschliffen. Eine gestockte oder scharrierte Granitoberfläche verlangt gröbere Schriften ohne Serifen. Bei b kann die Oberfläche poliert oder geschliffen, der Grund je nach der Größe gespitzt, gestockt oder fein vom Hieb gearbeitet werden. Das unter c gezeigte Profil ist in der Praxis leider häufig zu sehen. Derartig ausgeführte Schriften wirken jedoch immer wie aufgesetzt. Bei erhaben in Stein gemeißelter Schrift muß die Zugehörigkeit der Schrift zum Stein sichtbar bleiben.

Es hat wenig Sinn, die Arten der Oberflächenbearbeitung, wie Spitzen, Zahnen usw., hier näher zu erklären. Instruktiver ist es, wenn der Graphiker sich diese in der Werkstatt des Steinbildhauers vorführen läßt. Das gleiche gilt auch für die Meißeltechnik.

Die Höhe bzw. Tiefe des Reliefs richtet sich nach der Größe der Buchstaben. Erhabene Schriften werden häufig zu hoch ausgeführt.

Dadurch erhalten sie ein klotziges Aussehen. Bei einer Schriftgröße von 3 bis 7 cm erscheint eine Reliefhöhe bzw. -tiefe von 3 bis 5 mm als völlig ausreichend. Bei einer Schriftgröße bis zu 15 cm werden etwa 7 bis 10 mm genügen. Es handelt sich aber nur um ungefähre Angaben. Auch die Porösität, Farbe, Zeichnung und Struktur der Oberfläche muß man mit in Betracht ziehen. Deshalb ist es vorteilhaft, wenn man sich vom Steinmetzen kleine Arbeitsproben im jeweiligen Material ausführen läßt — es genügen 1 oder 2 Buchstaben — und am Standort bei gegebenem Lichteinfall beurteilt. Der bei weichem Material stärker wirkende Verwitterungsprozeß muß ebenfalls berücksichtigt werden.

Vertieft gemeißelte Schriften werden der besseren Lesbarkeit halber häufig mit Gold oder einer Farbe ausgelegt. Dagegen ist nichts Grundsätzliches einzuwenden. Bereits in der frühgriechischen Kunst, in der Gotik und im Barock wurde der Stein mit der Farbe in Verbindung gebracht. Von der Verwendung von Blattsilber oder Schlagmetall sollte man jedoch absehen. „Versilberte" Schriften wirken auf dem Stein fremd, ja geradezu häßlich. Entscheidet man sich für eine Farbe, so darf diese nur wenig dunkler als der Stein sein und muß genau in seinem Farbton liegen. Bei Weichgestein verwendet man Erdfarben, bei Hartgestein sind Ölfarben, und zwar die handelsüblichen Künstlerölfarben, die man noch mit etwas Anlegeöl versetzt, geeignet. Am besten ist es aber, wenn die Schrift so gehauen wurde, daß sie auch ohne Farbe wirkt. Ganz schlimm sehen Grabbeschriftungen aus, bei denen Licht- und Schattenpartien mittels eines helleren oder dunkleren Farbtones in das V-Profil gemalt wurden.

Auf Marmor hält sich witterungsbedingt weder Farbe noch Vergoldung, deshalb sollte man ihn nur im Innenraum verwenden. Unter Umständen sind dort die Lichtverhältnisse so günstig, daß auf Vergoldung oder Farbauftrag ganz verzichtet werden kann. Im übrigen ist Marmor ein gerade für feine und detailreiche Schriften ausgezeichnet geeignetes Material.

Häufig sieht man auf Grabstelen Bronzetafeln oder Bronzebuchstaben. Davon ist jedoch abzuraten, da die Bronze unter dem Einfluß der Witterung schon nach wenigen Jahren patiniert und in ihrer unmittelbaren

Umgebung auch die Oberfläche des Steins zerstört wird.

Von ausgezeichneter Wirkung sind dagegen auf eine gestockte oder mattgeschliffene Oberfläche auf- bzw. eingesetzte Bleibuchstaben. Die Reliefhöhe beträgt bei einer Schriftgröße von 7 bis 10 cm etwa 2 1/2 bis 4 mm. Auch hier sollten die Kanten leicht abgeschrägt sein. Das Profil kann je nach Balkenstärke glatt bleiben oder mit vertieften Linien als Schmuck versehen sein. Ein Verwitterungsprozeß tritt nicht ein (Bild 448 a). Eine andere Technik, die für besonders repräsentative Inschriften geeignet erscheint, ist die sogenannte Bleitauschierung. Allerdings setzt sie großes handwerkliches Können voraus und ist auch etwas zeitaufwendig und kostspielig. Als Material verwendet man hellen Marmor oder einen anderen hellen Stein. Die Schrift wird vertieft eingemeißelt, dabei müssen die Seitenflächen des Profils nach unten ein wenig breiter geschrägt sein. Außerdem sind für jeden Buchstaben etwa 3 bis 4 Löcher schräg zu bohren (Bild 448 b). Das Blei (Bleidraht in einem bestimmten Profil) wird je nach Beschaffenheit des Steins eingeschlagen oder eingegossen und danach abgeschliffen, bis Stein und Schrift eine glatte Fläche bilden.

Bei Schriften, die in Holz gearbeitet werden, sind die formalen Probleme der plastischen Wirkung ähnlich wie bei den in Stein gehauenen, nur daß anderes Werkzeug, nämlich Schnitzeisen, andere Handhabung und anderes Material auch eine andere Oberflächenstruktur ergeben.

Möglichkeiten der Formenherstellung für den Bronzeguß von Schrifttafeln

Auf Bronzetafeln kommt erhabene Schrift besser zur Geltung als vertiefte. Man überträgt den Entwurf seitenverkehrt auf eine Gipsplatte und schneidet die Schrift mittels geeigneter Messer (Holzschnittwerkzeuge) vertieft ein (Bild 449). Dabei ist darauf zu achten, daß die Tiefe des Reliefs bei allen Buchstaben gleichmäßig bleibt. Ein nachträgliches Abschleifen des Reliefs der Positivform wäre sinnlos, da sich dabei die Buchstabenbreiten verändern würden. Nach der geschnittenen Hohlform fertigt die Gießerei ein Positiv aus Gips an, das als Modell für die Sandform dient.

Für kleine Gußplaketten schneidet man die Ausgangsform ebenfalls negativ. Als Material kann man außer Gips auch Holz, Speckstein oder Schiefer verwenden.

Bild 448a

Glasschilder und Glastransparente

Glasschilder und Glastransparente sind ein in der Fassaden-, Schaufenster- und Ausstellungsgestaltung sehr häufig vorkommendes Werbe- und Informationsmittel. Ihre Herstellung ist eigentlich eine Spezialaufgabe des Malerhandwerks. Da diese Betriebe aber in Ermangelung geeigneter Schriftvorlagen und ausreichender gestalterischer bzw. typographischer Ausbildung ihrer Mitarbeiter meist nicht in der Lage sind, derartige Arbeiten in ästhetisch befriedigender Qualität auszuführen, sollte der Auftraggeber bei anspruchsvolleren Aufgaben für Entwurf und Schriftzeichnung unbedingt einen guten Graphiker hinzuziehen. In der Ausstellungsgestaltung wird es mitunter rentabler sein, wenn der Graphiker Einzelausführungen selbst übernimmt. Für Massenanfertigungen ist der Siebdruck das geeignetste Herstellungsverfahren.

Bild 448b

Bohrlöcher

Für den Entwurf ist folgendes zu berücksichtigen: Da die Buchstaben auf der mit einer Folie bedeckten Glasplatte mit dem Messer umschnitten werden, sollte man nur Schriften wählen, die von ihrem Formcharakter her eine Beziehung zu dieser Technik haben. Flotte Pinselschriften z. B. würden sich für dieses Übertragungsverfahren nicht eignen. Es dürfen nur lichtechte Farben verwendet werden. Bei Schildern, die der Sonnenbestrahlung ausgesetzt sein werden, ist zu vermeiden, daß auf einer Platte große helle neben großen dunklen Flächen stehen. Die Farben reagieren bekanntlich sehr unterschiedlich, so daß bei einem starken Spannungsverhältnis Risse in der Farbe entstehen könnten. Bei Transparentschildern wird die Kontur negativer Buchstaben immer etwas überstrahlt. Die Buchstabenabstände müssen deshalb genügend groß gehalten werden. Die Schrift ist im Verhältnis 1:1 sorgfältig auf Transparentpapier zu zeichnen.

Bild 449

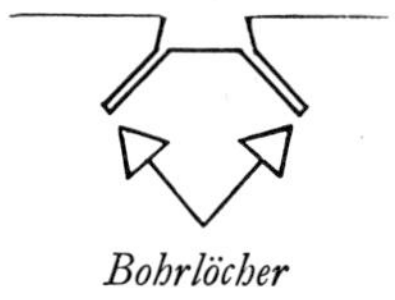

Für den Graphiker, der die Ausführung selbst übernehmen will, sei die handwerkliche Verfahrensweise kurz beschrieben: Früher wurde für das Ausschneideverfahren Stanniol verwendet, inzwischen hat sich aber das Arbeiten mit einer streichbaren Folie als zweckmäßig erwiesen. Zuerst wird die Glasplatte mit Spiritus gereinigt. Es ist darauf zu achten, daß sie keine Kratzer aufweist. Danach wird die Streichmasse dünn aufgetragen. Zum Trocknen muß die Platte waagrecht liegen. Hat man eine durchsichtige Streichfolie verwendet, so wird das Transparentpapier mit der Zeichnung seitenverkehrt auf weißes Zeichenpapier gelegt. Darüber kommt die Glasplatte. Bei deckender Streichfolie muß die Zeichnung vom Transparentpapier seitenverkehrt auf die Platte gepaust werden. Nun umschneidet man die Buchstaben. Dazu eignet sich am besten ein Holzschnittmesser, weil es nur einseitig angeschliffen ist. Auch Schneidefedern kann man verwenden. Will man eine helle Schrift auf dunklem Grund haben, so empfiehlt es sich, zuerst die auf dem Grund liegende Folie zu entfernen und die Buchstaben stehen zu lassen. Bei dunkler Schrift auf hellem Grund werden nach dem Umschneiden zuerst die Buchstaben herausgelöst.

Die Farbe wird mit dem Ringpinsel gleichmäßig gestupft. Nach dem Trocknen der ersten Farbe wird die restliche Folie entfernt. Bei Hintergrundflächen kann man die Farbe aufwalzen oder mit einer geeigneten Bürste stupfen. Die Farbe darf nicht zu fett sein. Am haltbarsten ist eine Halbölfarbe aus 35 bis 40%igem französischem Terpentin und echtem Leinölfirnis. Ein Zusatz von einigen Tropfen Standöl (gedicktes Leinöl) ist unbedingt erforderlich. Wird zuviel Standöl zugegeben, bilden sich bei Sonnenbestrahlung in der Farbschicht Blasen. Für Beschriftungen in der Ausstellungsgestaltung, die keine lange Lebensdauer haben müssen, kann auch mit Latex gearbeitet werden. Da diese Farbe jedoch keine gute Deckkraft hat, muß man mehrmals stupfen.

Sichtagitation und Großflächenwerbung
Transparente, Großplakate, Aufsteller u. a. sollte man nur zu besonderen Anlässen und so einsetzen, daß sie den Betrachter ansprechen und sein Interesse wecken. Sie müssen sich in die architektonische Gliederung der Fassade und des Stadtbildes einfügen. Keinesfalls dürfen sie Fenster oder Simse ganz oder teilweise verdecken. Bei alten, architektonisch wertvollen Gebäuden verzichte man nach Möglichkeit gänzlich auf derartige Beschriftungen oder bringe diese ausschließlich im Bereich von Schaufenstern an. Gut bewährt hat es sich, Schrift-

bänder quer über die Straße zu spannen. Zur Leipziger Messe wird seit einigen Jahren die Hainstraße mit herabhängenden beschrifteten Fahnen ausgestaltet. Wie Bild 450 zeigt, hat man damit eine gute Wirkung erzielt. Große Agitations- oder Werbeflächen werden meist vor Gebäuden oder an geeigneten und von der Verkehrspolizei genehmigten Stellen an Straßenrändern und Plätzen aufgestellt, wobei man aber darauf achten muß, daß sich diese Aufsteller mit angenehmen Proportionen in das Straßenbild bzw. in die Architektur der Straße einfügen.

Auch bei einfachen Transparenten ist es notwendig, zuerst eine maßstabgetreue Skizze anzufertigen, wobei auf günstige Randverhältnisse, guten Zeilenfall und gute Zeilenabstände zu achten ist. Dann überträgt man die Abmessungen für die Lineatur, für die Buchstabenabstände, die Buchstabenbreiten und die Balkendicken mit Kohle auf die Fläche.

Die Ausführenden sollten bei solchen Gelegenheiten darauf verzichten, sich aus falsch verstandenem Ehrgeiz „schriftkünstlerisch" zu betätigen, und statt dessen gute Vorlagen benutzen. Zur Beschriftung eignet sich die schmale Grotesk am besten, aber auch eine normale Grotesk sieht gut aus. Besonders repräsentative Gestaltungen kann man in einer klassischen Antiqua ausführen. Die Versalien der Bodoni oder einer schmalen klassizistischen Schrift sind ebenfalls geeignet. Eine mit dem Breitpinsel geschriebene Kursiv wird man nur dann einsetzen können, wenn der Plakatschreiber für die Größe ausreicht. Müssen Schriften wegen ihrer Größe gezeichnet werden, so ist es ratsam, sich von Einzelelementen, wie senkrechten Schäften, waagrechten und diagonalen Balken und verschiedenen Bogen- und Serifenformen, Schablonen anzufertigen. Diese werden aufgelegt und mit dem Zeichenstift oder der Zeichenkohle umrandet. Dann konturiert man unter Zuhilfenahme des Malstocks mit Farbe, schließlich werden die Flächen mit dem Plattpinsel farbig ausgefüllt. Das Arbeiten mit der Schablone wird im Abschnitt 4.3.5. beschrieben. Formal komplizierte Schriften wird man zweckmäßigerweise von einer fotografischen oder einer in kleinerem Maßstab gezeichneten Vorlage auf die Fläche projizieren und dann nachzeichnen.

Bild 450. Die Hainstraße in Leipzig zur Frühjahrsmesse 1969 (Foto Doris Beinecke)

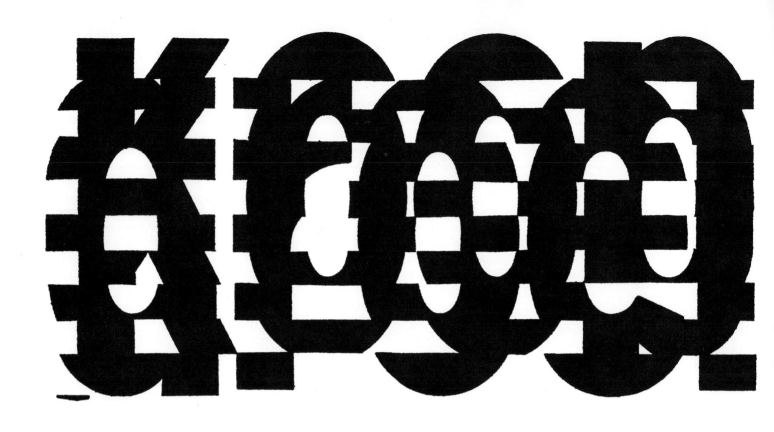

5. Bilder zum vierten Abschnitt

222

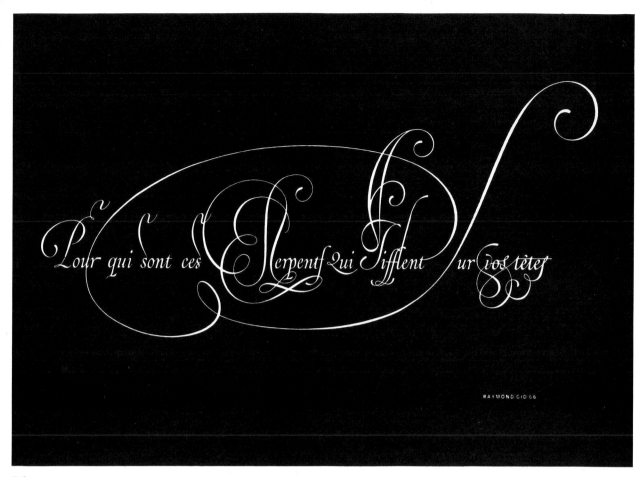

Bild 454

Bild 455

Bild 456

223

Bild 458

Bild 459

Bild 460

Bild 461

Bild 462

PRESIDENT ☖ REPUBLIKY

ANTONÍN ZÁPOTOCKÝ

DO PRVNÍHO ROKU
DRUHE PĚTILETKY

✳

Drazi spoluobčané, soudružky a soudruzi!

Na prahu nového roku 1956 přeji vám všem, dělníkům, zemědělcům, příslušníkům technické inteligence, pracovníkům vědy, kultury i umění, národních výborů i státní správy, všem veřejným funkcionářům, příslušníkům ozbrojených sil, naší mládeži i dětem mnoho úspěchů při plnění úkolů, které nás čekají v nastávajícím roce.

✳

Letošním rokem začínáme druhou pětiletku. Úkoly, které druhý pětiletý plán staví před naši průmyslovou i zemědělskou výrobu, nejsou malé. Máme však všechny důvody i předpoklady být přesvědčeni, že úkoly roku 1956 splníme s ještě větším zdarem a úspěšněji, než jsme splnili úkoly let minulých.

✳

Věřím, že ubráníme mír, věřím, že splníme naše cíle a plány, věřím ve šťastnou budoucnost naší vlasti a jejího lidu.

✳

Z NOVOROČNÍHO PROJEVU
DNE 1 LEDNA 1956

Bild 457

Bild 457. Oldřich Menhart, Repräsentative Schriftgraphik (Verkleinerung)

Bild 458. Georg Trump, Schriftzug

Bild 459. Schriftzug, Arbeit der Autorin

Bild 460. Schriftzug, Arbeit der Autorin

Bild 461. Schriftzug aus einem Inserat. Aus Jan Tschichold, Meisterbuch der Schrift, Ravensburg 1952

Bild 462. Oldřich Menhart, Monogramme

Das größeste ist das Alphabet,
denn alle Weisheit steckt darin·
Aber nur der erkennt den Sinn,
der's recht zusammenzusetzen versteht

Geibel

Bild 463

Bild 464

FRIEDRICH HEBBEL

Meister Schnock

mit
siebenundzwanzig Vignetten

Bild 463. Hermann Zapf, kalligraphische Text-gestaltung (Verkleinerung)

Bild 464. Imre Reiner, geschriebener Titel in Verbindung mit typographischem Schmuck. Aus: Reiner, Schrift im Buch, St. Gallen 1948

225

UCASSIN WAR AUS BEAUCAIRE,
Einer Burg von reichem Leben,
Doch der schönen Nicolette
Nicht vermocht' er zu vergessen,
Wie der Vater ihn auch schalt.
Und die Mutter sagte dies:
„Junger Tor, was willst du wagen?
Lieblich zwar ist Nicolette,
Doch verkauft ward sie von Heiden,
Die sie aus Karthago raubten.
Willst du eine Gattin nehmen,
Nimm ein Mädchen hohen Standes!"
„Mutter, das vermag ich nicht.
Edler Art ist Nicolette,
Hold von Antlitz und Gestalt;
Ihre Schönheit wärmt mein Herz.
Nicht mit Unrecht muß ich lieben:
Keine ist so auserlesen."

Bild 465. Robert Jung, Seite mit in Holz geschnittener Initiale. Aus: Aucassin und Nicolette. 4. Druck der Avelun-Presse, Wien 1919

Bild 466. Imre Reiner, geschriebener Titel. Aus: Reiner, Schrift im Buch, St. Gallen 1948

Bild 467. Geschriebener Titel — Schrift Albert Kapr, Gestaltung Horst Schuster

Bild 468. Titelgestaltung von Gunter Böhmer. Aus: Thomas Mann, Thamar. S. Fischer Verlag

Bild 469. S. B. Telingater, kalligraphischer Kapitelanfang

Bild 470. Seite mit in Holz geschnittener Initiale aus einem Buch über Karl Schmidt-Rottluff, Will Grohmann — Karl Schmidt-Rottluff, Stuttgart 1956

Bild 471. Imre Reiner, geschriebene Initialen

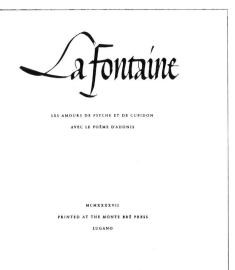

LES AMOURS DE PSYCHE ET DE CUPIDON

AVEC LE POÈME D'ADONIS

MCMXXXXVII

PRINTED AT THE MONTE BRÈ PRESS

LUGANO

HERMANN GOERN

Die

MIT AUFNAHMEN

gotischen

VON FRITZ HEGE

Bildfenster

ERSCHIENEN

im Dom

MCMLXI

zu Erfurt

VEB VERLAG DER KUNST

THOMAS MANN

Thamar

ZEICHNUNGEN VON

GUNTER BÖHMER

S. FISCHER VERLAG

Bild 466

Bild 467

Bild 468

Bild 469

Bild 470

Bild 471

(ПРЕДИСЛОВИЕ)

о благословению отца моего старца Епифания* писано моею рукою грешною протопопа Аввакума, и аще что речено просто, и вы, господа ради, чтущии и слышащии, не позазрите просторечию нашему, понеже люблю свой русской природной язык, виршами филосовскими не обык речи красить, понеже не словес красных бог слушает, но дел наших хощет. И Павел пишет: «аще языки человеческими глаголю и ангельскими, любви же не имам, — ничто же есмь» *. Вот что много рассуждать: не латинским языком, ни греческим, ни еврей-

53

Vorwort

Das Leben und das Werk des Malers Schmidt-Rottluff sind bisher monographisch noch nicht dargestellt worden. Vor mehr als einem Menschenalter hat Wilhelm Valentiner in der Sammlung „Junge Kunst" einen kurzen Abriß bis 1920 gegeben, 1924 Rosa Schapire die Graphik bis 1923 katalogisiert, beides Arbeiten von hohem Wert, aber weit zurückliegend. Sonst gibt es kürzere und ausführlichere Aufsätze über ihn, aber nicht einmal viele. Ein merkwürdiges Phänomen, daß ein Maler, der die Siebzig überschritten hat und allgemein anerkannt ist, in der Kunstliteratur kaum vorkommt. Die Tatsache, daß Schmidt-Rottluff zu den Schweigsamen gehört, ungern redet und schreibt, und der Umstand, daß auch sein Werk alles andere als beredt ist, dürfte eine bedingte Erklärung dieses Mangels sein.

Der siebzigste Geburtstag des Malers am 1. Dezember 1954 hat endlich dazu geführt, ihn wenigstens durch einige großangelegte Ausstellungen zu feiern, von denen die in Berlin die umfänglichste war. Der Widerhall in der Literatur blieb nach wie vor gering.

Die vorliegende Biographie kann leider nicht viel an dokumentarischem Material verwenden, da Schmidt-Rottluff selbst wenig aufgezeichnet und wenig Briefe (Tafel S. 168) geschrieben hat; das wenige von ihm Aufbewahrte ist zudem durch Kriegseinwirkung und Auslagerung ebenso verloren gegangen wie das von seinen Freunden Gesammelte. Auch die Notizen über sein Oeuvre sind dem Kriege zum Opfer gefallen. Am schwersten wiegt der Verlust an Werken. Schmidt-Rottluff hat bei der Vernichtung seiner Berliner Wohnung ca. zweitausend Zeichnungen und viele Gemälde und Aquarelle eingebüßt, im Haus eines

fine Curaçao liqueur

ETAMORPHOSEN

DES OVID

MIT ILLUSTRATIONEN VON PICASSO

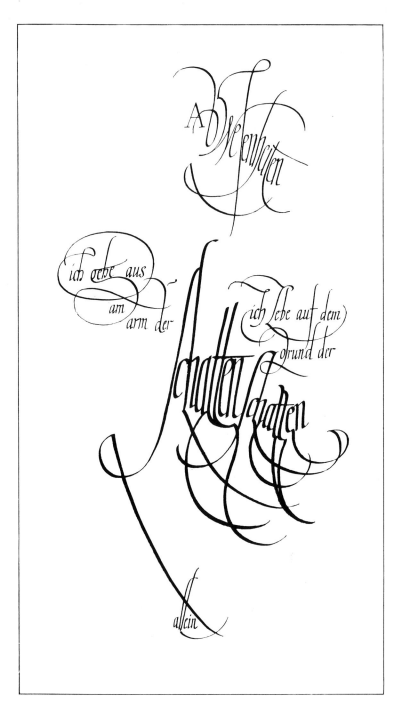

Bild 472. Irmgard Horlbeck-Kappler, geschriebene Doppelseite aus Paul Eluard, Ich bin nicht allein. Gedichte. Leipzig 1965. 220 × 384 mm

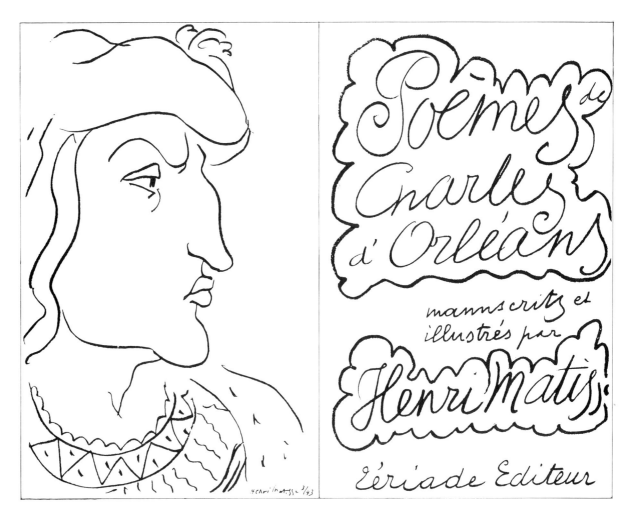

Bild 473. Henri Matisse, geschriebene und illustrierte Titelseite zu „Poèmes de Charles d'Orléans", Paris 1950. Foto nach einer mehrfarbigen Originallithographie. 265 × 410 mm

Bild 474. Pablo Picasso, geschriebene und mit Randzeichnungen versehene Seite. Aus: Gongora, erster Band der Reihe „Les grands peintres modernes et le livre", Paris 1948. Radierung. 243 × 350 mm

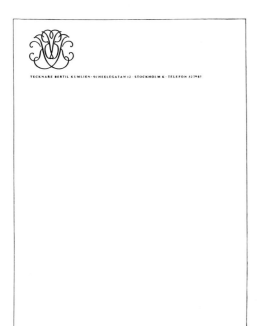

Bild 475

Bild 476

Bild 477

Bild 478

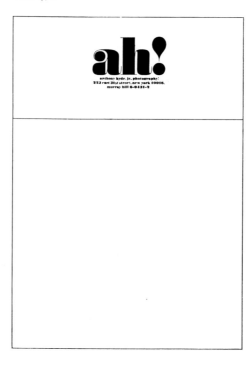

Bild 475. Briefbogen mit kalligraphischem Signet. Entwurf: Bertil Kumlien. Aus: Zanders, Feinpapiere GmbH, Der Briefbogen in aller Welt (1)

Bild 476. Briefbogen mit kalligraphischer Wortmarke. Entwurf: Oldřich Hlavsa. Aus: Zanders, Feinpapiere GmbH, Der Briefbogen in aller Welt (1)

Bild 477. Kalligraphisch gestalteter Briefbogen. Entwurf: George Salter. Aus: Zanders, Feinpapiere GmbH, Der Briefbogen in aller Welt (1)

Bild 478. Briefbogen mit gezeichneter Schrift. Entwurf: Herb Lubalin. Aus: Zanders, Feinpapiere GmbH, Der Briefbogen in aller Welt (2)

Bild 479. Wortmarke von Marcel Jacno für Théâtre National Populaire. Aus: Yusaka Kamekura, Firmen- und Warenzeichen — international, Otto Maier Verlag, Ravensburg 1965

Bild 480. Buchstabensignet von Herb Lubalin. Aus Yusaka Kamekura, Firmen- und Warenzeichen — international, Otto Maier Verlag, Ravensburg 1965

Bild 481. Buchstabensignet von Herbert Prüget für Sachsenring, Zwickau

Bild 482. Buchstabensignet von Irmgard Horlbeck-Kappler für den Verlag Philipp Reclam jun., Leipzig

Bild 483. Signet von Herbert Prüget für die Vereinigung Volkseigener Warenhäuser CENTRUM

Bild 484. Wortmarke von E. Vogenauer

Bild 485. Signet von Gerstner & Gredinger & Kutter für Christian Holzäpfel KG, Einbaumöbelfabrik. Aus: Yusaka Kamekura, Firmen- und Warenzeichen — international, Otto Maier Verlag, Ravensburg 1965

Bild 486. Buchstabensignet von Kenneth R. Hollick für Amasco, Amalgamated Asphalt Co.

Bild 487. Buchstabensignet von Christa Krey für den Verlag Edition Leipzig. 1963.

Bild 488. Buchstabensignet von Malcolm Grear. Research & Design, Inc. Aus: Carraher / Thurston, Optical Illusions and the visual arts, New York 1966

Bild 489. Buchstabensignet von Eberhard Kühn für Waschgerätewerk Schwarzenberg

Bild 490. Buchstabensignet von Herbert Prüget für VEB Transformatorenwerk Falkensee

Bild 491. Buchstabensignet von Georg Trump für die Schriftgießerei C. E. Weber, Stuttgart

Bild 492. Wortmarke von Hermann Eidenbenz für Papyrus AG Kioske. Aus: Yusaka Kamekura, Firmen- und Warenzeichen — international, Otto Maier Verlag, Ravensburg 1965

Bild 480

Bild 481

Bild 482

Bild 479

Bild 483

Bild 484

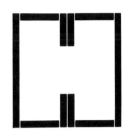

Bild 485

Bild 486

Bild 487

Bild 488

Bild 489

Bild 490

Bild 491

Bild 492

UN SIÈCLE
DE GRAVURE
BELGE

STOLETÍ
BELGICKÉ
GRAFIKY

SČUG
HU

PORÁDÁ SDRUŽENÍ ČESKÝCH UMĚLCŮ GRAFIKŮ
HOLLAR
POD ZÁŠTITOU VLÁDY BELGICKÉ
A VLÁDY ČESKOSLOVENSKÉ.
VÝSTAVA OTEVŘENA OD 4.DO 30. ZÁŘÍ 1946
DENNĚ OD 9–18 HODIN
V SÍNI HOLLARA, MASARYKOVO NÁBŘEŽÍ 68.

O. MENHART · V NEUBERT A SYNOVÉ

Bild 493. Oldřich Menhart,
Ausstellungsplakat

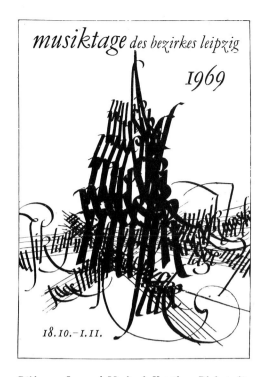

Bild 494. Irmgard Horlbeck-Kappler, Plakat für Musiktage des Bezirkes Leipzig

Bild 495. Roman Cieslewicz, Plakat für eine Aufführung der Oper Persephone von Igor Strawinsky

Bild 496. F. Starowieyski, Plakat für eine Aufführung des Dramatischen Theaters Warschau

Bild 497. Pablo Picasso, Veranstaltungsplakat

Bild 498. Mariusz Chwedczuk, Plakat aus Anlaß des 100. Geburtstages Lenins. „Lenin — Standarte unserer Epoche"

Bild 499. Plakat für eine Veranstaltung der Association Typographique Internationale

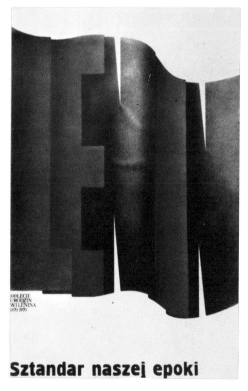

Deutsche Demokratische Republik III. Internationaler Johann-Sebastian-Bach-Wettbewerb · Leipzig

Klavier, Orgel, Gesang, Violine 5–20. Juni 1968

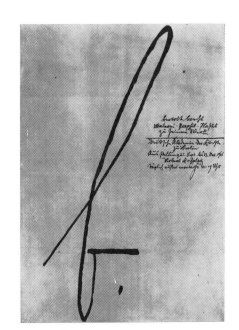

BIC Kugelschreiber

CYRK

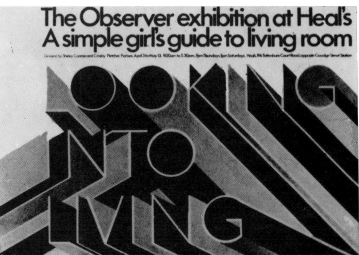

The Observer exhibition at Heal's
A simple girl's guide to living room

BILANCE 1958

Výstava

SKUPINY PRŮMYSLOVÝCH VÝTVARNÍKŮ
UMĚLECKOPRŮMYSLOVÉ MUSEUM
PRAHA 1, ULICE 17. LISTOPADU ČÍSLO 2
LISTOPAD · PROSINEC
DENNĚ KROMĚ PONDĚLÍ OD 10 DO 18 HODIN

MOORE

Bild 500. Arbeit der Autorin. Plakat zum III. Internationalen Johann-Sebastian-Bach-Wettbewerb Leipzig

Bild 501. Werner Klemke, Ausstellungsplakat. „Bertolt Brecht, Malerei, Graphik, Plastik zu seinem Werk"

Bild 502. Ruedi Külling, Werbeplakat für Kugelschreiber (Buchstaben dreifarbig). Aus dem Katalog zur II. Plakat-Biennale, Warschau 1968

Bild 503. Henryk Tomaszewski, Plakat für polnischen Zirkus (mehrfarbig)

Bild 504. Theo Crosby, Alan Fletcher, Colin Forbes, Ausstellungsplakat (mehrfarbig). Aus dem Katalog zur II. Plakat-Biennale, Warschau 1968

Bild 505. Josef Flejšar, Ausstellungsplakat (zweifarbig)

Bild 506. Henryk Tomaszewski, Plakat für eine Ausstellung von Henry Moores Plastiken (zweifarbig)

Bild 507. Gert Wunderlich, Plakat zur Internationalen Buchkunst-Ausstellung Leipzig 1965 (zweifarbig)

INTER-
NATIONALE
BUCHKUNST
AUSSTELLUNG
LEIPZIG

1965

I B

3.Juli bis 8.August · Messehaus am Markt

Bild 508

Bild 509

Bild 510

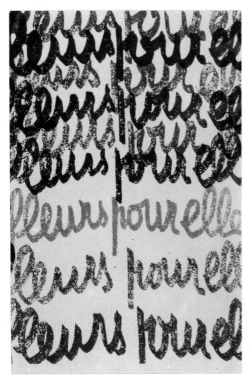

Bild 508. Julian Patka, Filmplakat (zweifarbig)

Bild 509. Gilbert Frankhauser, Plakat für den Absatz von Blumen (mehrfarbig)

Bild 510. Peter Max, Plakat (mehrfarbig)

Bild 511

Bild 512

O. H. W. Hadank

Bild 513

Bild 514

Bild 511. O. W. Hadank, Flaschen-Etikett

Bild 512. O. W. Hadank, Flaschen-Etikett

Bild 513. Tom Soja, Werbetragtasche der amerikanischen Modezeitschrift MADEMOISELLE

Bild 514. Seymor Chwast/Milton Glaser, Faltschachtel für Artone-Tusche

Bild 515

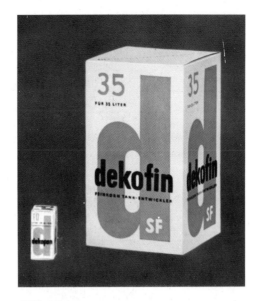

Bild 516

Bild 517

Bild 515. Verpackung des VEB Elbe-Chemie
Dresden

Bild 516. Klaus Wittkugel, Verpackungsentwurf
für VEB Fotochemische Werke Berlin 1959
(Foto Zentralinstitut für Gestaltung Berlin)

Bild 517. Studio van Winsen, Sack aus bedrucktem
Packpapier und Pappdosen mit Streifenbandetiketten
für Holzkohle der Firma J. Zorge & Zoon. Abdruck
aus Crouwel/Weidemann, packaging

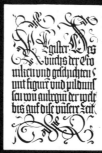

EIN FACHBUCH FÜR SCHRIFTSCHAFFENDE VON ALBERT KAPR

Deutsche SCHRIFT kunst

MIT VIELEN TAFELN UND ABBILDUNGEN · VEB VERLAG DER KUNST DRESDEN

Bild 518. Albert Kapr,
Umschlag zu Deutsche Schriftkunst (zweifarbig)

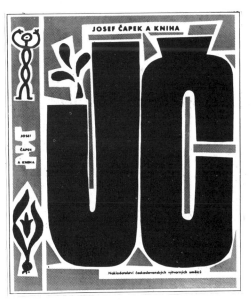

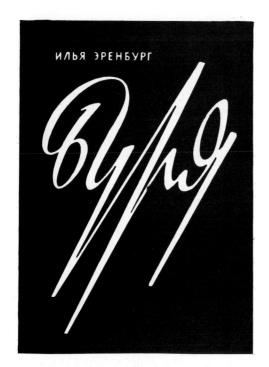

Bild 527. S. B. Telingater, Umschlag zu Ehrenburg,
Sturm (zweifarbig)

Bild 528. Albert Kapr, Umschlag zu
HAP Grieshaber, Totentanz von Basel

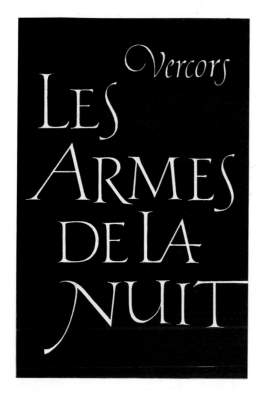

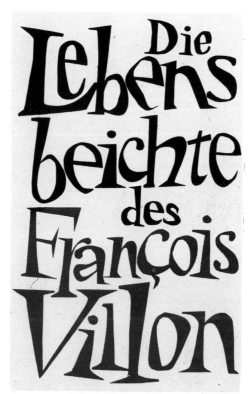

Bild 529. Günter Gnauck, Umschlagentwurf zu
Vercors, Les Armes de la Nuit

Bild 530. Lothar Reher, Umschlag zu „Die Lebens-
beichte des François Villon" (zweifarbig)

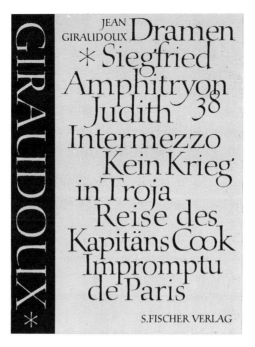

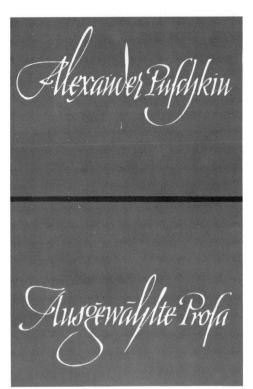

Bild 535. Günter Gnauck, Einband (Mappe) zu Glück und Wohlergehen, Die Tet-Bilder aus Dong-Ho (mehrfarbig)

Bild 536. Günter Junge, Umschlag zu Alexander Puschkin, Ausgewählte Prosa (zweifarbig)

Bild 537. Albert Kapr, Kalenderdeckblatt (mehrfarbig)

Bild 538. Albert Kapr, Einband zu einem Buch über Charles White (zweifarbig)

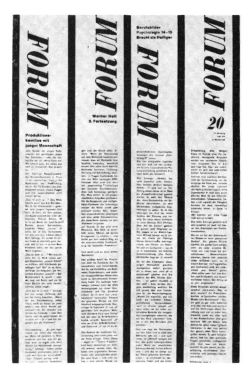

Bild 542. *Heinz Schumann, Walter Beier, Wandgestaltung an einem Gebäude in Chemnitz (17,5 m × 25,5 m)*

Bild 543. *Dekorative Wandgestaltung in einem Möbelgeschäft in Bologna, Italien*

Auf Seite 247:

Bild 544. *Fritz Kühn, Schriftwand im Foyer des Nationaltheaters Mannheim (Foto Fritz Kühn)*

Bild 543

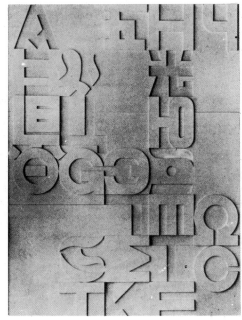

Bild 545. Beschriftung am Gebäude der Firma J. R. Geigy, Basel

Bild 546. Leuchtschrift Leipzig, Brühl (Foto
Frank Schenke)

Bild 547. Leuchtschrift Berlin, Karl-Marx-Allee.
Gestaltung Klaus Wittkugel (Foto Günter Jazbec)

CITY OF LONDON

TOWER BRIDGE

Bild 548. Tafel an der Tower-Bridge, London. Aus
G. Prölß, Schriften für Architekten, Stuttgart 1957

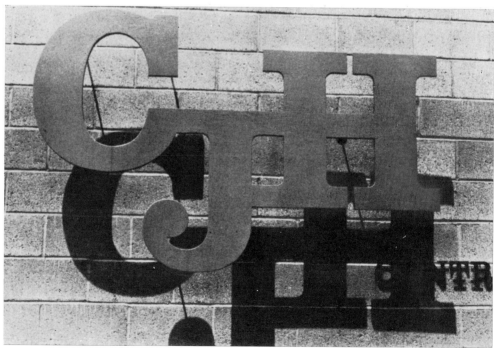

Bild 549. Fassadenbeschriftung. The United Kingdom Pavillon, Colombo. Aus Prölß, Schriften für Architekten, Stuttgart 1957

Bild 550. Brownjohn, Chermayeff & Geismar. Zeichen für Zentral Junior High School, Greenwich, Connectigut. Metallbuchstaben an einer Wand aus Zementsteinen

Bild 551

Bild 552

Bild 553

Bild 559. Pavillon der ČSFR, Expo 67

Bild 560. Pavillon Großbritannien, Expo 67

Bild 561. Fritz Kühn. Eingangsportal der
KZ-Gedenkstätte Dachau (Foto Fritz Kühn)

Bild 562

Bild 563

Bild 564

Literatur

Autorenkollektiv: Handbuch der Werbung. Berlin: Verlag Die Wirtschaft 1968

Barthel, G., und C. A. Krebs: Das Druckwerk. Stuttgart: Verlag Berliner Union 1963

Behre, G.: Malerei, Schrift, Graphik in der Praxis der Werbegestaltung. Ulm-Söflingen: Karl Gröner Verlag 1954

Braune, H.: Das Skizzieren von Satzschriften. In „Papier und Druck", 8/66. Leipzig: VEB Fachbuchverlag 1966

Buchartz, M.: Gleichnis der Harmonie. München: Prestel-Verlag 1955

Doede, W.: Schön schreiben, eine Kunst. München: Prestel-Verlag 1957

Der Große Duden: Leitfaden der deutschen Rechtschreibung und Zeichensetzung mit Hinweisen auf grammatische Schwierigkeiten. Vorschriften für den Schriftsatz. Leipzig: VEB Bibliographisches Institut 1967

Gollwitzer, G.: Kleine Zeichenschule. Berlin: Volk und Wissen Volkseigener Verlag 1958

Gropius, W.: Architektur, 2. Auflage. Frankfurt/M. — Hamburg: Fischer-Bücherei 1959

Johnston, E.: Schreibschrift, Zierschrift und angewandte Schrift. Leipzig: Verlag Klinkhardt und Biermann 1921

Kaech, W.: Rhythmus und Proportionen in der Schrift. Olten und Freiburg im Breisgau: Walter-Verlag 1956

Kallich, H.: Werbung und Druck. Ein Ratgeber für die Herstellung von Drucksachen. Berlin: Verlag Die Wirtschaft 1962

Kandinsky, W. W.: Punkt, Linie zur Fläche. München: Verlag Albert Langen 1926

Kapr, A.: Deutsche Schriftkunst, 2. Auflage. Dresden: VEB Verlag der Kunst 1959

Kapr, A.: Fundament zum rechten Schreiben. Eine Schriftfibel. Leipzig: VEB Fachbuchverlag 1958

Kapr, A.: Buchgestaltung. Dresden: VEB Verlag der Kunst 1963

Kapr, A.: Die Klassifikation der Druckschriften. In „Schriftmusterkartei. Ratschläge zur praktischen Anwendung der Schriftmusterkarteikarten". Leipzig: VEB Fachbuchverlag 1967

Kapr, A.: Probleme der typografischen Kommunikation. In „Beiträge zur Grafik und Buchgestaltung". Sonderdruck der Hochschule für Grafik und Buchkunst. Leipzig: Hochschule für Grafik und Buchkunst 1964

Lebek, J.: Holzschnittfibel. Dresden: VEB Verlag der Kunst 1962

Luers, H.: Das Fachwissen des Buchbinders, 5. Auflage, Stuttgart: Buchbinder-Verlag Max Hettler, o. J.

Moeßner, G.: Was Setzer, Drucker und Verlagshersteller von der Buchbinderarbeit wissen sollten. Stuttgart: Buchbinder-Verlag Max Hettler 1960

Müller, W., und A. Enskat: Theorie und Praxis der Graphologie I. Rudolstadt: Greifenverlag 1949

Muzika, F.: Die Schöne Schrift, Bd. I und II. Prag: Artia Verlag 1965

Nettelhorst, L.: Schrift muß passen. Fachbuchreihe Wissenschaft und Werbung Essen: Wirtschaft und Werbung, Verlagsgesellschaft mbH 1959

Prölß, G.: Schriften für Architekten. Stuttgart: Verlag Karl Krämer 1957

Renner, P.: Ordnung und Harmonie der Farben. Ravensburg: Otto Maier Verlag 1947

Rössing, R.: Schrift und Foto. In „neue werbung", 1/67. Berlin: Die Wirtschaft 1967

Roßner, C.: Schriftmischen. In: „Schriftmusterkartei. Ratschläge zur praktischen Anwendung der Schriftmuster-Karteikarten". Leipzig: VEB Fachbuchverlag 1967

Ruder, E.: Typographie. Ein Gestaltungsbuch. Teufen AR: Verlag Arthur Niggli 1967

Ruder, E.: Die richtige Schriftwahl. In „Hausmitteilungen der Linotype GmbH Berlin und Frankfurt am Main", Heft 56, November 1962

Schenk, W.: Die Schriften des Malers. Gießen: Fachbuchverlag Dr. Pfannenberg 1958

Schenk, W.: Die Schrift im Malerhandwerk. Berlin: Verlag für Bauwesen 1965

Schneidler, E.: Der Wassermann. Ein Jahrbuch für Büchermacher. Über Forschungen im Bereiche des Schreibens und des Schriftentwurfs, des Setzens, der Bildgestaltung, der Bildwiedergabe und des Druckens. Sonderdruck der Akademie der bildenden Künste. Stuttgart: Akademie der bildenden Künste Stuttgart 1948

Schriftmusterkartei, 2. Auflage. Leipzig: VEB Fachbuchverlag 1968

Tschichold, J.: Meisterbuch der Schrift. Ravensburg: Otto Maier Verlag 1952

Tschichold, J.: Willkürfreie Maßverhältnisse der Buchseite und des Satzspiegels. In „Druckspiegel", Typographische Beilage 7a/ 1964

Zentrale Werbeabteilung der Leder- und Druckfarben GmbH, Leipzig: Rationelles Farbmischen, Buntfarben für den Buchdruck, Buntfarben für den Offsetdruck

Personen und Begriffe

Geradstehende Ziffern beziehen sich auf
Seitenzahlen, kursivstehende auf Bilder

Korger, Hildegard:
Schrift und Schreiben: e. Fachbuch für alle,
d. mit d. Schreiben u. Zeichnen von Schriften
u. ihrer Anwendung zu tun haben/Hildegard
Korger. — 7. Aufl. — Leipzig: Fachbuchverl.,
1991. — 264 S.: mit 564 Bild.

ISBN 3-343-00134-1

© Fachbuchverlag Leipzig 1991
7. Auflage
Printed in Germany
Registriernummer 114-210/64/91
Satz: Maxim Gorki-Druck GmbH,
O-7400 Altenburg
Fotomechanischer Nachdruck: Magdeburger
Verlags- und Druckhaus GmbH & Co. KG
Typografie: Egon Hunger, Leipzig
Einband: Kurt Stein †
Sachdarstellungen: Inge Brüx-Gohrisch,
Helga Paditz, beide Leipzig
Reproduktionen: Claudia Heinrich, Leipzig,
Herbert Strobel †
LSV 0903